21世纪全国高职高专土建立体化系列规划教材

公路工程任务承揽与合同管理

主　编　邱　兰　余丹丹
副主编　梅建松　方怀霞
　　　　周广宇　张道震
主　审　钟汉华

内 容 简 介

本书根据《中华人民共和国招标投标法》、《中华人民共和国合同法》、《公路工程标准施工招标文件》(2009 年版)、《公路工程勘察设计招标文件范本》和《公路工程施工监理招标文件范本》等相关法律、法规和规章编写，结合相关执业资格考试内容和工程实例，对工程招投标制度与合同管理简介、公路工程勘察设计招标与投标、公路工程监理招标与投标、公路工程施工招标与投标、公路工程投标报价、公路工程合同管理 6 个学习情境的内容进行了较为系统的阐述。另外，本书还设计了项目导入、知识链接和特别提示等模块，并编写了选择题、简答题和案例题等多种题型供读者练习。通过对本书的学习，读者可以掌握公路工程任务承揽与合同管理的基本技能。

本书内容新颖、通俗易懂、图表丰富、可操作性强，可作为高职高专院校公路工程类相关专业的教材和参考书，也可作为公路工程类执业资格考试的培训教材和参考书。

图书在版编目(CIP)数据

公路工程任务承揽与合同管理/邱兰，余丹丹主编. —北京：北京大学出版社，2012.9
(21 世纪全国高职高专土建立体化系列规划教材)
ISBN 978-7-301-21133-5

Ⅰ. ①公… Ⅱ. ①邱…②余… Ⅲ. ①道路施工—招标—高等职业教育—教材②道路施工—投标—高等职业教育—教材③道路工程—经济合同—管理—高等职业教育—教材 Ⅳ. ①U415.1

中国版本图书馆 CIP 数据核字(2012)第 193906 号

书　　　名：	公路工程任务承揽与合同管理
著作责任者：	邱　兰　余丹丹　主编
策划编辑：	赖　青　杨星璐
责任编辑：	杨星璐
标准书号：	ISBN 978-7-301-21133-5/U・0082
出　版　者：	北京大学出版社
地　　　址：	北京市海淀区成府路 205 号　100871
网　　　址：	http://www.pup.cn　http://www.pup6.cn
电　　　话：	邮购部 62752015　发行部 62750672　编辑部 62750667　出版部 62754962
电子邮箱：	pup_6@163.com
印　刷　者：	三河市北燕印装有限公司
发　行　者：	北京大学出版社
经　销　者：	新华书店
	787 毫米×1092 毫米　16 开本　15.5 印张　357 千字
	2012 年 9 月第 1 版　2012 年 9 月第 1 次印刷
定　　　价：	30.00 元

未经许可，不得以任何方式复制或抄袭本书之部分或全部内容。
版权所有，侵权必究　　举报电话：010-62752024
　　　　　　　　　　　　电子邮箱：fd@pup.pku.edu.cn

北大版·高职高专土建系列规划教材
专家编审指导委员会

主　　　任：于世玮（山西建筑职业技术学院）

副　主　任：范文昭（山西建筑职业技术学院）

委　　　员：（按姓名拼音排序）

丁　胜（湖南城建职业技术学院）

郝　俊（内蒙古建筑职业技术学院）

胡六星（湖南城建职业技术学院）

李永光（内蒙古建筑职业技术学院）

马景善（浙江同济科技职业学院）

王秀花（内蒙古建筑职业技术学院）

王云江（浙江建设职业技术学院）

危道军（湖北城建职业技术学院）

吴承霞（河南建筑职业技术学院）

吴明军（四川建筑职业技术学院）

夏万爽（邢台职业技术学院）

徐锡权（日照职业技术学院）

杨甲奇（四川交通职业技术学院）

战启芳（石家庄铁路职业技术学院）

郑　伟（湖南城建职业技术学院）

朱吉顶（河南工业职业技术学院）

特邀顾问：何　辉（浙江建设职业技术学院）

姚谨英（四川绵阳水电学校）

北大版·高职高专土建系列规划教材
专家编审指导委员会专业分委会

建筑工程技术专业分委会

主　任：吴承霞　　吴明军
副主任：郝　俊　　徐锡权　　马景善　　战启芳　　郑　伟
委　员：(按姓名拼音排序)
　　　　白丽红　　陈东佐　　邓庆阳　　范优铭　　李　伟
　　　　刘晓平　　鲁有柱　　孟胜国　　石立安　　王美芬
　　　　王渊辉　　肖明和　　叶海青　　叶　腾　　叶　雯
　　　　于全发　　曾庆军　　张　敏　　张　勇　　赵华玮
　　　　郑仁贵　　钟汉华　　朱永祥

工程管理专业分委会

主　任：危道军
副主任：胡六星　　李永光　　杨甲奇
委　员：(按姓名拼音排序)
　　　　冯　钢　　冯松山　　姜新春　　赖先志　　李柏林
　　　　李洪军　　刘志麟　　林滨滨　　时　思　　斯　庆
　　　　宋　健　　孙　刚　　唐茂华　　韦盛泉　　吴孟红
　　　　辛艳红　　鄢维峰　　杨庆丰　　余景良　　赵建军
　　　　钟振宇　　周业梅

建筑设计专业分委会

主　任：丁　胜
副主任：夏万爽　　朱吉顶
委　员：(按姓名拼音排序)
　　　　戴碧锋　　宋劲军　　脱忠伟　　王　蕾
　　　　肖伦斌　　余　辉　　张　峰　　赵志文

市政工程专业分委会

主　任：王秀花
副主任：王云江
委　员：(按姓名拼音排序)
　　　　俞金贵　　胡红英　　来丽芳　　刘　江　　刘水林
　　　　刘　雨　　刘宗波　　杨仲元　　张晓战

前　言

随着高等职业教育的快速发展，社会对生产、建设、管理、服务等一线高素质技能型人才的需求也快速增长，高等职业教育教材的建设和改革需要引起高度重视，编写出具有高等职业教育自身特色的教材迫在眉睫。高职院校教材建设是高职教育中一个重要的环节，教材是体现教学内容和教学方法的知识载体，既是教学工具，也是深化教育教学改革、全面推进素质教育、培养创新人才的重要保证。

本书根据高职院校对教材的定位，结合公路工程建设领域和职业岗位（群）的任职要求，构建基于工作过程的课程体系和教学内容，推行"行动导向"教学模式，对课程体系、教学内容和教学方法进行相应改革，实现课程体系、教学内容与人才培养模式的高度匹配。本书在编写过程中紧紧抓住高职院校公路工程相关专业的培养目标，使本书的实用性、新颖性和创新性更加突出。

实用性——本书编写以"必需、够用"为原则，注重讲清基本概念、基本原理，不仅要求系统性和完整性，而且强调实用性。大量的引例和案例分析不仅能让学生更易于理解、掌握知识点，而且更有效地将理论知识与实践结合在一起。

新颖性——本书编写所依据的法律、法规和规章都是最新颁布的，更能适应社会与经济发展的需要，与生产、建设、管理和服务一线的实际要求相适应。书中增加的知识链接和特别提示能很好地拓展读者的知识面，提高读者的阅读兴趣。

创新性——本书吸纳企业专家参与编写，将企业培训理念、企业文化、职业情境直接融入书中，实现书中内容与生产实际的"无缝对接"，形成"校企合作、工学结合"的教材开发模式。

本书教学可参照30~40学时安排，教师可根据不同的使用专业及学生的学习情况灵活安排。

本书由湖北水利水电职业技术学院邱兰、余丹丹担任主编，武汉天兴洲道桥投资开发有限公司工程管理部梅建松、湖北水利水电职业技术学院方怀霞、山东水利职业学院周广宇、张道震担任副主编。具体编写分工如下：邱兰编写学习情境1和学习情境6，余丹丹编写学习情境2，方怀霞编写学习情境3，周广宇和张道震编写学习情境4，梅建松编写学习情境5，邱兰拟定编写大纲并对全书进行统稿。

本书的编写得到了有关专家、学者的指导。湖北水利水电职业技术学院教授、高工钟汉华对本书进行了审读并提出了许多宝贵意见，武汉中南市政设计院工程师刘臣对本书的编写工作也提供了很大的帮助，在此一并表示感谢！

本书在编写过程中参考和引用了大量的国内外文献资料，在此对有关作者表示衷心的感谢。限于编者水平有限，书中难免存在不足和疏漏之处，敬请各位读者批评指正。

编　者

2012年6月

目 录

学习情境 1 工程招投标制度与合同管理简介 1

   任务 1.1 招标投标法规简介 4
      1.1.1 工程招标投标概述 4
      1.1.2 《中华人民共和国招标投标法》简介 4
      1.1.3 招标投标的意义 5
      1.1.4 招标投标的基本原则 5
      1.1.5 我国招标投标的法律、法规框架 6
      1.1.6 建设工程招标的范围 7
      1.1.7 建设工程项目招标 9
      1.1.8 建设工程项目投标 11
   任务 1.2 《中华人民共和国合同法》简介 12
      1.2.1 《中华人民共和国合同法》概述 12
      1.2.2 合同法的基本原则 13
      1.2.3 合同法的调整范围 13
      1.2.4 合同的主要条款 14
      1.2.5 建设工程合同的概念及其特征 15
      1.2.6 建设工程合同的分类 16
      1.2.7 建设工程合同的订立 17
      1.2.8 合同的生效与无效合同、可撤销合同 19
   学习情境小结 21
   思考与练习 21

学习情境 2 公路工程勘察设计招标与投标 24

   任务 2.1 公路工程勘察设计招标 25
      2.1.1 公路工程勘察设计工作的要求 26
      2.1.2 公路工程勘察设计招标的方法 26
      2.1.3 公路工程勘察设计招标的程序 28
      2.1.4 公路工程勘察设计招标文件的编制 35
   任务 2.2 公路工程勘察设计投标 43
      2.2.1 投标人的资格条件 44
      2.2.2 勘察设计投标的程序 45
      2.2.3 投标文件的编制 45
      2.2.4 投标文件的递交 50
   学习情境小结 53
   思考与练习 53

学习情境 3 公路工程监理招标与投标 56

   任务 3.1 公路工程监理招标 57
      3.1.1 施工监理招标条件和程序 58
      3.1.2 施工监理招标的准备工作 60
      3.1.3 施工监理招标文件的编制 64
      3.1.4 施工监理开标、评标与定标 69
   任务 3.2 公路工程监理投标 77
      3.2.1 施工监理投标概述 78
      3.2.2 施工监理投标资格预审 79
      3.2.3 施工监理投标的组织 81
      3.2.4 施工监理投标文件的编制 84
   学习情境小结 88
   思考与练习 89

学习情境 4 公路工程施工招标与投标 91

   任务 4.1 公路工程施工招标的条件与程序 92
      4.1.1 公路工程施工招标的条件 93

4.1.2 公路工程施工招标的程序……… 93
 任务 4.2 公路工程施工招标文件的编制…… 96
  4.2.1 招标文件的编制……………… 96
  4.2.2 公路工程施工招标文件的
     内容………………………… 100
 任务 4.3 工程施工招标标底的编制……… 110
  4.3.1 标底的概念………………… 111
  4.3.2 标底的编制原则、依据和
     程序………………………… 111
  4.3.3 标底的编制方法和内容…… 113
  4.3.4 工程标底的审查…………… 115
 任务 4.4 公路工程施工投标的准备……… 117
  4.4.1 投标人概述………………… 117
  4.4.2 投标人的资格审查………… 119
  4.4.3 投标前的准备工作………… 121
 任务 4.5 公路工程投标文件的编制、
     密封与递交…………………… 127
  4.5.1 投标文件的组成…………… 127
  4.5.2 投标文件的编制要求……… 134
  4.5.3 投标文件的密封和标识…… 135
  4.5.4 投标文件的递交…………… 136
  4.5.5 投标文件的修改与撤回…… 137
  4.5.6 投标有效期………………… 137
  4.5.7 开标………………………… 137
  4.5.8 评标………………………… 139
  4.5.9 中标………………………… 141
 学习情境小结……………………………… 143
 思考与练习………………………………… 143

学习情境 5　公路工程投标报价………… 146
 任务 5.1 投标报价的基本理论…………… 147
  5.1.1 投标报价(标价)与概预算的
     关系………………………… 147
  5.1.2 投标报价的原则与依据…… 148
  5.1.3 投标价的构成……………… 150
 任务 5.2 投标报价编制的程序和内容…… 151
  5.2.1 投标报价编制的程序……… 151
  5.2.2 投标报价编制的内容……… 154
 任务 5.3 投标报价编制的方法…………… 159
  5.3.1 确定报价应重点考虑的因素…… 160

  5.3.2 工程直接费的计算方法…… 161
  5.3.3 待摊费用的计算…………… 163
  5.3.4 投标报价的分析与评估…… 164
 任务 5.4 投标报价的决策、策略与技巧…… 165
  5.4.1 投标决策…………………… 165
  5.4.2 工程投标策略……………… 169
  5.4.3 工程投标报价技巧………… 170
  5.4.4 投标的不正当行为………… 175
 任务 5.5 标后分析与总结………………… 178
 学习情境小结……………………………… 181
 思考与练习………………………………… 182

学习情境 6　公路工程合同管理………… 184
 任务 6.1 合同及合同管理概述…………… 185
  6.1.1 合同及建设工程合同……… 186
  6.1.2 《建设工程施工合同(示范文本)》
     简介………………………… 186
  6.1.3 合同文件及解释顺序……… 188
  6.1.4 工程合同的谈判与签订…… 188
  6.1.5 公路工程合同管理概述…… 191
 任务 6.2 工程监理合同的管理…………… 193
  6.2.1 工程监理合同概述………… 194
  6.2.2 监理人的权利、义务和责任…… 196
  6.2.3 委托人的权利、义务和责任…… 199
  6.2.4 监理合同的生效、变更和终止…… 200
  6.2.5 监理合同的管理…………… 200
 任务 6.3 公路工程勘察设计合同的管理…… 201
  6.3.1 公路工程勘察设计合同的
     订立与履行………………… 201
  6.3.2 公路工程勘察设计合同的
     管理………………………… 202
  6.3.3 公路工程勘察设计合同概述…… 202
 任务 6.4 公路工程施工合同的管理……… 203
  6.4.1 公路工程施工合同的订立与
     履行………………………… 203
  6.4.2 公路工程施工合同的管理…… 206
  6.4.3 合同管理的主要工作……… 207
  6.4.4 合同监督…………………… 208
 任务 6.5 工程合同变更管理……………… 209
  6.5.1 工程变更概述……………… 209

  6.5.2 合同变更的管理 ……………… 211
  6.5.3 合同纠纷的解决 ……………… 213
 学习情境小结 …………………………… 214
 思考与练习 ……………………………… 215

附录 《公路工程标准施工招标文件》
   (2009年版)投标人须知 ………… 217

参考文献 …………………………………… 234

学习情境 1

工程招投标制度与合同管理简介

能力目标

通过本学习情境内容的学习,要求学生了解招投标的基本概念,我国招标投标的法律、法规框架;熟悉建设工程招标的范围和规模标准;掌握招标投标的基本程序;了解《合同法》的基本原则、调整范围及合同的主要条款;工程合同的概念、特征及分类;熟悉合同的主要条款,合同的成立、生效条件、无效合同与可撤销合同;掌握建设工程合同的订立程序。

能力要求

知识目标	知识要点	权重
了解招投标的基本概念,我国招投标的法律、法规框架	招投标的概念、意义;《中华人民共和国招标投标法》简介;我国招标投标的法律、法规框架	10%
熟悉建设工程招标的范围和规模标准	必须要进行招标的项目和可以不进行施工招标的项目	15%
掌握招标投标的基本程序	招标人;招标方式;招标项目应满足的条件;招投标的基本程序	25%
了解《合同法》的基本原则、调整范围及合同的主要条款	《合同法》的基本原则;调整范围;合同的主要条款	10%
熟悉建设工程合同的概念、特征及分类;无效合同与可撤销合同	建设工程合同的概念、特征及分类;合同的成立与生效;无效合同与可撤销合同	25%
掌握建设工程合同的订立程序	建设工程合同的订立程序	15%

引例

鲁布革水电站引水工程国际招标

从 1949 年新中国成立以来,我国大型工程建设一直采用自营制方式:由国家拨款,国营工程局施工,建成后移交管理部门生产运行,收益上交国家。20 世纪 80 年代初,电力部决定鲁布革水电站部分建设资金利用世界银行贷款。1983 年成立鲁布革工程管理局,第一次引进了业主、工程师、承包商的概念。鲁布革局部工程进行国际竞争性招标,将竞争机制引入工程建设领域,日本大成公司中标进入我国水电建设市场,夺走了原本已定在我国工程局的工程,形成了一个工程两种体制并存的局面。鲁布革冲击波及全国,人们在经历改革阵痛的同时,通过对比和思考,看到了比先进的施工机械更重要的东西,很多人开始反思在计划经济体制下建设管理体制的弊端,探求"工期马拉松,投资无底洞"的真正症结所在。

鲁布革水电站位于云南罗平和贵州兴义交界处。电站由 3 部分组成:第一部分首部枢纽拦河大坝为堆石坝,最大坝高 103.5m;第二部分为引水系统,由电站进水口、引水隧洞、调压井、高压钢管 4 部分组成,引水隧洞总长 9.38km,开挖直径 8.8m,差动式调压井内径 13m,井深 63m;第三部分为厂房枢纽,主付厂房设在地下,总长 125m,宽 18m,最大高度 39.4m,安装 15 万千瓦的水轮发电机 4 台,总容量 60 万千瓦,年发电量 28.2 亿千瓦时。

鲁布革引水系统工程进行国际招标和实行国际合同管理,在当时具有很大的超前性,这是在 20 世纪 80 年代初我国计划经济体制还没有根本改变,建筑市场还没形成的情况下进行的。"一石激起千层浪",鲁布革的国际招标实践和一个工程两种体制的鲜明对比,在我国工程界引起了强烈的反响。鲁布革水电站引水工程国际公开招标程序见表 1-l。

表 1-1 鲁布革水电站引水工程国际公开招标程序

时间	工作内容	说明
1982 年 9 月	刊登招标通告及编制招标文件	
1982 年 9 月—12 月	第一阶段资格预审	13 个国家 32 家公司中选定 20 家公司
1983 年 2 月—7 月	第二阶段资格预审	与世界银行磋商第一阶段预审结果,中外公司为组成联合投标公司进行谈判
1983 年 6 月 15 日	发售招标文件	15 家外商公司及 3 家国内公司购买了标书
1983 年 11 月 8 日	当众开标	共 8 家公司投标,其中一家为废标
1983 年 11 月—1984 年 4 月	评标	确定大成(日)、前田(日)和英波吉洛(意美联合)三家公司为评标对象。最后确定大成(日)中标
1984 年 11 月	引水工程正式开工	
1988 年 8 月 13 日	竣工	工程师签署了工程竣工移交证书,工程初步结算价 9 100 万元,实际工期 1 475 天

一个 60 万千瓦水电站在当时的我国称不上很大的工程,然而鲁布革的建设受到全国工程界的关注,到鲁布革参观考察的人们几乎遍及全国各省市。人们从鲁布革究竟看到了什么?

第一,把竞争机制引入工程建设领域,实行招标投标,评标工作认真细致。布鲁革首先给人的冲击是大型工程施工打破了历来由主管部门指定施工单位的做法,施工单位要凭实力进行竞争,由业主优而定。鲁布革水电站是我国第一次采取国际招标程序授予外国企业承包权的工程。当时我国的两家公司也参加了投标,虽地处国内,而且享有 7.5%的优惠,条件颇为有利,但却未能中标。

第二，实行国际评标评价低价中标惯例，评标时标底只起参考作用，从而为我国节约了大量建设资金。鲁布革引水系统进行国际竞争性招标标底价为14 958 万元，工期为1 597 天。15 家外商公司及3 家国内公司购买了标书。有8 家公司，包括我国与外资公司组成的两家公司参加投标。具体报价情况见表1-2。

表1-2 具体报价情况

公司	折算报价/万元	公司	折算报价/万元
大成公司	8 460	中国闽昆与挪威 FHS 联合公司	12 210
前田公司	8 800	南斯拉夫能源公司	13 220
英波吉洛公司(意美联合)	9 280	法国 SBTP 联合公司	17 940
中国贵华与前西德霍尔兹曼联合公司	12 000	前西德某公司	废标

第三，我国公司的施工技术和管理水平与外国大公司相比，差距比较大。例如，当时国内隧洞开挖进尺每月最高112m，仅达到国外公司平均功效的50%左右。日本大成公司是国际著名承包商，施工工艺先进，每立方米混凝土的水泥用量比国内公司少70kg。我国与挪威联营公司所用水泥比大成公司多4 万吨以上，按进口水泥运达工地价计算，水泥用量的差额约为1 000 万元。此外，国外施工管理严格，1984 年7 月31 日工程师发布开工令后，1984 年10 月15 日就正式施工，从下达开工令到正式开工仅用了两个半月时间。隧洞开挖仅用了两年半时间，于1987 年10 月全线贯通，比计划提前5 个月，1988 年7 月引水系统工程全部竣工，比合同工期提前了122 天。实际工程造价按开标汇率计算约为标底的60%。

第四，国际招投标一般采用工程量清单计价，国外公司大多根据自己分部分项工程单价报价。我国公司对国内工程一般根据国家和地方定额报价，所以也是造成此次投标报价过高而未能中标的原因之一。因此，促使工程造价管理和投标报价逐步改革以适应国际竞争惯例。

第五，催人奋起，促进改革。大成公司承包工程，在现场日本人仅有二三十人，雇用的400 多人都是十四局的职工，我国工人不仅很快掌握了先进的施工机械，而且在我国工长的带领下，创造了直径8.8m 隧洞开挖头月进尺373.5m 的优异成绩，超过了日本大成公司历史的最高纪录，达到世界先进水平。鲁布革的实践激发了人们对基本建设管理体制改革的强烈愿望。人们开始认真了解和学习国外在市场经济条件下实行的项目管理的机制、规则、程序和方法。

看过本案例后，你觉得鲁布革水电站引水工程国际招标值得借鉴的经验有哪些？该项目招标主要经历了哪些工作程序？

项目导入

我国建设工程项目任务承揽经历了从政府建设行政主管部门指令性计划分配任务，到建设工程施工企业逐步进入建设市场承揽工程施工任务，众多企业积极参加建设工程项目的招标投标，整个建设市场在政府的引导下，逐步规范，其透明度不断增加。《中华人民共和国招标投标法》是我国社会主义市场经济法律体系中非常重要的一部法律，是整个招投标领域的基本法，其对规范建设市场的招投标行为，保护招投标双方的合法权益和社会公共利益，有效地遏制招投标领域的不正之风和腐败行为，起到了积极作用。建设工程合同属于经济合同，它是订立合同的当事人在建设工程项目实施建设过程当中的最高行为准则，是规范双方的经济活动、协调双方工作关系、解决合同纠纷的法律依据。

任务 1.1　招标投标法规简介

知识目标

(1) 了解招标投标的含义和意义。
(2) 了解我国招标投标的法律法规框架。
(3) 熟悉建设工程招标的范围和规模标准、招标投标的基本程序。

工作任务

了解有关招标投标的相关法律法规和规章。

1.1.1　工程招标投标概述

招标投标是商品经济高度发展的产物，是应用技术、经济的方法和市场经济的竞争机制的作用，有组织开展的一种择优成交的方式。这种方式在进行工程建设、货物买卖、财产出租、中介服务等经济活动中普遍使用。

工程招标是指招标人在发包建设项目之前，公开招标或邀请投标人，根据招标人的意图和要求提出报价，择日当场开标，以便从中择优选定中标人的一种经济活动。

工程投标是工程招标的对称概念，指具有合法资格和能力的投标人根据招标条件，经过初步研究和估算，在指定期限内填写标书，提出报价，并等候开标，决定能否中标的经济活动。

特别提示

我国建设工程的招投标起步于 1980 年。1982 年的鲁布革引水工程国际招标投标促使我国从 1992 年通过试点后大力推行招标投标制，自 2000 年 1 月 1 日开始施行《中华人民共和国招标投标法》以来，我国招标投标进入全面实施的新阶段。

1.1.2　《中华人民共和国招标投标法》简介

《中华人民共和国招标投标法》(以下简称《招标投标法》)1999 年 8 月 30 日由第九届全国人大常委会第十一次会议通过，自 2000 年 1 月 1 日起施行，共 6 章 68 条，包括以下几章。

第一章　总则
第二章　招标
第三章　投标
第四章　开标、评标和中标
第五章　法律责任
第六章　附则

《招标投标法》是改革开放的产物，是社会主义市场经济法律体系中非常重要的一部法律，也是整个招标投标领域的基本法。它的颁布对于确立招投标制度和维护招投标市场秩序以及规范招投标活动发挥了积极作用。

《中华人民共和国招标投标法实施条例》经 2011 年 11 月 30 日中华人民共和国国务院第 183 次常务会议通过，2011 年 12 月 20 日国务院令第 613 号公布。该条例分总则，招标，投标，开标、评标和中标，投诉与处理，法律责任，附则共 7 章 85 条，自 2012 年 2 月 1 日起施行。

《中华人民共和国招标投标法实施条例》严格按照《招标投标法》，对招标投标法律法规体系的漏洞进行弥补，完善程序规则，细化条件、标准，平衡各方利益，是法律操作层面的实践。它的颁布实施是我国招投标行业发展中具有里程碑意义的一件大事，是国家法制建设中促进公平竞争、预防和惩治腐败的又一重大举措。

1.1.3　招标投标的意义

实行建设项目的招标投标是我国建设市场趋向规范化的重要手段，对于择优选择承包单位、降低工程造价具有十分重要的意义。

1．形成了由市场定价的价格机制

推行招投标最明显的表现是若干投标人之间出现激烈的竞争，即相互间的竞标，这种竞争最直接的表现就是价格上的竞争。通过竞争确定工程价格，使其趋于合理，将有利于节约投资、提高投资效益。

2．不断降低社会平均劳动消耗水平

在建设市场中，不同投标者的个别劳动消耗水平是有差异的。通过推行招标投标制度，最终使那些个别劳动消耗水平最低或接近最低的投标者获胜，这样便实现了生产力资源较优配置，也对不同投标者实行了优胜劣汰的机制。面对竞争压力，每个投标者都必须考虑降低自己的个别劳动力消耗水平。

3．使公开、公平、公正的原则得以贯彻

我国的招标投标活动有特定的机构进行管理，有严格的程序必须遵守，有高素质的专家支持系统，有工程技术人员的全面评估和决策，从而可以有效避免盲目过度的竞争和营私舞弊现象的发生。

4．减少交易费用，节省人力、财力、物力

我国目前从招标、投标、开标、评标直至定标，均有相应的法律、法规规定。在招标过程中，若干投标人在同一时间、地点报价竞争，通过专家评标定标，减少交易过程中的费用，对工程造价的控制有着积极的作用。

1.1.4　招标投标的基本原则

《招标投标法》第 5 条规定："招标投标活动应当遵循公开、公平、公正和诚实信用的原则。"

1. 公开原则

要求招标投标活动必须具有高度的透明度，招标程序、投标人的资格条件、评标标准、评标方法、中标结果等信息都要公开，使每个投标人能够及时获得有关信息，从而平等地参与投标竞争，依法维护自身的合法权益。同时将招标投标活动置于公开透明的环境中，也为当事人和社会各界的监督提供了重要条件。因此，公开是公平、公正的基础和前提。

2. 公平原则

要求招标人一视同仁地给予所有投标人平等的机会，使其享有同等的权利并履行相应的义务，不歧视或者排斥任何一个投标人。按照这个原则，招标人不得在招标文件中要求或者标明特定的生产供应者以及含有倾向或者排斥潜在投标人的内容，不得以不合理的条件限制或者排斥潜在投标人，不得对潜在投标人实行歧视待遇，否则，将承担相应的法律责任。

3. 公正原则

公正是指按招标文件中规定的统一标准进行评标和定标，不偏袒任何一方。具体要求是在招投标活动中，评标结果要公正，评标时严格按照事先公布的标准和规则对待所有投标人。

4. 诚实信用

诚实信用原则是我国民事活动所应当遵循的一项重要基本原则。我国一些基本民事法律中都规定了此原则。招标投标活动中的诚实信用是指招标人或招标代理机构、投标人等均以诚实、善意、守信的态度参与招标投标活动，不得弄虚作假、欺骗他人，牟取不正当利益，不得损害对方、第三方或者社会的利益，应严格按照法律规定及当事人之间的约定行使自己的权利并履行自己的义务。

1.1.5 我国招标投标的法律、法规框架

改革开放以来，我国从开始实行招标投标制度，到目前招标投标机制相对完善，国家和有关部委颁布了一系列的法律法规和规章，从1984年国家计划委员会和城乡建设环境保护部联合下发了《建设工程招标投标暂行规定》，倡导实行建设工程招标投标，我国由此开始推行招标投标制度。

> **特别提示**
>
> 2003年国家计划委员会改组为国家发展和改革委员会，简称国家发改委。

1. 国家相关法规

《招标投标法》，1999年8月30日由全国人民代表大会常务委员会通过。

2. 交通运输部有关规定

(1)《公路工程施工监理招标投标管理办法》，1998年12月28日颁布。

(2)《公路建设四项制度实施方法》，2000年8月28日颁布。

> **特别提示**
> 交通运输部，2008年在原交通部的基础上组建，将原交通部、原中国民用航空总局的职责，原建设部的指导城市客运的职责整体划入该部。

(3)《公路工程勘察设计招标投标管理方法》，2001年8月21日颁布。
(4)《公路工程勘察设计招标评标办法》，2001年9月29日颁布。
(5)《公路工程施工招标投标管理办法》，2002年6月6日颁布。
(6)《公路工程勘察设计招标资格预审文件范本》、《公路工程勘察设计招标文件范本》，2003年2月21日颁布。
(7)《公路工程施工招标评标委员会评标工作细则》，2003年3月11日颁布。
(8)《公路工程国内招标文件范本》，2003年6月1日颁布。
(9)《关于贯彻国务院办公厅关于进一步规范招投标活动的若干意见的通知》，2004年11月22日颁布。
(10)《关于改进公路工程施工招标评标办法的指导意见》，2004年11月22日颁布。
(11)《公路工程施工招标资格预审办法》，2006年2月16日颁布。
(12)《经营性公路建设项目投资人招标投标管理规定》，2007年10月16日发布，2008年1月1日实施。
(13)《公路工程施工监理招标文件范本》，2008年12月25日起施行。
(14)《公路工程标准施工招标文件》(2009年版)，2009年8月1日起施行，原《公路工程国内招标文件范本》(2003年版)同时废止。

3. 国务院其他有关部委的规章

(1)《招标公告发布暂行办法》，2000年7月1日颁布。
(2)《工程建设项目招标范围和规模标准规定》，2000年7月1日颁布。
(3)《评标委员会和评标方法暂行规定》，2001年7月5日颁布。
(4)《工程建设项目施工招标投标办法》，2003年3月8日颁布。
(5)《中华人民共和国招标投标法实施条例》，2012年2月1日实行。

1.1.6 建设工程招标的范围

1.《招标投标法》明确规定必须进行招标的项目

《招标投标法》第3条规定，在中华人民共和国境内进行下列工程建设项目包括项目的勘察、设计、施工、监理以及与工程建设有关的重要设备、材料等的采购，必须进行招标。一般包括以下几项。

1) 大型基础设施、公用事业等关系社会公共利益、公众安全的项目
关系社会公共利益、公众安全的基础设施项目的范围如下：
(1) 煤炭、石油、天然气、电力、新能源等能源项目。
(2) 铁路、公路、管道、水运、航空以及其他交通运输业等交通运输项目。
(3) 邮政、电信枢纽、通信、信息网络等邮电通信项目。
(4) 防洪、灌溉、排涝、引(供)水、滩涂治理、水土保持、水利枢纽等水利项目。

(5) 道路、桥梁、地铁和轻轨交通、污水排放及处理、垃圾处理、地下管道、公共停车场等城市设施项目。

(6) 生态环境保护项目。

(7) 其他基础设施项目。

关系社会公共利益、公众安全的公用事业项目的范围如下：

(1) 供水、供电、供气、供热等市政工程项目。

(2) 科技、教育、文化等项目。

(3) 体育、旅游等项目。

(4) 卫生、社会福利等项目。

(5) 商品住宅，包括经济适用住房。

(6) 其他公用事业项目。

2) 全部或者部分使用国有资金投资或者国家融资的项目

使用国有资金投资项目的范围如下：

(1) 使用各级财政预算资金的项目。

(2) 使用纳入财政管理的各种政府性专项建设基金的项目。

(3) 使用国有企业事业单位自有资金，并且国有资产投资者实际拥有控制权的项目。

国家融资项目的范围如下：

(1) 使用国家发行债券所筹资金的项目。

(2) 使用国家对外借款或者担保所筹资金的项目。

(3) 使用国家政策性贷款的项目。

(4) 国家授权投资主体融资的项目。

(5) 国家特许的融资项目。

3) 使用国际组织或者外国政府贷款、援助资金的项目

包括以下几种：

(1) 使用世界银行、亚洲开发银行等国际组织贷款资金的项目。

(2) 使用外国政府及其机构贷款资金的项目。

(3) 使用国际组织或者外国政府援助资金的项目。

上述的各类工程建设项目，包括项目的勘察、设计、施工、监理以及与工程建设有关的重要设备、材料等的采购，达到下列标准之一的，必须进行招标。

(1) 施工单项合同估算价在200万元人民币以上的。

(2) 重要设备、材料等货物的采购，单项合同估算价在100万元人民币以上的。

(3) 勘察、设计、监理等服务的采购，单项合同估算价在50万元人民币以上的。

(4) 单项合同估算价低于第(1)~(3)项规定的标准，但项目总投资额在3 000万元人民币以上的。

(5) 法律或者国务院对必须进行招标的其他项目的范围有规定的，则依照其规定。

2．可以不进行施工招标的项目

《工程建设项目施工招标投标办法》规定，需要审批的工程建设项目，有下列情形之一的，由审批部门批准，可以不进行施工招标。

(1) 涉及国家安全、国家秘密或者抢险救灾而不适宜招标的。

(2) 属于利用扶贫资金进行以工代赈需要使用农民工的。
(3) 施工主要技术采用特定的专利或者专有技术的。
(4) 施工企业自建自用工程,且该施工企业资质等级符合工程要求的。
(5) 在建工程追加的附属小型工程或者主体加层工程,原中标人仍具备承包能力的。
(6) 法律、行政法规规定的其他情形。

1.1.7 建设工程项目招标

1. 招标人

《招标投标法》第 8 条规定,招标人是依照本法规定提出招标项目,进行招标的法人或其他组织。依照此规定,自然人不能成为招标人。

2. 招标方式

工程项目招标方式在国际上通行的为公开招标、邀请招标和议标。但《招标投标法》未将议标作为法定的招标方式。

1) 公开招标

公开招标是指招标人按照法定程序,在规定的国内外公开的媒体上刊登广告或者发布招标公告,邀请不特定的法人或其他经济组织参加投标,从中择优选定中标人的一种招标方式。

国务院发展计划部门确定的国家重点建设项目和各省、自治区、直辖市人民政府确定的地方重点建设项目,以及全部使用国有资金投资或者国有资金投资占控股或者主导地位的工程建设项目,应当公开招标。

2) 邀请招标

邀请招标是指由招标人或委托的招标代理机构根据自己掌握的情况,向预先选择的 3 个以上(含 3 个)具有相应资质、符合招标条件的法人或其他组织发出投标邀请书,邀请其参加开发项目建设投标的一种发包方式。

根据《工程建设项目施工招标投标办法》第 11 条规定,国务院发展计划部门确定的国家重点建设项目和各省、自治区、直辖市人民政府确定的地方重点建设项目,以及全部使用国有资金投资或者国有资金投资占控股或者主导地位的工程建设项目,应当公开招标,有下列情形之一的,经批准可以采取邀请招标。

(1) 项目技术复杂或有特殊要求,只有少量几家潜在投标人可供选择的。
(2) 受自然地域环境限制的。
(3) 涉及国家安全、国家秘密或者抢险救灾,适宜招标但不适宜公开招标的。
(4) 拟公开招标的费用与项目价值相比,不值得的。
(5) 法律、法规规定不适宜公开招标的。

3. 招标项目应满足的条件

(1) 招标人已依法成立。
(2) 初步设计及概算应当履行审批手续的,已经批准。
(3) 有相应的建设资金或资金来源已经落实。

(4) 建设用地已依法取得，并领取了建设工程规划许可证。
(5) 施工图纸和技术资料能满足招标投标要求。
(6) 符合法律、法规、规章规定的其他条件。

具备上述条件后，招标人即可向当地建设行政主管部门或者招标办事机构提出招标申请，经审查合格后，才能开展招标活动。

> **特别提示**
>
> 招标又分为自行招标和代理招标。当招标人具有编制招标文件和组织评标能力的，可以自行办理招标事宜。代理招标是指招标代理机构接受招标人委托，代为办理招标事宜。如果招标人不具有自行招标的条件，则需委托具有相应资质的中介机构代理招标。
>
> 工程招标代理机构资格分为甲级、乙级和暂定级。甲级工程招标代理机构资格由国务院建设主管部门认定，可以承担各类工程的招标代理业务。乙级、暂定级工程招标代理机构资格由工商注册所在地的省、自治区、直辖市人民政府建设主管部门认定，乙级工程招标代理机构只能承担工程总投资1亿元人民币以下的工程招标代理业务，暂定级工程招标代理机构，只能承担总投资6 000万元人民币以下的工程招标代理业务。

4．招标的程序

(1) 招标人确定招标方式，采用邀请招标的，应当按照有关规定报有关主管部门审批。

(2) 招标人编制投标资格预审文件和招标文件，招标文件应当按项目管理权限报相关主管部门审批。

(3) 发布招标公告，发售投标资格预审文件(采用邀请招标的，招标人可直接发出投标邀请)。

(4) 对潜在投标人进行资格审查，并将资格预审结果按项目管理权限报相关主管部门审批。

> **知识链接**
>
> **资格审查的形式**
>
> 投标人资格审查分为资格预审和资格后审两种形式。
>
> 资格预审有时也称为预投标，即投标人首先对自己的资格进行一次投标。资格预审在发售招标文件之前进行，投标单位只有在资格预审通过后才能取得投标资格参加施工投标。
>
> 而资格后审则是在评标过程中进行，为减小评标难度，简化评标手续，避免一些不合格的投标单位在投标上的人力、物力和财力上的浪费。投标人资格审查一般采取资格预审形式。

(5) 向资格预审合格的潜在投标人发售招标文件。

(6) 组织投标人考察工程现场，解答投标人的疑问。

(7) 接受投标人的投标文件，公开开标。

(8) 组建评标委员会评标，推荐中标候选人。

(9) 招标人确定中标人，并将评标报告和评标结果报有关主管部门核准备案。

(10) 招标人发出中标通知书，并且将中标结果通知其他未中标人。

(11) 招标人与中标人订立合同。

> **特别提示**
>
> 招标人应当自确定中标人之日起 15 日内，向有关行政监督部门提交招标投标情况的书面报告；招标人和中标人应当自中标通知书发出之日起 30 日内，按照招标文件和中标的投标文件订立书面合同。

应用案例 1-1

在某段高速公路施工的开标大会上，招标方通知了所有投标方参会，即 8 家投标单位的有关人员出席。同时招标方还请来了市公证处的公证人员。开标前公证人员提出对各投标单位提交的资质资料进行审查，当时就有人对这一程序提出质疑。在开标中，一个建筑公司所提交的资质材料种类与份数齐全，有单位盖的公章，也有项目负责人签字，可是公证人员坚持认定该单位不符合投标资格，取消了该标书。

思考：
(1) 开标会上可否有"审查投标单位资质"这一程序，为什么？
(2) 为什么这个单位不符合投标资格？

【案例解析】

(1) 在开标会上对投标人的资质不再进行审查。因为根据《中华人民共和国招标投标法》第 18 条的规定"在招标公告或投标邀请书中，要求潜在投标人提供有关资质证明文件和业绩情况，并对潜在投标人进行资质审查"。因此，在开标会上对投标人的资质不再进行审查。

(2) 因该公司的投标书只有项目负责人签字，而无公司法人代表签字，不具有法律效力，故投标无效，应当取消该公司的投标资格。

1.1.8 建设工程项目投标

1. 投标人

《招标投标法》第 25 条规定，投标人是响应招标、参加投标竞争的法人或其他组织。投标人参加投标，必须首先具备一定的圆满履行合同的能力和条件，包括与招标文件要求相适应的人力、物力和财力，以及招标文件要求的资质、工作经验与业绩等。

2. 联合体投标

单个投标人往往不能独立承担一些大型或复杂的建设工程项目，法律允许几个投标人组成一个联合体，以一个投标人的身份共同投标。根据《招标投标法》规定，联合体投标是指两个以上法人或者其他组织可以组成一个联合体，以一个投标人的身份共同投标。

联合体各方均应具备承担招标项目的相应能力和资格条件。由同一专业的单位组成的联合体，按照资质等级较低的单位确定资质等级。

3. 投标的程序

(1) 向招标人申请资格审查，提供有关文件资料。
(2) 购领招标文件和有关资料，缴纳投标保证金。
(3) 组织投标班子，委托投标代理人。

(4) 参加踏勘现场和投标预备会。
(5) 编制和递送投标文件。
(6) 出席开标会议,参加评标期间的澄清会谈。
(7) 接受中标通知书,签订合同,提供履约担保,分送合同副本。

任务1.2 《中华人民共和国合同法》简介

知识目标

(1) 掌握建设工程合同的订立程序。
(2) 熟悉《中华人民共和国合同法》的基本原则与调整范围。
(3) 熟悉合同的主要条款。
(4) 熟悉合同的成立和生效条件。
(5) 熟悉无效合同与可撤销合同。
(6) 了解建设工程合同的概念、特征及分类。

工作任务

能够准确地描述合同的成立、生效条件及建设工程合同的订立程序。

1.2.1 《中华人民共和国合同法》概述

《中华人民共和国合同法》(以下简称《合同法》)由中华人民共和国第九届全国人民代表大会第二次会议于1999年3月15日通过,自1999年10月1日起施行。它是调整平等主体的自然人、法人、其他组织之间设立、变更、终止民事权利义务关系的法律规范的总称。

《合同法》第2条规定:合同是平等主体的自然人、法人、其他组织之间设立、变更、终止民事权利义务关系的协议。婚姻、收养、监护等有关身份关系的协议,适用其他法律的规定。

由此可看出,《合同法》所调整的合同有以下几个特征。
(1) 合同是一种民事法律行为。
(2) 合同是平等的主体间的一种协议。
(3) 合同是以在当事人之间设立、变更和终止民事权利义务为目的的协议。

知识链接

《合同法》分总则、分则和附则3个部分,共23章。其中,总则包括对合同法的一般规定,合同的订立,合同的效力和履行,违约责任等18章;分则包括买卖合同,供用电、水、气、热力合同,赠与合同,借款合同,建设工程合同等15章;附则对施行时间以及相关法规的废止作了说明。其全文各章如下。

总则

第一章一般规定;第二章合同的订立;第三章合同的效力;第四章合同的履行;第五章合同的变更和转让;第六章合同的权利义务终止;第七章违约责任;第八章其他规定。

分则

第九章买卖合同；第十章供用电、水、气、热力合同；第十一章赠与合同；第十二章借款合同；第十三章租赁合同；第十四章融资租赁合同；第十五章承揽合同；第十六章建设工程合同；第十七章运输合同；第十八章技术合同；第十九章保管合同；第二十章仓储合同；第二十一章委托合同；第二十二章行纪合同；第二十三章居间合同。

附则

1.2.2 合同法的基本原则

1．平等原则

《合同法》第 3 条规定："合同当事人的法律地位平等，即享有民事权利和承担民事义务的资格是平等的，一方不得将自己的意志强加给另一方。"

这一原则包括以下三方面内容：

(1) 合同当事人的法律地位一律平等。

(2) 合同中的权利和义务对等。

(3) 合同当事人必须就合同条款充分协商，取得一致，合同才能成立。

2．自愿原则

《合同法》第 4 条规定："合同当事人依法享有自愿订立合同的权利，不接受任何单位和个人的干预。"在订立建设工程合同中双方当事人的意思表示必须是完全自愿的。

3．公平原则

《合同法》第 5 条规定："合同当事人应当遵循公平的原则确定各方的权利和义务。"公平原则要求合同双方当事人之间的权利和义务要公平合理，要大体上平衡，强调一方给付与对方给付之间的等值性，合同上的负担和风险要合理分配。

4．诚实信用原则

《合同法》第 6 条规定："建设工程合同当事人行使权利、履行义务应当遵循诚实信用原则。"

诚实信用原则作为合同法基本原则的意义和作用，主要有以下几个方面：第一，将诚实信用原则作为指导合同当事人订立合同、履行合同的行为准则，有利于保护合同当事人的合法权益，更好地履行合同义务；第二，合同没有约定或约定不明确而法律又没有规定的，可以根据诚实信用原则进行解释。

5．遵守法律法规和公序良俗原则

建设工程合同的当事人应当遵守《民法通则》、《建筑法》、《合同法》、《招标投标法》等法律法规，只有将建设工程合同的订立和履行纳入法律的轨道，才能保障建设工程的正常秩序。

1.2.3 合同法的调整范围

合同法的调整范围是指我国合同法调整对象的范围，并非所有的合同都受合同法调整，

现行合同法只调整一部分合同，即狭义的合同。

目前，部分合同虽称为"合同/协议"，但却不受合同法调整，主要有如下几类。

1) 有关身份关系的合同

如婚姻合同(婚约)适用《婚姻法》、收养合同适用《收养法》等专门法。

2) 有关政府行使行政管理权的行政合同

政府依法进行社会管理活动，属于行政管理关系，适用各行政管理法，不适用合同法，例如政府特许经营合同、公务委托合同(如税款代扣合同即是)、公益捐赠合同、行政奖励合同、行政征用补偿合同等。这些合同不是基于平等自愿的原则订立的，因此不是民事合同。

但是，当政府作为平等的民事主体与他人订立有关民事权利和义务的合同时，应受合同法调整。例如，一般政府采购行为(诸如新建大楼、修缮房屋、购买办公文具等)所订立的合同；再如国家以国有资产所有者身份参与出资、转让股权所订立的合同。

3) 劳动合同

在我国，劳动者与用人单位之间的劳动合同适用《劳动法》、《劳动合同法》等专门法。

4) 政府间协议

国家或者特别地区之间协议，适用国际法，如国家之间各类条约、协定、议定书等。

1.2.4 合同的主要条款

合同的主要条款是指《合同法》规定的合同应当具备的基本条款，这些条款是合同的主要内容和核心。根据《合同法》第12条规定，合同的内容由当事人约定，但一般包括下列条款。

(1) 当事人的名称或者姓名和住所。

(2) 标的。标的是指合同中当事人双方权利和义务共同所指的对象，它可以是某种事物，也可以是某种工程、劳务活动或智力成果等。例如，勘察设计合同的标的是提供的勘察设计资料；公路工程施工承包合同的标的是公路工程项目。

(3) 数量。签订合同，必须明确规定标的的数量，为使数量清楚，计量单位和计价方法要明确，要采用统一的计量单位，做到计量标准化、规范化。

(4) 质量。标的质量是合同的主要内容，必须明确规定标的质量标准。

(5) 价款或报酬。价款或报酬是指合同当事人一方向交付标的物的另一方支付的以货币为表现形式的代价。标的物的价格，由当事人双方协同确定或通过招标确定。

(6) 履行期限、地点和方式。履行期限是指履行经济合同标的和支付价款的时间界限。合同的履行期限并不等于有效期限，合同有效期是指合同生效之日起至合同当事人的权利和义务终结的时间，有时合同履行期限结束了，合同依然有效。合同的履行地点是交付或提取标的物的地方，履行地点应该明确以免产生合同纠纷。合同的履行方式是指当事人采用什么方式履行合同义务，合同的履行方式有多种，但无论采用什么方式都必须明确规定是一次履行还是分期分批履行，是当事人自己履行还是由他人代为履行等。

(7) 违约责任。违约责任是指由于当事人一方或双方的过错，造成经济合同不能履行或不能完全履行时，责任方必须承担的责任。明确规定双方的违约责任，有利于双方严肃认真地签订和履行合同，有利于追究责任方的违约责任。

(8) 解决争议的办法。

1.2.5 建设工程合同的概念及其特征

建设工程合同也称为建设工程承发包合同。《合同法》第269条第1款规定：建设工程合同是承包人进行工程建设，发包人支付价款的合同。建设工程合同实质上是一种承揽合同，在合同中，发包人委托承包人进行建设工程的勘察、设计、施工，承包人接受委托并完成建设工程的勘察、设计、施工任务，发包人为此向承包人支付价款。

> **特别提示**
>
> 建设工程合同实质上是一种承揽合同。承揽合同是日常生活中除买卖合同外常见的合同，我国《合同法》第251条第1款对承揽合同所下定义为"承揽人按照定作人的要求完成工作，交付工作成果，定作人给付报酬的合同。"在承揽合同中，完成工作并交付工作成果的一方为承揽人；接受工作成果并支付报酬的一方称为定作人。

按照《合同法》的规定，建设工程合同包括三种，即建设工程勘察合同、建设工程设计合同、建设工程施工合同。

1. 建设工程勘察合同

建设工程勘察合同是承包方进行工程勘察，发包人支付价款的合同。建设工程勘察单位称为承包方，建设单位或者有关单位称为发包方(也称为委托方)。

建设工程勘察合同的标的是为建设工程需要而作的勘察成果。工程勘察是工程建设的第一个环节，也是保证建设工程质量的基础环节。为了确保工程勘察的质量，勘察合同的承包方必须是经国家或省级主管机关批准，持有《勘察许可证》，具有法人资格的勘察单位。

建设工程勘察合同必须符合国家规定的基本建设程序，勘察合同由建设单位或有关单位提出委托，经与勘察部门协商，双方取得一致意见，即可签订，任何违反国家规定的建设程序的勘察合同均是无效的。

2. 建设工程设计合同

建设工程设计合同是承包方进行工程设计，委托方支付价款的合同。建设单位或有关单位为委托方，建设工程设计单位为承包方。

建设工程设计合同的标的是为建设工程需要而作的设计成果。工程设计是工程建设的第二个环节，是保证建设工程质量的重要环节。工程设计合同的承包方必须是经国家或省级主要机关批准，持有《设计许可证》，具有法人资格的设计单位。只有具备了上级批准的设计任务书，建设工程设计合同才能订立；小型单项工程必须具有上级机关批准的文件才能订立。如果单独委托施工图设计任务，应当同时具有经有关部门批准的初步设计文件才能订立。

3. 建设工程施工合同

建设工程施工合同是工程建设单位与施工单位，也就是发包方与承包方以完成商定的建设工程为目的，明确双方相互权利和义务的协议。建设工程施工合同的发包方可以是法人，也可以是依法成立的其他组织或公民，而承包方必须是法人。

建设工程合同具有下列特征。

(1) 标的的特殊性。建设工程合同的标的为不动产建设项目,使得建设工程合同具有内容复杂、履行期限长、投资规模大、风险较大等特点。

(2) 当事人的特定性。作为建设工程合同当事人一方的承包人,在一般情况下只能是具有从事勘察、设计、施工资格的法人。

> **知识链接**
>
> 法人,相对于自然人而言,是指依法成立,有独立支配的财产和经费,有自己的名称和组织机构,依法独立享有民事权利和承担民事义务的组织。

(3) 合同的计划性与程序性。合同的订立必须符合国家基本建设计划的要求,并接受有关政府部门的管理和监督。

(4) 建设工程合同是双务合同、有偿合同和诺成合同。

1.2.6 建设工程合同的分类

1. 按照工程建设阶段分类

按照建设工程经过的勘察、设计、施工三个阶段,《合同法》第269条第2款规定了建设工程合同包括工程勘察、设计、施工合同。

2. 按照承发包方式分类

1) 勘察、设计或施工总承包合同

勘察、设计或施工总承包,是指发包人将全部勘察、设计或施工的任务分别发包给一个勘察、设计单位或一个施工单位作为总承包人,经发包人同意,总承包人可以将勘察、设计或施工任务的一部分分包给其他符合资质的分包人。用来明确各方权利义务的协议即为勘察、设计或施工总承包合同。

2) 单位工程施工承包合同

单位工程施工承包合同常见于大型工业建筑安装工程,大型、复杂的建设工程。在一些大型、复杂的建设工程中,发包人将专业性很强的单位工程发包给不同的承包人,与承包人分别签订土木工程施工合同、电气与机械工程承包合同,这些承包人之间的关系为平行关系。

3) 工程项目总承包合同

指建设单位将包括工程设计、施工、材料和设备采购等一系列工作全部发包给一家承包单位,由其进行实质性设计、施工和采购工作,最后向建设单位交付具有使用功能的工程项目。工程项目总承包可依法将部分工程分包。

3. 按照计价方式分类

1) 总价合同

总价合同是指在合同中确定一个完成建设工程的总价,承包单位据此完成项目全部内容的合同。这类合同适用于工程量不太大且能精确计算、工期较短、技术不太复杂、风险不大的项目。

2) 单价合同

单价合同是承包单位在投标时按招标文件就分部分项工程所列出的工程量表来确定各分部分项工程费用的合同。这类合同的适用范围比较宽，其风险可以得到合理的分摊，并且能鼓励承包单位通过提高工效等手段从成本节约中提高利润。

3) 成本加酬金合同

成本加酬金合同是业主向承包单位支付建设工程的实际成本，并按事先约定的某一种方式支付酬金的合同。这类合同，业主需承担项目实际发生的一切费用，也要承担项目的全部风险，而承包单位由于无风险，其报酬往往也较低。它适用于需要立即开展工作的项目，如震后救灾以及风险很大的项目。

除上述合同类型，还有建设工程的委托监理合同、物资采购合同、保险合同以及担保合同等。

1.2.7 建设工程合同的订立

1. 建设工程合同订立形式

《合同法》第 10 条规定："当事人订立合同，有书面形式、口头形式和其他形式。法律、行政法规规定采用书面形式的，应当采用书面形式。当事人约定采用书面形式的，应当采用书面形式。"书面形式是指合同书、信件和数据电文(包括电传、传真、电子数据交换和电子邮件)等可以有形地表现所载内容的形式。书面形式的合同由于对当事人之间约定的权利和义务都有明确的文字记载，当发生合同纠纷时，也便于分清责任，正确、及时地解决纠纷。口头形式是指当事人双方就合同内容面对面或以通信设备交谈达成协议，是实际生活中大量存在的合同形式，但口头合同由于没有必要的凭证，一旦发生合同纠纷，往往举证困难，容易产生推卸责任的现象。

《合同法》第 270 条明确规定，建设工程合同应当采用书面形式。

2. 建设工程合同订立程序

建设工程合同的订立是指建设工程招标人与中标人在定标后依法就中标条件和合同条款进行进一步协商谈判，达成具体化的、充分一致的协议的法律行为。建设工程招标投标的过程，实际上是建设工程合同的订立过程，这个过程通常可以分为以下 4 个阶段。

1) 要约邀请阶段

要约邀请是指建设工程招标人希望投标人向自己提出订立建设工程合同建议的意思表示。建设工程招标人提出要约邀请的方式，是发出招标公告或投标邀请。建设工程招标人提出要约邀请，是为了寻求订立合同的最优目标、方案和最佳人选，其目的是唤起别人的注意，希望投标人向自己提出订立合同的建议。

2) 要约阶段

要约是指建设工程投标人根据招标文件向招标人提出订立建设工程合同建议的意思表示。投标人提出要约的方式，是编制和递交投标文件。投标人提出要约的目的是希望与招标人订立建设工程合同。

3) 承诺阶段

承诺是指建设工程招标人完全同意和接受中标人的投标文件的意思表示。招标人作出承诺的方式是发出中标通知书。实行招标投标的建设工程一旦定标，即意味着招标人对中标人的投标作出承诺，承诺的目的是为了与中标的投标人订立合同，因此，承诺的内容必须与要约的内容完全一致。

某公路施工企业(甲)于9月1日通过信函向某水泥厂(乙)发出求购水泥的要求。9月3日，乙收到了要约，9月4日，甲认为乙还未收到要约，于是又通过传真向乙发出"要约作废"的函件。但乙公司收传真的小李忘了将该函件交给总经理，9月6日，乙方总经理向甲方发函提出"除了交货日期推迟两星期外，同意其他条款"。

思考：
(1) 甲的行为属于要约中的哪种行为？
(2) 乙的行为属于承诺还是要约？

【案例解析】
(1) 甲的行为属于要约中的要约撤销。
《合同法》第16条规定："要约到达受要约人时生效。"自要约实际送达给特定的受要约人时，要约即发生法律效力，要约人不得在事先未声明的情况下撤回或变更要约，否则构成违反前合同义务，要承担缔约过失的损害赔偿责任。

要约的撤销，是指在要约发生法律效力后，要约人取消要约从而使要约归于消灭的行为。
(2) 乙的行为属于要约。

任何有效的承诺，必须具备的条件之一是承诺必须与要约的内容完全一致。凡是内容与要约不相一致的承诺，都不是有效的承诺，而是一项新的要约或反要约。

4) 签订合同
《招标投标法》第46条规定："招标人和中标人应当自中标通知书发出之日起30日内，按照招标文件和中标人的投标文件订立书面合同。招标人和中标人不得再行订立背离合同实质性内容的其他协议。"

上述要约邀请、要约和承诺是采用招标投标方式订立建设工程合同需要经历的三个阶段，是当事人协商过程的有机组成部分。

3．合同的成立

合同成立是指当事人完成了签订合同过程，并就合同内容协商一致。合同成立不同于合同生效。合同生效是指法律认可合同效力，强调合同内容合法性。因此，合同成立体现了当事人的意志，而合同生效体现国家意志。

1) 合同成立的时间
合同成立的时间关系到当事人何时受合同关系拘束，因此合同成立时间具有重要意义。确定合同成立时间，遵守如下规则。
(1) 承诺生效时合同成立。
(2) 当事人采用合同书形式订立合同的，自双方当事人签字或盖章时合同成立。
(3) 采用合同书形式订立合同，在签字或盖章之前，当事人一方已履行主要义务，对方接受的，该合同成立。
(4) 当事人采用信件、数据电文等形式订立合同的，可以在合同成立之前要求签订确认书，签订确认书时合同成立。

2) 合同成立的地点

合同成立地点可能成为确定法院管辖的依据，因此具有重要意义。确定合同成立地点，应遵守如下规则。

(1) 承诺生效的地点为合同成立的地点。采用数据电文形式订立合同的，收件人的主营业地为合同成立的地点；没有主营业地的，其经常居住地为合同成立的地点。当事人另有约定的，按照其约定。

(2) 当事人采用合同书形式订立合同的，双方当事人签字或盖章的地点是合同成立的地点。

1.2.8 合同的生效与无效合同、可撤销合同

1. 合同的生效

合同生效指合同具备生效条件而产生法律效力。所谓法律效力指合同对当事人各方产生法律约束力，即当事人的合同权利受法律保护，当事人的合同义务具有法律上的强制性。

合同生效需要具备以下要件。

(1) 订立合同的当事人必须具有相应民事权利能力和民事行为能力。

《合同法》第9条规定："当事人订立合同，应当具有相应的民事权利能力和民事行为能力。"主体不合格，所订立的合同不能发生法律效力。

(2) 意思表示真实。

所谓意思表示真实指表意人的表示行为真实反映其内心的效果意思，即表示行为应当与效果意思相一致。

意思表示真实是合同生效的重要构成要件。在意思表示不真实的情况下，合同可能无效，如在被欺诈、胁迫致使行为人表示于外的意思与其内心真意不符，且涉及国家利益受损的情况；合同也可能被撤销或者变更，如在被欺诈、胁迫致使行为人表示于外的意思与其内心真意不符，但未违反法律和行政法规强制性规定及损害社会公共利益的情况。

(3) 不违反法律、行政法规的强制性规定，不损害社会公共利益。

这里的"法律"是狭义的法律，即全国人民代表大会及其常务委员会依法通过的规范性文件。这里的"行政法规"是国务院依法制定的规范性文件。所谓强制性规定是，当事人必须遵守的不得通过协议加以改变的规定。通常在法律条文中以"可以"等提示性或者建议性用语表述的内容只是任意性规范，而不是强制性规范，它不要求当事人必须执行。而强制性规范通常以"必须"、"不得"等词语表述，它要求当事人必须严格遵守。有效合同不仅不得违反法律、行政法规的强制性规定，而且不得损害社会公共利益。对于那些表面上虽未违反现行法律明文强制性规定但实质上损害社会公共利益的合同行为，具有重要的否定作用。

(4) 具备法律所要求的形式。

《民法通则》第56条规定，"民事法律行为可以采取书面形式、口头形式或者其他形式。法律规定是特定形式的，应当依照法律规定。"又根据《合同法》第44条，"依法成立的合同，自成立时生效。法律、行政法规规定应当办理批准、登记等手续生效的，依照其规定。"

可见我国法律承认当事人可以依法自主选择合同形式，除非法律、行政法规另有特别规定。

2. 无效合同与可撤销合同

1) 无效合同

无效合同是指违反合同订立原则的合同，无效合同是自始至终没有法律效力的合同。无效合同的确认权，归仲裁机构或人民法院。

无效合同的类型，包括以下几种。

(1) 一方以欺诈、胁迫的手段而订立的损害国家利益的合同。

(2) 恶意串通，损害国家、集体或第三人利益的合同。

(3) 以合法形式掩盖非法目的的合同。

(4) 损害社会公共利益的合同。

(5) 违反法律、行政法规的强制性规定的合同。

对无效合同的财产后果，应当按当事人的过错大小，按以下办法处理。

(1) 返还财产。即使当事人的财产关系恢复到签约以前的状态。如果当事人依据无效经济合同取得的标的物还存在，则应返还给对方，如果标的物不存在，不能返还时，可用赔偿损失的方法给对方抵偿。

(2) 赔偿损失。这是过错方造成损失时，应当承担的责任。如果双方都有过错，应当按照责任的主次、轻重来承担经济损失中责任相适应的份额。

(3) 追缴财产。这是对当事人故意损害国家利益或社会公共利益的行为所采取的一种惩罚手段。

2) 无效免责条款

无效免责条款是指没有法律约束力，当事人约定免除或者限制其未来责任的合同条款，这些条款有以下几种。

(1) 造成对方人身伤害的免责条款。

(2) 因故意或者重大过失造成对方财产损失的免责条款。

(3) 提供格式条款一方免除自身责任、加重对方责任、排除对方主要权利的合同条款。

3) 可撤销合同

可撤销合同是指合同的内容对当事人一方显失公平或当事人一方对合同内容有重大误解时，可依法变更或撤销合同。可撤销合同履行中发生纠纷，当事人有权请求仲裁机构或人民法院对合同予以变更或撤销，合同变更后，应按变更后的合同执行。合同被撤销后，原合同从签订时起即告无效。

可撤销合同的类型，包括以下几种。

(1) 重大误解。所谓重大误解，是指合同当事人一方由于自身的过错而产生对合同内容的重大错误认识。

(2) 显失公平。所谓显失公平，是指合同当事人合同权利与义务的严重不对等，使某方遭受重大不利，而其他方获得不平衡的重大利益。《合同法》第54条规定，在订立合同时显失公平的，当事人一方有权请求人民法院或者仲裁机构变更或者撤销。

(3) 欺诈、胁迫。所谓欺诈是指一方当事人故意告知对方虚假信息或者故意隐瞒真实情况，诱使对方当事人做出错误意思表示的行为。所谓胁迫是指以给公民及其亲友的生命健康、荣誉、名誉、财产等造成损害或者以给法人的荣誉、名誉、财产等造成损害为要挟，迫使对方做出违背真实意思表示的行为。

合同法未将欺诈、胁迫订立的合同一律作无效处理，充分体现了民法的意思自治原则，充分尊重被欺诈人、被胁迫人的意愿，并对维护交易安全具有重要意义。

(4) 乘人之危。所谓乘人之危，是指一方当事人利用对方处于紧急、危难情况的时机，迫使对方接受其明显不公平的条件而订立合同。

学习情境小结

建设工程项目的招投标是我国工程建设领域任务承揽的重要方式。《招标投标法》的实施，为建设市场的招标和投标活动提供了有力的法律保障。本学习情境重点介绍了招投标的基本概念；我国招标投标的法律、法规框架；建设工程招标的范围和规模标准；招标项目应满足的条件；招标投标的基本程序。

《合同法》的颁布和实施对工程建设管理产生重大影响，它会促使招标和投标制度进一步完善。本学习情境重点介绍了工程合同的概念、特征及分类；工程合同的主要条款，合同的生效条件、无效合同与可撤销合同以及建设工程合同的订立程序。

思考与练习

一、单选题

1．招标投标中的标的指的是(   )。
　　A．合同中权利和义务的对象　　　B．合同中的价格
　　C．招标单位编制的标价　　　　　D．投标单位的报价
2．根据《工程建设项目招标范围和规模标准规定》的规定，属于工程建设项目招标范围的工程建设项目，施工单项合同估算价在(   )万元人民币以上的，必须进行招标。
　　A．50　　　　　B．100　　　　　C．200　　　　　D．150
3．工程招标项目合同成立的时间为(   )。
　　A．投标书送达　　　　　　　　　B．中标通知书送达
　　C．购买招标文件　　　　　　　　D．提交履约担保
4．招标人和中标人应当自中标通知书发出之日起(   )日内，按照招标文件和中标的投标文件订立书面合同。
　　A．10　　　　　B．15　　　　　C．20　　　　　D．30
5．下列选项中，属于要约的是(   )。
　　A．招股说明书　B．投标书　　　C．招标公告　　D．商品价目表
6．下列书面文件中，属于承诺的是(   )。
　　A．招标公告　　B．中标通知书　C．合同　　　　D．投标书
7．建设工程施工合同实质上是一种特殊的(   )。
　　A．技术合同　　B．买卖合同　　C．委托合同　　D．承揽合同

8. 某中标的施工企业与业主签订施工合同时，业主强迫要求施工企业必须承诺在施工过程中无论发生什么情况都不得提出索赔，而施工企业在投标时，业主并没有明确表示有这一要求。业主的这一要求违反了订立合同的(　　)。
    A. 平等原则　　　　B. 公平原则　　　　C. 诚实信用原则　　　　D. 自愿原则

二、多选题

1. 下列属于要约邀请的是(　　)。
    A. 商业广告　　　　　　　　　　　　B. 投标书
    C. 招标公告　　　　　　　　　　　　D. 拍卖公告
    E. 商品价目表

2. 建设工程合同可以分为(　　)。
    A. 建设工程造价咨询合同　　　　　　B. 建设工程勘察合同
    C. 建设工程监理委托合同　　　　　　D. 建设工程设计合同
    E. 建设工程施工合同

3. 工程建设项目招标范围包括(　　)。
    A. 大型基础设施、公用事业等关系社会公共利益、公众安全的项目
    B. 大中型建设项目
    C. 全部或者部分使用国有资金投资或者国家融资的项目
    D. 使用国际组织或者外国政府贷款、援助资金的项目
    E. 属于利用扶贫资金进行以工代赈需要使用农民工的项目

4. 无效合同、可撤销合同的确认应由(　　)裁定。
    A. 人民法院　　　　　　　　　　　　B. 主管部门
    C. 仲裁机构　　　　　　　　　　　　D. 当事人双方
    E. 检察机构

5. 根据《合同法》规定，下列免责条款无效的是(　　)。
    A. 造成对方人身伤害的　　　　　　　B. 因违约造成对方财产损失的
    C. 因不可抗力造成对方财产损失的　　D. 故意造成对方财产损失的
    E. 因重大过失造成对方财产损失的

6. 下列合同中，属于可撤销合同的有(　　)。
    A. 因重大误解订立的　　　　　　　　B. 违反法律的强制性规定的
    C. 一方以欺诈、胁迫手段订立的　　　D. 订立合同时显失公平的
    E. 以合法行为掩盖非法目的的

三、案例题

经当地主管部门批准后，某公路工程项目的施工由业主自行组织施工公开招标，招标工作的主要内容如下。
(1) 成立招标工作小组。
(2) 发布招标公告。
(3) 编制招标文件。

(4) 编制标底。

(5) 发放招标文件。

(6) 组织现场踏勘和招标答疑。

(7) 招标单位资格审查。

(8) 接收投标文件。

(9) 开标。

(10) 确定中标单位。

(11) 评价。

(12) 签订承包合同。

(13) 发出中标通知书。

问题：

如果将上述招标工作内容的顺序作为招标工作先后顺序是否妥当？如果不妥，确定合理顺序。

学习情境 2

公路工程勘察设计招标与投标

能力目标

通过本学习情境内容的学习,要求学生了解公路勘察设计招标与投标的基本概念;熟悉公路工程勘察设计招标的方法和程序;掌握公路勘察设计招投标文件的编制。

能力要求

知识目标	知识要点	权重
了解公路勘察设计招投标的概念	公路勘察设计招投标的概念、意义	10%
熟悉公路勘察设计招标的方法	一次性招标、分阶段招标、设计方案竞赛招标三种招标方式的比较	10%
熟悉公路勘察设计招标程序	招标申请、资格预审、颁布招标文件、递交招标文件、开标、评标定标等程序	20%
掌握公路勘察设计招标文件的编制	公路工程标准勘察设计招标文件的主要内容、招标文件的编制、资格预审文件的编制	30%
熟悉公路工程勘察设计投标文件的内容	商务文件、技术文件、报价清单等文件的内容	15%
掌握公路工程勘察设计投标文件的编制	公路勘察设计投标程序及投标文件的编制	10%
了解投标文件的递交	投标文件的密封与标记	5%

引例

某省一级公路某路段全长 224km，本工程的勘察、设计采取公开招标的方式，招标工作从 2007 年 7 月 2 日开始，到 8 月 30 日结束，历时 60 天。招标工作的具体步骤如下。

(1) 成立招标组织机构。

(2) 发布招标公告和资格预审通告。

(3) 进行资格预审。7 月 16 日—7 月 20 日出售资格预审文件，40 家省内外设计单位购买了资格预审文件，其中 38 家于 7 月 22 日递交了资格预审文件。经招标工作委员会审定后，37 家单位通过了资格预审，每家被允许投 3 个以下的标段。

(4) 编制招标文件。

(5) 编制标底。

(6) 组织投标。7 月 26 日招标单位向上述 37 家单位发出资格预审合格通知书。7 月 29 日向各投标人发出招标文件。8 月 5 日召开标前会。8 月 8 日组织投标人踏勘现场，解答投标人提出的问题。8 月 20 日，各投标人递交投标书。8 月 21 日在公证员出席的情况下，当众开标。

(7) 组织评标。评标小组按事先确定的评标办法进行评标，对合格的投标人进行评分，推荐中标单位和后备单位，写出评标报告。8 月 24 日招标工作委员会听取评标小组汇报，决定中标单位，发出中标通知书。

(8) 8 月 30 日招标人与中标单位签订合同。

上述勘察设计招标工作的顺序是否妥当？如果不妥，请确定合理的顺序。

如何编制勘察、设计投标文件？

项目导入

公路工程项目批准立项之后，建设准备阶段的一项主要工作就是进行勘察设计，勘察设计水平的高低对能否实现项目的投资目标起着关键性的作用。以招标投标方式选择勘测设计单位，开展设计竞赛，使设计技术和成果作为有价值的技术商品进入市场，打破地区、部门的界限，促使设计单位提高管理水平、采用先进技术、降低工程造价、缩短工期、提高投资效益。因此，勘察设计招标应重点考察投标人的技术和服务能力，投标应重点考虑方案的创新、经济、适用、环保性。本学习情境主要依据原交通部颁发的《公路工程勘察设计招标文件范本(交公路发[2003]52 号)》(以下简称《勘设范本》)进行编排。

任务 2.1 公路工程勘察设计招标

知识目标

(1) 了解公路勘察设计招投标的概念。

(2) 熟悉公路勘察设计招标的方法与程序。

(3) 掌握公路勘察设计招标文件的编制。

工作任务

能准确地编制招标文件。

2.1.1 公路工程勘察设计工作的要求

公路工程勘察设计工作应满足下列要求。

(1) 提交的勘察设计文件应符合交通运输部《公路工程基本建设项目设计文件编制办法》的有关规定及其他勘察设计标准、规范、规程、定额和办法等的要求，并应通过上级交通运输主管部门的审查。

(2) 提交的初步设计概算(或修正概算)、施工图预算应符合交通运输部《公路基本建设工程概算、预算编制办法》、《公路基本建设工程交通工程概(预)算编制的规定》和《招标项目所在省(自治区/直辖市)关于公路工程概算、预算编制办法补充规定》的要求。

(3) 除招标人在前一阶段(工可阶段或初步设计阶段)方案研究或设计中提出的推荐方案之外，也可根据调查研究，通过方案比选和技术经济分析，推荐更为合理的方案。但应符合本项目可行性研究报告批复或初步设计批复的有关强制性要求。

(4) 若上级主管部门或招标人认为需要进行技术设计、编制技术设计文件及相应修正概算，中标人应无条件执行，且编制费用已包括在投标报价中。

(5) 根据招标人要求，按施工合同段分别提交工程量清单、参考资料、图纸及施工预算，第＿＿＿＿合同段还应负责编写公路工程(交通工程)施工技术规范。

(6) 工程施工时，应按规定派驻工地设计代表，协助业主解决各种与设计有关的问题，包括修改完善设计或局部变更设计。

(7) 投标人应以《工程勘察设计收费标准》(2002年修订本)为依据，根据本招标文件规定的勘察设计工作内容和计划工作量，自行测算勘察设计费用。

2.1.2 公路工程勘察设计招标的方法

根据公路勘察设计招标管理规定，公路建设项目的勘察、设计单项合同估算价在50万元人民币以上，或者建设项目总投资额在3 000万元人民币以上的，必须进行勘察设计招标。

工程勘察设计招标是指招标人按照国家基本建设程序，依据批准的可行性研究报告，对工程初步设计、施工图设计通过招标活动选定勘察设计单位的过程。根据公开与否、招标范围、是否对投标单位补贴等，工程勘察设计招标可分为公开招标、邀请招标、一次性招标、分阶段招标、方案竞赛招标等。

公开招标即由招标单位通过国家指定报刊、信息网络或者其他媒介发布招标公告，而邀请招标是由招标单位向至少3个以上有承担公路工程勘察设计能力的单位直接发出投标邀请书。

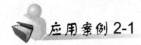
应用案例 2-1

杭州至瑞丽国家高速公路××省大兴(湘黔界)至思南段
工程勘察设计招标公告

杭州至瑞丽国家高速公路××省大兴(湘黔界)至思南段工程(以下简称"本项目")为《国家高速公路网规划》"7918"网中第12条横向线××省境内的重要段落。本项目经××省发展和改革委员会组织有关单位审查通过，已上报国家发展和改革委员会。建设资金来源于交通运输部补助及国内银行贷款。受××省公路局(以下简称"招标人")委托，××工程咨询有限公司(以下简称"招标代理")对本项目的勘察设计、后续服务工作及设计咨询(含勘察监理)进行国内竞争性公开招标，并将对投标人进行资格后审。现将有关事项公告如下。

一、项目概况和招标范围

1. 项目概况

本项目起点位于松桃县大兴镇铜仁机场北约3km湘黔省界处，向东与湖南凤凰至大兴高速公路对接。终点位于思南县城乌江西岸X536走廊的双龙井东南方向约1.2km处的沙塘沟，与杭瑞高速思南至遵义段相连。路线全长约149.044km，按双向4车道高速公路标准建设，设计速度80km/h，路基宽度24.5m，投资估算总金额约为人民币140亿元。

2. 招标范围：勘察设计(部分内容略)

本项目工程勘察设计招标范围为杭州至瑞丽国家高速公路××省大兴(湘黔界)至思南段工程的工程勘察(含工程测量)、技术设计(如需要)、初步设计、施工图设计、后续服务等工作，全线勘察设计共划分为四个合同段，各合同段所包括的工作内容及对投标人的相应资质均满足要求者可参加本项目投标。

二、勘察设计周期及咨询周期初步安排

(1) 初步设计阶段勘察设计：2009年2月10日—2009年6月30日(2009年6月30日之前应向招标人提交初步设计文件)。

(2) 初步设计文件的审查、修改及批复阶段：2009年7月1日—2009年8月15日。

(3) 征地拆迁图：应在2009年7月31日之前完成。

(4) 施工招标图纸和工程量清单：应在2009年11月1日之前完成。

(5) 施工图设计阶段勘察设计：2009年7月1日—2009年10月31日。

(6) 施工图审查阶段：2009年11月1日—2009年11月30日。

(7) 施工现场配合服务：4年。

(8) 第5合同段咨询人的设计咨询(含勘察监理)服务与勘察设计同步开展。

三、报名及购买招标文件时间(略)

四、现场考察及标前会议时间、地点(略)

五、递交投标文件及开标时间、地点(略)

六、投标担保(略)

招标人：××省公路局

招标代理：××工程咨询有限公司

(电话、地址、联系人等略)

日期：2008年12月31日

工程勘察任务可以单独招标，选择具有相应资质的勘察、设计单位实施，也可以将勘察工作内容包括在设计招标任务中发包。工程勘察工作是工程设计工作的基础，直接为设计工作服务，勘察取得的工程项目建设所需的技术资料是用来满足设计的需要，因此勘察、设计任务由同一个具有相应能力的勘察设计单位完成，对招标单位较为有利。这样既可以避免勘察、设计任务由两个单位实施时遇到的许多协调工作，又可以使勘察工作直接根据设计需要进行，满足设计勘察资料的内容、精度和进度方面的要求，有利于保证设计工作的质量和进度。以下的一次性招标和分段招标可视为勘察与设计合并的招标方式。

1. 一次性招标

一次性招标指对初步设计勘察设计阶段、技术设计勘察设计阶段、施工图设计勘察设计阶段 3 个阶段进行的一次性招标,确定勘察设计单位的一种招标形式。初步设计勘察设计阶段包括地质初勘、路线、桥梁、隧道初测、初步设计等工作,施工图设计勘察设计阶段包括地质详勘、路线、桥梁、隧道定测、施工图设计等工作。

这种招标方式可有效地利用设计单位对勘察设计工作的统筹安排来节省设计工期,同时也有利于降低勘察设计成本,使业主能得到较分阶段招标更优惠的合同价。该招标方式对设计单位综合素质要求高。

2. 分阶段招标

指对工程勘察设计三个不同阶段分别进行招标。

分阶段招标可使各阶段的勘察设计任务更加明确,提高了勘察设计的质量和针对性。

3. 设计方案竞赛招标

对于具有城市景观的特大桥、互通立交、城市规划、大型民用建筑等,习惯上采用设计方案竞赛招标。

设计方案竞赛招标是建设单位为获得某项规划或设计方案的使用权或所有权而组织竞赛,对参赛者提交的方案进行比较,并与优胜者签订合同的一种特殊的招标形式。

设计方案竞赛招标通常的做法是:建设单位(或委托咨询机构代办)发布竞赛通告,对竞赛感兴趣的单位都可以参加,也可以邀请若干家设计单位参加竞赛。设计竞赛通告或邀请函应提出竞赛的具体要求和评选条件,提供方案设计所需的技术、经济资料。

参赛单位(投标人)在规定期限内向设计竞赛招标主办单位提交竞赛设计方案。主办单位聘请专家组成评审委员会,根据事先确定的评选标准,进行评价。评价指标一般包括以下几点。

(1) 设计方案满足使用功能的程度。
(2) 建筑美学、城市景观、地方文化特色建筑要素。
(3) 是否符合规划管理部门的有关规定。
(4) 技术上的先进性与可行性。
(5) 工程造价的经济合理性。

评委就上述方面提出评价意见和候选者排序名单。最后由建设单位做出评选决定,并与入选方案的设计单位,就工程勘察设计工作的具体内容、进度要求、设计费用等问题进行谈判,达成一致后签订勘察设计合同。

2.1.3 公路工程勘察设计招标的程序

公路工程勘察设计公开招标程序如图 2.1 所示。

1. 招标申请

建设单位在招标前,应先向招标管理部门提出招标申请,经批准后,才能设计招标工作。

招标单位应具备下列条件。

(1) 有项目法人或依法成立的其他组织。
(2) 有开展勘察设计招标工作的管理人员和机构。

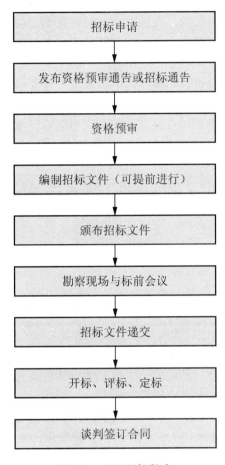

图 2.1　公开招标程序

(3) 有组织编制招标文件的能力。
(4) 有审查投标单位资格的能力。
(5) 有组织开标、评标和定标的能力。

如果招标单位不具备以上(2)~(5)条，应委托具有相应资质的招标代理机构来代理招标，由招标单位与代理机构签订代理协议，并报有关管理部门批准。

向主管部门提交的招标申请书中应包括以下内容：招标单位名称、法人代表、工程名称、工程地点、设计规模、设计招标的范围、招标方式、招标组织机构、是否委托代理招标、项目前期工作进展情况等。

2. 资格预审

公路工程勘察设计邀请招标程序同公开招标程序相比，少了资格预审这一步。公开招标的资格预审文件是对投标人是否具有招标人所要求的资格和水平进行事先的审查，要求投标人按规定填报资格预审，只有经资格预审评审的合格者才准许参加投标。

在邀请招标过程中，因为被邀请的设计单位通常都是建设单位了解的在本专业领域实力较强且有一定知名度的单位，所以资格审查不很严格，可以在投标单位领取招标文件时，交验工程勘察设计证书、工商营业执照等证件。

资格预审是公开招标的重要工作。一方面，通过公布资格预审公告，向社会发布招标信息；另一方面，对参与报名的投标人进行第一轮审查——投标人资格的审查。

勘察设计资格预审主要对投标人在勘察设计经验、人员资历、技术能力、社会信誉等方面进行审查。

资格预审的目的是为了检查、审核投标申请人是否有资格执行勘察设计合同。

1) 资格预审评审组织

资格评审工作，应成立资格预审评审委员会，由资格预审评审委员会进行评审。资格委员会应由招标单位、本专业技术和经济方面的专家组成，人数应为 5 人以上的单数。

2) 评审方法

勘察设计单位资格预审的评审方法，采用符合性审查。通常分四步进行。

第一步：对基本条件进行符合性检查。即审查申请人是否符合资格预审的条件。在公路工程勘察设计招标中，未通过以下任一条件的申请人，不能通过资格预审。

(1) 资格预审申请书的格式和内容齐全，并符合资格预审条件的要求。

(2) 资格预审申请人满足资质等级。

(3) 资格预审申请人的名称与营业执照的法人名称一致。

(4) 资格预审申请人授权代理人的授权书格式和内容，符合资格预审文件的要求。

(5) 资格预审申请人的法定代表人或其授权的代理人签字齐全。

(6) 以联合体形式申请资格预审，必须遵守相应条件。

第二步：强制性指标审查。勘察设计中强制性指标包括公路工程勘察设计经验、拟安排参与本工程勘察设计的主要人员资格等方面。

在公路工程勘察设计中，"A"类指标是强制性指标，"B"类指标为一般性指标。只有符合强制性指标的资格预审申请人，才能通过资格预审。

第三步：澄清与核实。评审委员会根据需要，可能要求申请人进一步提供相关资料或澄清有关问题。

第四步：评分。对通过强制性资格预审的申请人，按照资格预审细则，对申请人的工程设计经验、技术力量、质量信誉、财务状况等分别进行打分，对总分达到标准的申请人予以通过资格评审。

资格预审评审后，招标人应及时以传真、电报、信函等书面形式把资审结果通知所有申请人，并通知资审合格者购买招标文件。申请人接到通知后，应以书面形式回复，确认已收到通知。

通过资格预审为以后的投标、评标、定标、中标创造了条件。

3．勘察现场与标前会议

在投标人对招标文件进行研究后，业主组织投标人对现场进行考察，使投标人充分了解工程现场环境，尤其是城市道路、桥梁、大型立交等设计，一般都要求拟建项目与地区文化、环境、景观相协调。现场考察对投标人拟定设计方案具有重要意义。

标前会议的目的是澄清并解答投标人在查阅招标文件和进行现场考察后，可能提出涉及投标和合同方面的任何问题。投标人应在标前会议召开以前，将要求答复的问题以书面或传真的方式提交招标人并且按照投标须知资料表中载明的时间和地点，派代表出席招标人主持的标前会议。

对于投标人提出的问题，招标人应当在标前会议上作出澄清和解答(不说明问题的来源),会后,招标人将其书面解答和澄清的内容以补遗书(应进行正式编号)的方式发给所有已购买招标文件的投标人,投标人在收到书面答复(补遗书)后,应在 24 小时内以书面或传真的方式通知招标人,确认收悉。

4. 开标、评标与中标

1) 开标

开标应当在招标文件确定的提交投标文件截止日期的同一时间公开进行。开标地点应当为招标文件预先确定的地点。

招标人邀请所有投标人参加,并在签到簿上签名。开标由招标人主持,由监督机关和投标人代表共同监督。应有公证员出席进行公证。

投标文件的组成按规定应为双信封文件,如投标人未提供双信封文件或提供的双信封文件未按规定密封包装,经监督机构代表或公证人员现场核实确认后,招标人可当场宣布其为废标。

开标时,由投标人或者其推选的代表检查投标文件的密封情况,也可以由投标人委托的公证机关检查并公证;经确认无误后,当众拆封投标文件的第一个信封,宣读投标人名称、投标文件签署情况及商务文件标前页的主要内容。投标文件中的第二个信封不予拆封,并妥善保存。开标过程应当记录,并存盘备查。

开标时,属于下列情况之一的,应当作为废标处理。

(1) 投标文件未按要求密封。

(2) 投标文件未加盖投标人公章或者未经法定代表人或者其授权代理人签字。

(3) 投标文件字迹潦草、模糊、无法辨认。

(4) 投标人对同一招标项目递交两份或者多份内容不同的投标文件,未书面声明哪一个有效。

(5) 投标文件不符合招标文件实质性要求。

2) 评标

评标是指评标委员会按照规定的评标标准和方法,对各投标人的投标文件进行评价比较和分析,从中选出最佳投标人的过程。评标是招标和投标活动中十分重要的阶段,评标是否真正做到公平和公正,决定着整个招标投标活动是否公平和公正;评标的质量决定着能否从众多投标竞争者中选出最能满足招标项目各项要求的中标者。

知识链接

评标过程的保密

公开开标后,直到签订合同书为止,凡有关投标文件的审查、澄清和评价工作,都应在保密的情况下进行,任何信息和资料均不得向投标人或其他人泄露。

投标人在投标文件审查、澄清、评价和比较以及授予合同的过程中,对招标人施加影响的任何行为,都将导致取消其中标资格。

(1) 评标组织。勘察设计评标由法定程序组成评标委员会,评标工作由评标委员会主持完成。评标委员会通常由项目业主、该领域的工程技术专家、建筑经济专家等组成,人数在 5 人以上且为单数。

交通运输部和省级交通运输主管部门应当分别设立评标专家库。国道主干线和国家、部重点公路建设项目的评标委员会专家,从交通运输部设立的评标专家库中确定,或者由交通运输部授权从省级交通运输主管部门设立的评标专家库中确定。其他公路建设项目的评标委员会专家从省级交通运输主管部门设立的评标专家库中确定。评标委员会成员名单在中标结果确定前应当保密。

(2) 评标程序。评标工作程序如图 2.2 所示。

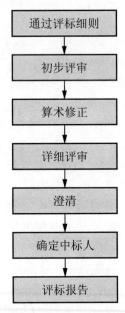

图 2.2 评标工作程序

(3) 评标细则。业主制定评标细则,评标委员会审定。

评标细则中,应主要明确评标程序、评标方法、评标打分细则、推荐(确定)中标单位的原则等。工程勘察设计招标属于技术招标,工程勘察设计费占工程总投资额比例小(通常为 1%～3%),而勘察设计方案和勘察设计的质量对工程总造价影响较大。在招标中,选择方案优秀、勘察设计质量高的设计单位是非常重要的。因此,在进行勘察设计招标评标时,重点在对勘察设计的技术方案和勘察设计单位能力所决定的勘察设计质量进行评审,只有通过了技术和商务的评审后,才考虑投标的标价。

勘察设计招标得到的标的是勘察设计文件,其性质是技术服务,在进行评标的综合打分时,勘察设计费用报价所占综合评分比例较小,这是由技术招标特性决定的。如公路工程勘察设计招标评标中(2003 年有关文件规定),勘察设计报价仅占综合评分的 0%～10%,均值为 5%。

知识链接

某公路工程勘察设计招标评标采用综合评价方法,其勘察设计报价仅占综合评分的 5%左右。公路工程勘察设计招标评标采用双信封制:第一个信封装技术与商务方面投标文件的资料,第二个信封装投标标价,在评标中采用综合评定的方法确定中标单位。综合评定指标及分值分配如下。

投标文件的第一个信封:

投标人的信誉和与本项目相关的具体经验	分值范围 5~15,均值为 10
拟从事本项目人员的资格和能力	分值范围 25~35,均值为 30
对本项目的理解和技术建议	分值范围 25~35,均值为 30
工作计划和质量管理措施	分值范围 5~15,均值为 10
技术设备投入	分值范围 0~10,均值为 5
后续服务	分值范围 5~15,均值为 10
投标文件的第二个信封:	
报价	分值范围 0~10,均值为 5

招标人在编制招标文件时,可以按规定根据项目的具体情况合理确定综合评定指标及其分值。

应用案例 2-2

评标委员会对某公路工程勘察设计投标文件的评审采用综合评价办法,采用双信封制,满分 100 分。分值分配和报价计分办法如下。

投标文件的第一个信封:

①	投标人的信誉和与本项目相关的具体经验	分值范围 5~15,本项目为 10。
②	拟从事本项目人员的资格和能力	分值范围 20~30,本项目为 25。
③	对本项目的理解和技术建议	分值范围 25~35,本项目为 30。
④	勘察设计工作大纲	分值范围 5~15,本项目为 10。
⑤	后续服务	分值范围 0~10,本项目为 5。

投标文件的第二个信封:

⑥	报价	分值范围 15~25,本项目为 20。

报价得分以平均报价为依据进行打分。平均报价是指投标文件第一个信封和第二个信封均通过符合性审查的投标人的实际报价的平均值。具体计算如下。

a. 平均报价为 A 值。

b. 投标人实际报价为 A 的,报价得分=20 分。

c. 投标人实际报价低于 A 的,报价得分=20-17×(投标人的报价-A)/A。

d. 投标人实际报价高于 A 的,报价得分=20-25×(投标人的报价-A)/A。

e. 负分视为零分。

(4) 评审。

① 初步评审(符合性审查)。评标阶段,招标人首先会对投标文件的实质性内容进行初步评审(符合性审查),判定其内容是否真实可靠,是否满足招标文件的要求,是否响应招标文件的实质性要求。只有通过初步评审(符合性审查)的投标文件才能参加详细评审。

招标文件第一个信封(商务文件和技术文件)通过初步评审(符合性审查)的主要条件是:投标文件按照招标文件规定的格式、内容填写齐全;字迹和各种证件(复印件)清晰可辨;投标文件中法定代表人或法定代表人授权代理人的签字齐全;投标文件中标明的投标人与通过资格预审的投标申请人未发生实质性改变,联合体组成未发生变化;按照招标文件的规定提供授权代理人授权书,并附有合格的公证机构公证书;以联合体形式投标的,应提交联合体协议,并附有联合体各方资质证明材料;如有工作分包的,应提交工作分包计划,并附有对分包单位的资质要求;按招标文件规定提供合格的投标担保。

投标文件第二个信封(报价清单)通过初步评审(符合性审查)的主要条件:勘察设计取费

符合现行公路工程勘察设计取费标准规定；勘察设计取费计算方法正确；勘察设计取费计算清单明晰。

如果投标文件第一个信封或第二个信封按照评标程序进行澄清后未通过初步评审(符合性审查)的，招标人认为其投标无效，并且不允许投标人通过修正和撤销其不符合要求的差异而使之成为符合要求的投标文件。

② 算术性修正。招标人只对投标文件第一个信封和第二个信封均通过初步评审(符合性审查)的投标人的投标报价进行校核，并对其中的算术性错误给予修正。

> **知识链接**
>
> 投标文件的算术性修正是指评标委员会对通过初步评审（符合性审查）的各投标文件的报价进行校核，并对有算术上的运算差错给与修正。一般来说，修正的原则如下：
> (1) 大写金额和小写金额不一致的，以大写金额为准。
> (2) 单从金额与数量相乘和合价金额不一致的，以单价金额为准，如果单价金额有明显的小数点位置差错，应以标出的合价金额为准，同时对单价金额予以修正。
> (3) 合价金额累计与总价金额不一致的，以合价金额为准，修正总价金额。

招标人将按上述算术性修正原则，调整投标人勘察设计费用报价，并书面通知投标人确认。在投标人确认后，调整后的报价对投标人起约束作用。如果投标人不接受修正后的报价，则其投标将被拒绝，招标人有权没收其投标担保。

③ 详细评审。招标人只对通过初步评审(符合性审查)的投标人进行详细评审。详细评审工作由招标人依法设立的评标委员会负责。评标委员会的组成方式要求按照本招标文件附录《招标评标办法》的有关规定执行。

评标委员会应根据本招标文件附录《招标评标办法》确定的评标标准和方法，对投标人的业绩、信誉、拟投入项目的勘察设计人员的能力、对项目的理解及勘察设计方案的优劣进行综合评价，独立评分并签名。勘察设计招标评标采用综合评价方法。

在详细评审时，招标人可要求各投标人陈述其关于本招标项目的勘察设计思路和设计理念。陈述内容及要求见陈述提纲。投标人陈述应安排在评标委员会详细评审各投标人投标文件第一个信封之后进行，招标人应在此之前告之各投标人做好陈述准备工作。

投标人在接到招标人要求陈述的通知之后，应派拟从事本招标项目勘察设计的项目负责人，携带本人身份证到招标人指定的地点，在规定的时间内进行陈述。如项目负责人遇有特殊情况不能到场，投标人应在事前向招标人书面说明理由，并在排序前3名的分项负责人中选派一名分项负责人到场陈述。如果投标人拒不参加或不派人员到场陈述，将被取消参与评标的资格。如果投标人陈述与其投标文件有实质性的不符，应以其投标文件为准。

评标委员会对投标文件第一个信封通过初步评审(符合性审查)的投标人的信誉和与本项目相关的具体经验、拟投入本项目的人员资格和能力、对本项目的理解和技术建议、工作计划和质量管理措施、技术设备投入、后续服务分别进行评审打分后，在监督机构在场的情况下，拆封投标人投标文件的第二个信封(报价清单)，对其进行初步评审(符合性审查)，并宣读投标人报价。评标委员会应将有关情况记录在案，经监督机构代表签字后备查。

④ 投标文件的澄清。为了有助于投标文件的审查、评价和比较，招标人可以要求投标人对投标文件中含有不明确的内容或与招标文件偏差的做必要的澄清或说明。

投标人须以书面形式提供澄清或说明的内容,并作为投标文件的组成部分。

澄清和说明不得超出投标文件的范围或改变投标文件的实质性内容,招标人不接受投标人主动提出的澄清。

⑤ 确定或推荐中标单位。评标委员会应当依据对投标人综合得分结果的排序高低,推荐两名中标候选人,招标人也可以授权评标委员会确定中标人。确定或推荐中标单位后评标委员会向招标人提出书面评标报告。

招标人按照招标文件附录《招标评标办法》规定,确定综合评分排名第一的中标候选人为中标人的,如中标人放弃中标、因不可抗力提出不能履行合同或招标文件规定应当提交履约保证金而在规定的期限内未能提交的,招标人可以确定排名第二的中标候选人为中标人。如果没有符合评标规定的下一个中标候选人,招标人应重新招标。

知识链接

中标结果通知书

_____(未中标人名称):

我方已接受_____(中标人名称)于_____(投标日期)所递交的_____(项目名称)_____标段勘察设计投标文件,确定_____(中标人名称)为中标人。感谢你单位对我们工作的大力支持!

招标人:_____(盖单位章)

招标代理:_____(盖单位章)

____年____月____日

2.1.4 公路工程勘察设计招标文件的编制

为了使公路工程勘察设计招标文件规范化、程序化和标准化,在编制招标文件时应依据《公路工程勘察设计招标资格预审文件范本》和《公路工程勘察设计招标文件范本》(简称《勘设范本》)进行编写。

1. 《公路工程勘察设计招标文件范本》主要内容

招标文件应当按照不同行业主管部门颁布的工程勘察设计招标文件范本,结合招标项目的特点和实际需要进行编制。目前公路工程勘察设计《勘设范本》的组成内容如下。

第一章　投标邀请书

第二章　投标须知

　　A．总则

　　B．招标文件

　　C．投标文件的编制

　　D．投标文件的递交

E．开标与评标
F．授予合同

第三章　勘察设计合同通用条款
第四章　勘察设计合同专用条款
第五章　勘察设计技术标准与规范
第六章　勘察设计原始资料
第七章　勘察设计合同书格式
第八章　投标文件格式

A．投标人基本情况表
B．投标人已完成项目情况
C．投标人正在承担的项目情况
D．项目负责人及分项负责人基本情况表
E．主要人员资历表
F．后续服务人员资历表
附件　招标评标办法

2．资格预审文件的编制

公路工程勘察设计资格预审文件包括下列3部分。
1) 资格预审公告
2) 资格预审申请人须知

资格预审须知是申请人参与资格预审的指南，阐明项目基本情况、投标人资格要求、投标人主体、资格预审文件填写要求、资格预审的评定原则与标准等问题。内容见《勘设范本》。

3) 资格预审申请书格式

资格预审申请书的格式包括以下几点。
(1) 资格预审申请递交信格式。
(2) 授权书格式。
(3) 联合体协议书格式。
(4) A-1 资格预审强制性资格标准(经验)格式。
(5) A-2a 资格预审强制性资格标准(人员)格式。
(6) A-2b 资格预审强制性资格标准(人员)格式。
(7) B-1 资格预审申请人基本情况表。
(8) B-2 项目组织机构与质量保证框图。
(9) B-3 资格预审申请人已完成项目情况。
(10) B-4 资格预审申请人正在承担的项目情况。
(11) B-5 拟安排的项目负责人和分项人资历表。
(12) B-6 其他资料表。

其中："A"类指标是强制性指标，"B"类指标为一般性指标。

3．招标文件的编制

依照《勘设范本》，招标文件主要包括以下几个部分内容。

1) 投标邀请书

在对投标人进行了资格预审后,对通过资格预审的单位,发出投标邀请书。投标邀请书通常包括下列内容。

(1) 确认投标人已通过资格预审。

(2) 招标范围。工程勘察设计包括初步设计、技术设计(如需要)、施工图设计等工作。阐明工程勘察设计招标的阶段、招标的内容、合同段的划分等。

(3) 本次招标的具体内容。

(4) 勘察设计周期初步安排。如采用一次性招标,应阐明各阶段的起止日期,包括以下几点。

① 初步设计阶段勘察设计提交初步设计文件的最后时间。

② 施工图设计阶段勘察设计提交施工图设计文件和工程量清单的最后时间。

③ 提交征地拆迁图的最后时间。

④ 施工现场配合服务的期限。

(5) 购买招标文件价格(招标文件售价应只收取成本费)、时间、地点。

(6) 现场考察时间、地点、考察组织方式,标前会议时间、地点。

(7) 递交投标文件的时间、地点、签收人等。

(8) 投标人确认收到投标邀请书的时间和确认方式。最后招标人或者招标代理注明地址、邮编、电话、传真、联系人等信息,在投标邀请书落款处招标人或者招标代理人签名(全名)、盖章写明时间方可有效。

投标邀请书格式如下。

投标邀请书

(投标人全称):

1. 你单位已通过资格预审,(项目法人单位)(以下简称"招标人")邀请你单位按招标文件的规定和要求,对_____公路工程勘察设计进行密封投标。

2. 招标范围。

_____公路工程勘察设计,包括初步设计、技术设计(如需要)、施工图设计等工作。本项目公路工程勘察设计招标分为_____个合同段,各标段的勘察设计主要工作内容如下表所示。

勘察设计合同段划分表

合同段号	合同段主要工作内容	合同段长度/km
1	例:K_____～K_____公路工程(含路线、路基、路面、桥涵、隧道、交叉、其他工程等)勘察设计,包括初步设计、技术设计(如需要)、施工图设计及概预算编制工作,并负责全线总体勘察设计及设计文件汇总	
2	例:_____互通立交(K_____～K_____)的方案研究及勘察设计	
3	例:K_____～K_____交通工程(含收费、监控、通信等)及沿线设施(含安全、养护、服务、房屋建筑等)等的勘察设计	
……		

3. 本次招标的具体内容

工作阶段：初步设计/施工图设计。

4. 勘察设计周期初步安排

① 初步设计阶段勘察设计：____年____月____日一____年____月____日，____年____月____日之前应向招标人提交初步设计文件。

② 施工图设计阶段勘察设计：____年____月____日一____年____月____日，____年____月____日之前应向招标人提交施工图设计文件和工程量清单。

③ 征地拆迁图：____年____月____日之前完成。

④ 施工现场配合服务：____年(____天)。

5. 请凭本邀请书于____年____月____日____时至____年____月____日____时(北京时间，下同)到[招标人或招标代理(全称及地址)]购买招标文件。每套招标文件售价____元，售后不退。

6. 招标人将于下列时间和地点组织投标人进行现场考察并召开标前会。

现场考察时间：____年____月____日____时，在__(地点)__集合。

标前会议时间：____年____月____日____时，地点_____。

7. 递交投标文件的截止时间为____年____月____日____时，请投标人在此之前将投标文件送至_____，迟到的投标文件将不予受理，在投标截止的同一时间，同一地点举行开标仪式，投标人应派其法人代表或授权代表人出席。

8. 请你单位在收到本邀请书后 24 小时内以书面或传真方式回函确认。如果你单位不准备参与投标，请在____年____月____日前以书面或传真方式通知我们。谢谢合作！

招 标 人：_____　　招标代理：_____
地　　址：_____　　地　　址：_____
邮　　编：_____　　邮　　编：_____
电　　话：_____　　电　　话：_____
传　　真：_____　　传　　真：_____
联 系 人：_____　　联 系 人：_____

　　　　　　　　　　　　　招 标 人：__(全名)(盖章)__
　　　　　　　　　　　或招标代理：__(全名)(盖章)__
　　　　　　　　　　　日　　期：____年____月____日

2) 投标须知

公路工程勘察设计投标须知是投标人在工程勘察设计投标中的指南。投标须知是投标人在投标全过程中如何进行投标和怎样操作的投标行为规范。招标人通过制定投标须知来控制招标过程。投标须知通常以我国有关法律、国际惯例等为依据编制。投标须知通常包括总则、招标文件、投标文件的编制、投标文件的递交、开标与评标、授予合同等部分。《勘设范本》中投标须知，由投标须知、投标须知资料表附件组成。

《勘设范本》中提供的"通用"投标须知，招标人在招标中直接采用。

结合拟招标工程勘察设计的技术特点和设计管理需要，对招标中涉及的重要资料，通过填写"投标须知资料表"对《勘设范本》投标须知进行完善。

投标须知资料表格表如下。

投标须知资料表

项目	条款号	编 列 内 容
1	1.1	招标人：_____招标代理：_____
2	1.1	项目名称：_____ 招标类型：勘察设计[含初步设计、技术设计(如需要)及施工图设计]
3	1.2	工程概况：详见附件1
4	1.3	(1) 初步设计阶段勘察设计：___年___月___日—___年___月___日，___年___月___日之前应向招标人提交初步设计文件 (2) 施工图设计阶段勘察设计：___年___月___日—___年___月___日，___年___月___日之前应向招标人提交施工图设计文件，___年___月___日之前应向招标人提交施工招标(编制施工招标文件)所需的图纸和工程量清单 (3) 征地拆迁图：___年___月___日之前完成 (4) 施工现场配合服务：___年(___天)
5	3	投标人的合作条件：通过资格预审并收到投标邀请书
6	5.1	现场考察时间： ___年___月___日___时 地点：_____集合
7	6.1	标前会议时间：___年___月___日___时 地点：
8	12.6	合同调价：
9	13.1	投标文件有效期：从开标之日起_____天
10	14.1	投标担保金额：人民币_____万元
11	15.1	投标文件份数：正本1份，副本_____份
12	16.2	递交投标文件的地址： 邮编：
13	17.1	投标截止期：___年___月___日___时
14	20.1	开标时间：___年___月___日___时 开标地点：
15	30.1	中标人向业主提交履约保函的期限：收到中标通知书后_____天内且在签订合同书之前
16	30.3	履约保函金额：合同价格的5%
17	31.1	中标人签署合同书期限：收到中标通知书后_____天内

注：①本表各项在送审招标文件时，应无例外——填写，除"不适用"外，不留空白。如某日期暂时不能确定，可先填计划日期，并予说明；

②如某栏对本项目不适用，应在相应栏中注明"不适用"。任何对投标须知的修改均应在本表后的"修改表"中反映，并保持原条款号不变；

③本表所指时间均为北京时间；

④本表由招标人填写。

以下详细介绍《勘设范本》投标须知的主要内容。

(1) 总则。

① 招标范围。从以下几个方面进行说明：阐明工程概况、招标范围、勘察设计周期、勘察设计技术文件的整体要求。提交工程造价文件(初步设计概算或修正概算、施工图设计预算)的编制要求。提出推荐的设计方案和新的设计方案的要求。通常除了满足招标人在前一阶段(工可阶段或初步设计阶段)方案研究或设计中提出的推荐方案之外，还可根据调查研究，通过方案比选和技术经济分析，推荐更为合理的方案。但新的方案应符合本项目可行性研究报告批复或初步设计批复的有关强制性要求。对需要进行技术设计说明的，若要求进行技术设计，中标人应无条件执行，其编制费包括在投标报价中。

根据施工管理需要，提出分标段编制施工图设计文件及工程清单的要求，以及按规定派驻工地设计代表的要求。

对投标人测算工程勘察设计费的说明。原则上参照《工程勘察设计收费标准》(2002年1月7日，由国家发展计划委员会、建设部计价格[2002] 10号文公布)，投标人根据勘察设计工作内容和计划工作量，自行测算勘察设计费用。

② 资金来源。说明资金来源及报价的货币单位。

③ 投标人的合格条件。合法的投标人的规定；对投标人拟参加本项目勘察设计工作的人员资历的规定；勘察设计主体的要求，对关键性工作进行转包等的规定；对勘察设计联合体的要求；对勘察设计分包的要求；投标人非法分包勘察设计任务的违约情况的规定；对投标文件及报价的唯一性的规定。该部分还包括对投标费用、现场考察、标前会议进行说明。

④ 投标费用。投标人在投标过程中的一切费用，不论中标与否，均由投标人自付，且投标文件售后不退。

⑤ 现场考察。招标人将按照本须知资料表载明的地点和时间，统一组织投标人对现场及其周围环境进行考察，以便投标人自行查明或核实有关编制投标文件和签订合同所必需的资料。现场考察期间的交通和食宿由投标人自行安排，费用自理。

在现场考察过程中，投标人如果发生意外人身伤亡、财物或其他损失，除国家法律、法规有规定的之外，招标人均不负责。

⑥ 标前会议。标前会议的目的是澄清并解答投标人在查阅招标文件和进行现场考察后，可能提出的涉及投标和合同方面的任何问题。

(2) 招标文件。

① 招标文件的组成。招标文件的基本组成分为本章和评标附件，但招标人在招标期间发出的所有补遗书(有正式编号)和其他正式有效函件，均是招标文件的组成部分。

② 招标文件的澄清和解答。要求澄清招标文件的投标人，应以书面或传真的方式按招标文件中规定的地址通知招标人。招标人只对投标人在投标截止期18天以前提出的问题(包括发现招标文件有错漏、缺页)进行澄清和解答，并在投标截止期15天以前，以书面或传真的方式将答复(包括对询问的解释，但不说明询问的来源)发给所有购买招标文件的投标人。投标人在收到书面答复(补遗书)后，应在24小时内以传真等书面形式通知招标人，确认已收到该书面答复。

③ 招标文件的修改。在投标截止期15天以前，由于各种原因，不管是招标人主动提出的或者是答复投标人澄清要求的，招标人可以补遗书(有正式编号)的方式修改招标文件。

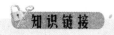

补 遗 书

招标人可能会因任何原因对招标文件进行修改，招标人将在递交投标文件截止时间 15 日前，将修改内容以补遗书方式向所有已购买招标文件的投标人发出。投标人收到后，应在投标人须知前附表规定的时间内以书面形式向招标人确认收到。

补遗书（包括投标须知其他条款中提及的补遗书）将书面形式发出，补遗书是招标文件的组成部分，与招标文件具有同等的法律效力。补遗书应当向招标文件的备案部门补充备案。补遗书按时间先后顺序编号，对所有投标人都具有约束力。补遗书与招标文件不一致的部分以补遗书为准。如果前后发出的补遗书的内容不一致时，以后发出的补遗书为准。

为使投标人在编制投标文件时有合理的时间对上述补遗书的内容加以考虑，招标人可以按投标须知中的规定，将递交投标文件截止时间向后推迟。

招标单位改变已出售或发放的招标文件，未按上述要求提前通知投标者，给投标者造成的经济损失，应由招标单位予以赔偿。

补遗书(有正式编号)将以书面或传真的方式发给所有购买招标文件的投标人。为了使投标人在编写投标文件时有合理的时间将补遗书(有正式编号)的内容考虑进去，招标人可以按照须知的规定，酌情延长递交投标文件的截止时间。招标人的补遗书(有正式编号)不得改变招标文件的实质性内容。

(3) 投标文件的编制。

① 投标文件的语言。投标文件及投标人与招标人之间来往的一切信函、文件均使用中文。

② 投标文件的组成。投标人编写的投标文件，应按卷、篇、节编制。

③ 投标价。公路工程勘察设计合同为总价合同，投标价应包括投标人完成本招标项目(第一合同段)勘察设计所有的工作量和提供的全套勘察设计文件(包括初步设计概算、修正概算、施工图设计预算及全部基础资料)及后续服务的全部费用。

知识链接

(1) 公路工程勘察设计的全部费用(包含税费、合理利润)。

(2) 所有为公路工程勘察设计所必需的专题研究费用(包含税费、合理利润)。

(3) 提供业主施工招标所需的工程数量和工程说明、相应图纸和工程量清单；编写公路项目(交通工程)施工技术规范等配合招标服务的费用。

(4) 施工期间驻现场设计代表应提供变更设计等后续服务的费用。

(5) 为完成本招标文件规定的义务，投标人认为有必要计入的其他费用。负责全线总体勘察设计的设计人应负责全线的总体勘察设计以及各合同段、各专业设计文件的协调、汇总工作，包括协调、统一文件的编制，编制说明和汇编总概(预)算等相关工作，并对全线工程勘察设计的整体性负责，由此可能发生的一切相关费用均应计入投标价中。

④ 投标文件的有效期。

⑤ 投标担保。

⑥ 投标文件的签署。投标人应按本须知的规定，向招标人递交投标文件正本一份和副本一份，并明确写明："正本"和"副本"。正本和副本如有不一致之处，以正本为准。投标文件的正本应使用不褪色的墨水书写或打印，并由投标人的法定代表人或经正式授权的代理人逐页签字(全名或姓)。

如果是代理人签署，则必须附有法定代表人出具的授权书；如果是资格预审申请人的法定代表人亲自签署，则不需提交代理人授权书；如果是联合体提交的资格预审申请书，只需附有联合体主办人出具的代理人授权书即可，并由该代理人签署。投标文件的任何一页如有修改，必须在修改处由法定代表人或经正式授权的代理人签字确认。投标文件的签署禁止使用签名章。

(4) 递交投标文件与开评标。

投标文件的递交及开标与评标、保密、初步评审(符合性审查)、算术性修正、详细评审、投标文件的澄清等内容见投标须知相关内容。

授予合同包括以下几点：

① 合同授予的标准。招标人根据评标委员会提出的书面评标报告和推荐的中标候选人，将合同授予按照招标文件附录《招标评标办法》的规定，综合评分排名第一，且具有有效实施本合同能力的中标候选人。如中标人放弃中标，因不可抗力提出不能履行合同或招标文件规定应当提交履约保证金而在规定的期限内未能提交的，招标人可以确定排名第二的中标候选人为中标人。如果没有符合评标规定的下一个中标候选人，招标人应重新招标。

② 招标人接受和拒绝投标的权利。招标人在发出中标通知书前因项目发生变化或不可抗力等原因有权宣布投标程序无效或拒绝所有投标，并对由此对投标人引起的影响不承担任何责任，也无须将这样做的理由通知受影响的投标人，但招标人应将投标担保退还给投标人。

③ 评标报告。

④ 中标通知书。在投标文件有效期截止前，招标人向中标人发出中标通知书，确认其投标已被接受。中标通知书中应写明业主将支付给设计人按合同规定完成勘察设计工作的总价(即合同价格)，并且明确写出招标人向中标人实际支付的勘察设计费，将不高于初步设计审批概算中相应勘察设计费的审批额，勘察设计费中超出审批额部分，招标人将予以扣除，各合同段合同总价则相应变更，不足部分招标人将不另行支付。

投标人在收到中标通知书后，应于24小时内以书面形式告知招标人。中标通知书是合同文件的组成部分。中标人在收到中标通知书后，应按投标须知规定向招标人提交履约保函。招标人在收到履约保函并与中标人签订合同书后，应在5天内通知其他投标人已落标。

⑤ 履约保函。中标人在收到中标通知书后14天内，并在签订合同书之前，应使用招标文件中提供的履约保函的格式。履约保函期限应满足投标须知资料表中的规定。

若联合体中标，联合体的履约保函可以由联合体主办人出具，或由联合体各成员分别以各自的名义按其承担的工作量出具，但其总额应与投标须知相应条款规定的金额相等。

知识链接

履约保函金额应为合同价格的5%。为取得履约保函所需的费用，由中标人自行负责。

⑥ 勘察设计合同书的签署。中标人在收到中标通知书后 28 天内，应派代表与招标人协商签订合同事宜。签约的地点在中标通知书中载明。在签订勘察设计合同书之前，应按投标须知的规定提交履约保函。

签订勘察设计合同书时，中标人应出示法定代表人证书或代理人授权书。勘察设计合同书经双方法定代表人或其授权代理人签署加盖公章后生效。

如果中标人未能遵守投标须知的规定，招标人则可宣布其无效，并没收其投标担保。在此情况下，招标人可根据投标须知的规定，将合同授予下一个符合评标及授予合同要求的中标候选人。如果没有符合评标规定的下一个投标人时，招标人则应重新招标。

根据国家和交通运输部有关廉政建设的规定，为预防和遏制腐败现象的产生，业主和中标人在签订勘察设计合同书的同时，需按照本招标文件规定的格式和要求，签订廉政合同，明确双方在廉政建设方面的权利、义务以及应承担的违约责任。

3) 合同条款

勘察设计合同结构由"通用条款"和"专用条款"两部分组成。

> **知识链接**
>
> 勘察设计合同通用条款是根据我国现行法律、法规的有关规定，结合公路工程勘察设计具体情况和实践经验而编写的，招标人使用勘察设计合同通用条款不允许直接对其增减或修改，但可在合同专用条款中对其进行增减、修改或具体化，合同专用条款的编号应与合同通用条款一致。

4) 勘察设计技术标准与规范

(略)

5) 勘察设计原始资料

为了使勘察设计的设计理念、设计思想、方案设计满足业主的要求，使勘察设计单位充分了解和领会业主的设计意图，业主应向投标人提供必要的原始资料，投标人应根据实际需要，自行搜集相关原始资料。具体内容见前。

6) 勘察设计合同书格式

为了统一、规范和有利于评标及管理，通常对有关协议书、授权书、保函以及其他可以统一的内容，尽可能采用统一格式，投标人应按规定填写。这些格式包括(详见《勘设范本》)：勘察设计合同书格式、廉政合同格式、履约保函格式、投标书格式、授权书格式、投标担保(格式)、资格预审资料更新有关表格、联合协议书(格式)、分包人表、勘察设计大纲；技术建议书、勘察设计工作量及报价清单。

任务 2.2 公路工程勘察设计投标

知识目标

(1) 熟悉公路工程勘察设计投标程序及投标文件主要内容。

(2) 掌握投标文件编制。

(3) 了解投标文件递交。

工作任务

能够正确编制投标文件。

无论采用公开招标还是邀请招标，招标人希望通过招标以较低的价格在较短的工期内获得技术先进、品质优良的工程产品。而投标人希望以自己在技术、经验、实力和信誉等方面的优势在竞争中获胜，占据市场，求得发展。虽然招标文件内容很多，但不外乎商务条款、标的工程内容条款和技术要求条款。因此，投标人在条件合格的情况下应组织一个强有力的、内行的投标班子对招标文件认真研读，熟悉投标程序并合理编写投标文件。

2.2.1 投标人的资格条件

投标人是响应招标、参加投标竞争的法人或者其他组织。投标人应当具备承担招标项目的能力，国家有关规定对投标人资格条件或招标文件对投标人资格条件有规定的，投标人应当具备规定的资格条件。在《勘设范本》中，对投标人的资格条件做了如下的一些规定。

(1) 投标人应通过资格预审并收到投标邀请书。在送交投标文件时，投标人应按《勘设范本》中《资格审查文件主要内容及更新资料》的要求，按通过资格预审后的新情况对资格预审材料进行更新或补充，重新提供有关材料，以证明其仍能继续满足资格预审合格的最低标准。投标人提供的相关证明材料应符合招标人的要求，否则，招标人对该证明情况将不予考虑。

(2) 投标人拟参加本项目勘察设计工作的人员资历，均不得低于资格预审文件中规定的强制性资格标准，否则，视为投标人自动放弃参与评标的资格。投标中标后，应按投标文件中承诺的人员名单安排勘察设计任务，在特殊情况下投标人可以由同等资历的人员代替，但应事先得到业主的批准。

(3) 投标人不得将本合同规定的勘察设计主体、关键性工作进行转包，但经业主批准同意，投标人可将部分非主体、非关键性工作分包(或外委)给具有相应勘察设计资质的单位。凡违反上述规定的，业主有权取消投标人的中标资格。

(4) 投标人如为联合体的，必须遵守以下规定。

① 联合体各方均应当具备相应的资质条件，由同一专业的单位组成的联合体，按照资质等级较低的单位确定资质。联合体资质不能低于资格预审文件规定的强制性资格标准。

② 联合体各方的法定代表人必须共同签订联合体协议书，明确联合体各方的职责(联合体主办人和成员)；明确联合体的授权代表；明确联合体之间共同的和各自的责任和义务，以及在以后的投标活动和履行合同(如果中标)时，对各方的约束等。

③ 联合体各方应分别填写资格预审文件规定的相应表格，并由联合体主办人负责对联合体各成员的资料进行统一汇总后一并提交给招标人。

④ 通过资格预审的联合体，其各方组成结构或职责或相互关系的改变等，均须事先经招标人批准，否则，招标人有权取消其投标或中标资格。

(5) 投标人如有分包计划，必须遵守以下规定。

① 必须是非主体、非关键性工作的分包，且必须经业主批准。

② 分包单位的资质和能力应当与其承担的工程规模和标准相适应。

③ 投标人必须在投标文件中填写分包人表，载明分包计划，并提供分包人的营业执照、

资质等级、参加人员的基本情况等资料以及拟分包的勘察设计内容和工作量。

(6) 投标人中标后，将部分勘察设计工作分包给未在投标文件中载明的分包单位，业主将视为投标人违约，并按合同条款的相应规定采取措施。

(7) 每个投标人只能提交一套投标文件，且只能有一个报价，否则按废标处理。

2.2.2 勘察设计投标的程序

1．投标程序

工程勘察设计投标工作通常按照下列程序进行。
(1) 填写资格预审调查表。
(2) 购买招标文件(资格预审合格后)。
(3) 组织投标班子。
(4) 研究招标文件。
(5) 现场考察与参加标前会议。
(6) 编制勘察设计投标技术文件。
(7) 估算勘察、设计费用，编制报价书。
(8) 办理投标保函(如果招标文件有该项要求)。
(9) 递交投标文件。

2．投标文件内容

投标单位报送的投标文件应按招标文件规定的具体内容提供，一般应包括以下几点。
(1) 方案设计综合说明书。
(2) 方案设计内容及图纸。
(3) 预计的项目建设工期。
(4) 主要的施工技术要求和施工组织方案。
(5) 工程投资估算和经济分析。
(6) 设计工作进度计划。
(7) 勘察设计报价与计算书。

公路工程勘察设计投标文件由商务文件、技术文件和报价清单三部分组成，详见前述。

2.2.3 投标文件的编制

1．投标文件编制的原则

投标文件是投标人在通过了招标项目的资格预审以后，对自己在本项目中准备投入的人力、物力、财力等方面的情况进行的描述，还有自己对本项目的完成能力、报价、完成的细节等按照招标文件制定的相应文件。

投标文件的编制应遵循如下原则，否则，按废标处理。
(1) 投标文件的内容和格式必须按照《勘设范本》第八章《投标文件格式》的内容和要求编制，除招标人另有规定者外，投标人不得修改。
(2) 投标文件第一卷《商务文件》第七篇《勘察设计工作大纲》应控制在1万字以内；

第二卷《技术文件》第八篇《技术建议书》应控制在3万字以内。

(3) 勘察设计方案可对前一阶段(工可阶段或初步设计阶段)的方案进一步深化研究;或在前一阶段(工可阶段或初步设计阶段)费用估算的范围内推荐新的具有可行性的勘察设计方案。

(4) 对公路工程(交通工程)的投标人,投标人应提交两个以上(含两个)建设工程方案设计,并应提交区域(路网)交通工程及沿线设施总体布置(示意)图,及 A3 图幅的建筑彩色效果图,彩色效果图应密封后单独提交。

(5) 投标文件第二卷必须用 A3 纸装订成册,第一卷和第三卷必须用 A4 纸装订成册,并且应逐页标注页码,不得采用活页夹。

投标文件应印刷清晰整洁,不提倡装帧豪华。高档豪华的投标文件对评标结果不产生任何影响。

2. 投标文件编制的主要内容

完成一个项目,技术文件和商务文件是两个必不可少的重要文件。技术文件体现的是投标人的技术实力,是投标人之间的技术竞争;商务文件则是本项目的价格竞争。以下介绍公路工程勘察设计投标文件编制的主要内容。

1) 商务文件

这部分除勘察设计工作大纲外,其余部分基本都采用业主提供的格式填写相应内容。勘察设计工作大纲包括以下几部分。

(1) 项目概况。

① 阐述项目所在地地理位置、地质地貌、工程地质及水文地质情况。

② 建设项目技术标准。

③ 建设项目技术经济特点。

④ 公路工程应阐述社会经济发展与交通量发展的关系及项目的主要使用功能。

⑤ 建设项目的主要勘察设计内容及工作。

以上内容可从工程可行性研究报告、地质灾害评估报告及环境评价报告等资料中摘录。

(2) 勘察设计工作内容、工作方针及计划工作量。

根据招标文件有关信息,准确理解本次拟招标进行勘察设计的内容。如公路工程项目勘察设计招标,应明确以下内容。

① 设计路段长度。

② 勘察设计阶段:是初步设计还是施工图设计,或者是初步设计及施工图设计全部内容。

③ 勘察设计性质:是勘察还是设计,或者是勘察设计全部内容。

④ 勘察设计内容:是否包括路线、桥梁、隧道及相应附属工程等。

⑤ 勘察设计任务:根据设计内容需要完成哪些勘察设计工作任务。

在明确了上述情况后,可以列出勘察设计工作内容。

勘察设计工作方针是指勘察设计工作理念、工作原则、工作指导思想、工作方法的融合。它既是勘察设计单位长期以来在勘察市场上形成的特色,也包含针对拟投标特定项目在进行技术经济分析后,制定勘察设计的工作方法。

勘察设计计划工作量应根据勘察设计工作内容,以及需要完成的勘察设计任务来确定在具体进行勘察设计时要完成的工作。

(3) 勘察设计进度。

勘察设计进度包括两个基本内容：勘察设计周期(工期)、不同阶段的勘察与设计、路线、桥梁、隧道、互通立交等完成的时间里程碑，均通过制订进度计划图来表达。在安排进度时，应以业主的勘察设计工期要求为基础，确保勘察设计中各工作的安排满足业主工期要求。

(4) 勘察设计项目组织机构及主要人员安排。

应根据勘察设计工作任务和工作量来合理安排设计力量。人员专业技术配备应根据工作性质和工程难易程度并结合业主对人员的要求来确定。

(5) 勘察设计质量保证体系。

勘察设计质量保证体系应包括以下几点。

① 勘察设计单位建立的在企业管理中应用的质量保证体系。它是勘察设计单位在质量管理中的基础文件。一般这样的质量体系应通过我国质量认证机构认证，这样才能使业主确信该勘察设计单位的工作质量确有保证。

② 结合投标项目的技术经济特点、业主明确的质量要求特点和企业质量保证体系的质量管理有关内容，制订该勘察设计质量工作计划、质量保证措施。

(6) 后继服务工作安排。

后继工作又叫后期服务，它着重阐述以下几点。

① 预计在工程施工中将会产生的主要与设计相关的，并需在施工中进一步完善的设计工作。

② 对施工中的技术支持方面拟派人员的情况。

③ 提供满足业主要求的后期服务的质量保证措施。

其中，第一卷《商务文件》第一篇《投标书格式》如下。

投标书格式

致：＿＿(招标人全称)＿＿：

(1) 经考察现场和研究＿＿＿(项目名称)＿＿＿公路(第＿＿＿＿合同段)公路工程的勘察设计招标文件的合同条款、规范、勘察设计清单和其他有关文件(含第＿＿＿号至第＿＿＿号补遗书)后，我方就上述勘察设计任务及相关服务进行投标，投标价见报价清单。

(2) 一旦我方中标，我方保证在收到中标通后书后＿＿＿＿＿天内开始勘察设计，并在勘察设计合同书所规定的时间内完成通知要求的勘察设计任务。

(3) 如果我方中标，我方将按照规定提交上述总价＿＿＿＿＿＿＿%的银行保函作为履约保函，共同地和分别地承担责任。

(4) 我方承诺在本投标文件有效期内，本投标文件对我方具有约束力，并随时接受中标。

(5) 除非另外达成协议并生效，你方的中标通知和本投标书是我们双方合同的组成部分。

(6) 我方以金额为人民币＿＿＿＿＿＿＿万元投标担保与本投标书同时递交。

(7) 在此我方郑重承诺：我方将按业主的要求提供高质量的后续服务。

投标人地址：＿＿＿＿＿＿＿＿＿　　　　　投　标　人：(全称)(盖章)

邮政编码：_____　　　　　　法定代表人
电　　话：_____　　　　　　或
传　　真：_____　　　　　　其授权的代理人：___(职务)___
　　　　　　　　　　　　　　　　　　　　　　　___(姓名)___
　　　　　　　　　　　　　　　　　　　　　　　___(签字)___
　　　　　　　　　　　　　　　　日　　　期：___年___月___日

说明：①由投标人根据招标项目具体情况填写，如招标项目划分合同段，应依投标合同段填写：公路工程(不含交通工程)/公路工程(交通工程)等。

2) 技术文件

以公路工程(不含交通工程)的情况说明如下。

(1) 对招标项目的理解。通过对招标文件研究，尤其是对工程可行性研究报告及相关资料的分析和研究，准确理解项目建设目的、技术标准、建设环境(自然、地理、地质、水文、地质灾害、地区经济发展、道路运输、地方材料)、工程建设工期、设计周期、工程质量要求、工程管理模式等，对该项目的建设特点进行评述。重点阐述为了达到业主建设目标，在勘察设计中要重点解决的问题，包括关键技术上的难点，以及如何开展勘察设计工作的基本思路。

(2) 对招标项目所在地区建设条件的认识。这是在进行勘察设计时确定勘察设计方法、路线方案、结构选型、地方材料选用等的重要前提。编制投标文件时，应根据招标文件提供的信息和现场勘察的情况，进行归纳总结，以及围绕勘察设计开展工作，并对勘察设计工作的制约情况进行评价。

(3) 总体设计思路。主要表述投标项目的设计理念和原则。

(4) 工程造价初步测算。可根据设计工作内容，以及主要项目的主要工程量进行估算。

(5) 对招标项目勘察设计的特点及关键性技术问题的对策措施。针对该项目的技术特点和关键技术问题，制定勘察设计方案和技术措施。应从工程水文地质勘探、工程勘察、总体方案设计、结构选型、力学模型及力学计算、结构设计、工程试验及实验、施工重要临时设施、施工监控方法等方面，制定解决关键技术问题的对策并具体落实加以解决。

(6) 必要的图纸。必要的图纸包括招标文件规定的图纸、表达设计理论和设计思想总体设计图以及解决关键技术问题的主要图纸和重要结构的设计图或示意图。

3) 报价清单

报价清单是勘察设计计费报价的依据之一，也是结算勘察设计费的计价依据和增加额外勘察设计工作量的计费参考。清单项目是报价的具体表现形式，投标人必须正确理解勘察设计工作量和报价清单。公路工程勘察设计报价由勘察工作量报价和设计工作量报价两部分组成。其报价程序如下。

(1) 明确工程勘察与设计的工作内容和工作性质。

(2) 复核(或确定)工程勘察与设计工作量。

勘察工作量由公路工程勘察(专业勘察)工作量报价、通用工程勘察工作量报价和其他勘察工作量报价3部分组成。设计工作量是指编制项目初步设计文件、施工图设计文件、非标准设备设计文件、施工图预算文件、竣工图文件等工作量。

(3) 确定工程勘察与设计的计费方法。

详见国家计委、建设部发布的《工程勘察设计收费管理规定》中相关部分。

(4) 计算工程勘察设计费。

(5) 投标报价决策。

投标时，应认真填写勘察设计工作量清单，对于未填写报价的项目，招标人认为该项目的勘察设计费摊入了其他项目中，该项将得不到单独支付。工作量表中如给出勘察设计工作总量，在计算报价时，应根据组成该总量的各分项，分别进行研究。有必要对分项分别计算后再合并，以准确计算虽属于同类型，但技术难度等不一样的勘察设计工作的费用。正确选用勘察设计费计算标准，掌握市场信息，充分结合市场，了解竞争对手，合理报价。

(6) 报价文件编制注意事项。

① "勘察、设计工作量及报价清单"应与"投标须知"、"勘察设计合同条款"和"勘察设计技术标准和规范"一起使用。投标人应根据本招标项目前一阶段(工可阶段或初步设计阶段)批复意见和强制性要求，按照本招标文件规定的勘察设计工作内容和计划工作量，认真阅读分析本招标项目勘察设计原始资料，在编制完成技术建议书和勘察设计工作大纲的前提下，慎重提出"勘察、设计工作量及报价清单"，并以此作为招标项目勘察设计费的基础。

② 报价应是包含全部合同内容的所有费用。投标人应按照国家有关工程建设标准强制性条文和交通运输部有关标准、规范、规程、定额、办法、示例等要求的内容和深度，开展招标项目的勘察设计工作，并将勘察设计费计入相应的报价项目中。"勘察、设计工作量及报价清单"所列的报价，应包括测量、勘察、测试、设计，以及专题研究等为完成本招标项目勘察设计全过程的一切费用，包括按合同规定应完成的勘察设计费和后续服务费。"勘察、设计工作量及报价清单"为通用表格，投标人应根据招标项目(第一合同段)工作内容，严格按照表格格式填写，以免遗漏或有误。投标人没有报价的项目，业主将认为有关费用已包含在其他项目之中，不另行支付。

③ 公路工程勘察设计各阶段工作量及费用划分比例，应符合国务院价格主管部门制定的《工程勘察设计收费标准》(2002年修订本)的规定。

④ "勘察、设计工作量及报价清单"应单独密封在第二个信封中，并注明"投标文件第三卷《报价清单》"。投标人应按照"投标须知"规定递交投标文件。投标人应在"勘察、设计工作量及报价清单"后附详细的计算说明，包括计算方法、取费依据等，以便招标人对投标人勘察设计报价的合理性做出判断。

⑤ 勘察设计取费应当以国务院价格主管部门制定的《工程勘察设计收费标准》(2002年修订本)为依据，根据本招标文件规定的勘察设计工作内容和计划工作量，自行测算。

⑥ 招标人向中标人实际支付的勘察设计费，将不高于初步设计审批概算中相应勘察设计费的审批额，勘察设计费中超出审批额部分招标人将予以扣除，各合同段合同总价则相应变更，不足部分招标人将不另行支付。在合同实施期间，勘察设计费用一般不随国家政策或法规、标准及市场因素的变化而进行调整。

4) 注意事项

勘察设计投标文件编制应完全按照招标文件的要求编制，通常不能带有任何附加条件，不允许存在重大偏差与保留，如修改合同条件中某些条款、改变设计的技术经济要求等，否则投标文件将被认为缺乏对招标文件实质上的响应而导致废标。因此，编制投标文件应注意以下各点。

(1) 认真研究招标文件。在正式编写投标文件之前，应仔细研究招标文件的全部内容，检查提供的工程设计依据和基础资料是否完整。例如，有无经过上级批准的可行性研究报告书、地质灾害评估报告、环境评估报告、必要的勘测资料，以及对环境保护的要求等。如发现资料不完整或存在其他问题，应及时以书面形式向招标人提出。此外应注意核准以下内容。

① 设计周期、设计投资限额及其他限制条件。
② 要求的设计阶段与设计深度是否包括勘察工作的内容。
③ 设计费用支付的方式，有无拖期支付给予补偿的规定。
④ 关于误期交纳罚款的规定和提前完成的奖励办法。
⑤ 有无提交投标保证金的要求，如果有，投标保证金的数额和提交方式，如投标保函、投标担保等。
⑥ 投标文件递交的日期、时间、地点。
⑦ 如果出现争端，解决争端的途径和方法。

(2) 全面实质响应招标文件的要求。严格按照投标文件中的要求，按给出的格式认真填写投标书及其附录，以及各种附表。包括设计单位概况，本设计项目简历表，拟投入的技术人员表、技术设备表、近几年(按招标文件规定的年限)设计的已投入使用项目表、正在进行设计项目表、获奖情况表、反映投标单位财务状况表等。填写的内容应实事求是。

(3) 突出技术实力。参加勘察设计项目的技术力量配备，往往受到招标单位的关注，也是保证设计质量的关键，因此项目组成员的专业配置要适当，设计人员应具有相应的学历和工作经验，特别是项目组的经理应选派资历较深，在本工程领域工作经验丰富，有一定声望的高级工程师担任。如果包括勘察任务，使用的仪器设备和采用方法应具有先进性并充分满足工作需要。

(4) 技术文件应切合实际，优质高效。设计周期应符合招标文件的要求或适当缩短，并编制可行的设计进度计划。进度计划应说明不同设计阶段的周期和时间安排，每个专业承担该专业设计任务的工程师的工作时间和进度安排，可用网络计划图表示，加上必要的文字说明。

(5) 报价文件应简单明了。具有高"性价比"勘察设计费的报价，应提交简明的费用计算书和报价单。其金额可以按照国家目前的收费标准上下浮动，为了提高投标的竞争力，可适当下浮。

(6) 投标文件必须手续完备。投标文件应按招标文件的规定递交投标人的资格证明的复印件或授权委托书等文件。投标文件应由法人代表或授权代理人按规定签署并加盖公章。

2.2.4 投标文件的递交

1. 投标文件的密封与标记

(1) 投标人应将第一卷商务文件和第二卷技术文件(包括正本及副本)统一密封在第一个内信封中并加盖密封章；第三卷报价清单(包括正本及副本)单独密封在第二个信封中并加盖密封章，然后统一密封在一个外层信封中。未密封的投标文件将不予签收。

(2) 内外层信封均应写明下述内容。
按下述地址致招标人：　　(招标人)　　
　　　　　　　　　　招标人地址　　

注明：
(招标项目名称)工程勘察设计投标文件
在××年×月×日×时(北京时间)前不得开封

外层信封上不应有任何投标人的识别标志。在内层信封上还应注明"商务文件和技术文件"或"报价清单"，并写明投标人的名称与地址，以便投标被宣布迟到时，能原封退回。

(3) 如果因投递地点未写清楚而使投标文件迟到或在投递过程中遗失；或因密封不严、标记不明而造成过早启封、失密等情况，招标人概不负责。

2．递交投标文件的截止期

(1) 投标人必须按规定的地址，在投标须知资料表中所规定的送交投标文件截止期前，将投标文件送达招标人签收。在截止日期后送达的，招标人应当拒收。

(2) 招标人可按投标须知规定，以补遗书(有正式编号)的方式，酌情延长递交投标文件的截止时间，在此情况下，招标人与投标人在原投标截止时间前的全部权利和义务，将适用于延长后新的投标截止时间。

3．投标文件的有效期

投标文件有效期为开标之日后投标文件须知资料表所载明的时间内，在此期限内，所有投标文件均保持有效。

在特殊情况下，招标人在原定投标文件有效期内可以根据需要向投标人提出延长投标文件有效期的要求，投标人应于24小时内以传真等书面形式对此要求向招标人作出答复。投标人可以拒绝招标人的要求，而不会因此被没收投标担保。同意延期的投标人应相应延长投标担保的有效期，但不得因此而提出修改投标文件的要求。在延长期内，投标须知第14条关于投标担保退还与没收的规定仍然适用。

4．投标担保

投标人在送交投标文件时，应同时按投标须知资料表规定的数额提交投标担保。

(1) 投标担保以人民币计，必须采用现金支票、银行汇票或银行保函形式。若采用现金支票，则投标人应最迟在投标截止前3天将支票交至招标人指定的地点并取得收据。若采用银行汇票，则投标人应在投标截止前到招标人指定的地点交纳汇票并取得收据。若采用银行保函，则应按招标文件规定的格式开具。投标银行保函应由国有商业银行或股份制商业银行的支行或以上级别银行开具。投标保函原件应在投标截止前单独递交给招标人。联合体的投标担保由联合体主办人出具。

招标人(或招标代理)的开户银行及账号如下：
招标人(或招标代理)：_____
开户银行：_____
账　　号：_____

(2) 投标担保的复印件须装入投标文件的正、副本之中。对于未按要求提交投标担保的投标文件，招标人将按初步评审(符合性审查)未通过予以拒绝。

(3) 投标担保在投标文件有效期满后 28 天内保持有效，招标人如果按投标有效期当中的规定延长了投标文件有效期，则投标担保的有效期也相应延长。

(4) 招标人与中标人签订合同书后 5 天内，应当向中标人和未中标的投标人退还投标担保。

(5) 投标人如有下列情况，将没收其投标担保。

① 在投标文件有效期内撤回投标文件。

② 投标人不接受投标须知中对其投标价的算术性修正。

③ 中标人未能按投标须知中规定的条款提交履约保函或签署合同书。

知识链接

投 标 保 函 格 式

致＿＿(招标人)＿＿：

鉴于＿＿(投标人全称)＿＿(以下称"投标人")于＿＿年＿＿月＿＿日递交了公路工程勘察设计的投标文件。

＿＿(银行名称)＿＿(以下称"本行")在此立约担保向＿＿＿＿(以下称"招标人")支付总金额人民币＿＿＿＿万元的保证金。

本保函的义务条件是：

1. 如果投标人在投标书规定的投标有效期内撤回投标书。

2. 如果投标人不接受依据投标须知第 23 条的规定对其投标价的修正。

3. 如果投标人在投标有效期内收到招标人的中标通知后：①不能或拒绝按投标须知的要求签署合同书；②不能或拒绝按投标须知的规定提交履约保函。

而招标人一旦指明了产生上述情况之一，则本行在接到招标人的第一次书面要求后 14 天内就支付上述数额之内的任何金额，并不需要招标人申述和证实他的要求。

本保函在投标须知中规定的投标有效期满后或招标人延长的投标有效期满后 28 天内保持有效，本行不要求得到延长有效期的通知，但任何索赔要求应在有效期内送到本行。

银 行 名 称：＿＿(全称)(盖章)
银行授权代表：＿＿(姓名)(签字)
电　　　话：＿＿＿＿
地　　　址：＿＿＿＿
邮　　　编：＿＿＿＿
日　　　期：＿＿年＿＿月＿＿日

注：投标人应将投标担保的复印件装订在投标文件正、副本之内。如投标担保采用银行保函，则保函格式应符合上述格式的要求。

5. 迟到的投标文件

招标人在按投标须知规定的送交投标文件截止期以后收到的投标文件，不予开封，并原封退回投标人。

6. 投标文件的更改与撤回

(1) 在送交投标文件截止期以前，投标人可以更改或撤回投标文件，但必须书面提出，并由投标人的法定代表人或经正式授权的代理人签署。在时间紧迫的情况下，投标人可将撤回投标文件的要求，先传真通知招标人，但应随即补发一份正式的书面函件予以确认。更改、撤回的确认书必须在递交投标文件截止期满前送达招标人签收。

(2) 更改的投标文件同样应按照投标文件送交规定的要求进行编制、密封、标记(在内层信封标明"更改"字样)和发送。

(3) 送交投标文件截止期以后，投标文件不得更改。需对投标文件作出澄清时，必须按投标须知规定办理。

(4) 如果在投标文件有效期内撤回投标文件，则按规定没收其投标担保。

学习情境小结

本学习情境介绍了工程勘察设计的概念、公路工程勘察设计的基本内容、工程勘察设计招投标的方法与程序、工程勘察设计招标文件编制、投标文件编制等基本内容。通过学习，了解《勘设范本》的组成及主要内容、公路工程勘察设计资格预审程序与方法、两阶段招标、招标文件编制、投标文件编制、投标文件的递交等概念与方法。

思考与练习

一、单选题

1. 邀请招标必须有( )以上单位参加投标。
   A. 2个　　　　B. 3个　　　　C. 4个　　　　D. 5个
2. 评标委员会通常由项目业主、工程技术专家等组成，人数在( )。
   A. 3人以上且为单数　　　　B. 5人以上且为单数
   C. 3人以上且为双数　　　　D. 7人以上且为单数
3. 若采用现金支票的投标担保，投标人应最迟在投标截止前( )天将支票交至招标人指定的地点并取得收据。
   A. 2天　　　　B. 3天　　　　C. 4天　　　　D. 5天
4. 履约保函金额应为合同价的( )。
   A. 5%　　　　B. 10%　　　　C. 15%　　　　D. 20%

5. 招标人在收到履约保函并与中标人签订合同书后,应在( )内通知其他投标人已落标。

    A. 2天   B. 3天   C. 4天   D. 5天

6. 甲、乙、丙3家承包单位,甲的资质等级最高,乙次之,丙最低。当3家组成联合体共同承包时,应按( )单位的业务许可范围承揽工程。

    A. 甲   B. 乙   C. 丙   D. 甲和乙

7. 编制投标文件的主要内容不包括( )。

    A. 商务文件   B. 技术文件   C. 报价清单   D. 施工图纸

二、多选题

1. 根据公路勘察设计招标管理规定,公路建设项目满足( )时,必须进行勘察设计招标。

    A. 建设项目的勘察、设计单项合同估算价在50万元人民币以上

    B. 建设项目总投资额在3 000万元人民币以上

    C. 建设项目的勘察、设计单项合同估算价在30万元人民币以上

    D. 建设项目总投资额在5 000万元人民币以上

    E. 以上都不对

2. 分阶段招标对( )阶段分别进行招标。

    A. 初步设计阶段   B. 技术设计阶段

    C. 施工图设计阶段   D. 地质勘察阶段

    E. 路线桥梁定测阶段

3. 如果招标单位不具备以下( )条件,应委托具有相应资质的招标代理机构来代理招标。

    A. 有项目法人或依法成立的其他组织

    B. 有开展勘察设计招标工作的管理人员和机构

    C. 有组织编制招标文件的能力

    D. 有审查投标单位资格的能力

    E. 有组织开标、评标和定标的能力

4. 开标时,属于下列( )情况之一的,应当作为废标处理

    A. 投标文件未按要求密封

    B. 投标文件未加盖投标人公章或者未经法定代表人或者其授权代理人签字

    C. 投标文件字迹潦草、模糊、无法辨认

    D. 投标人对同一招标项目递交两份或者多份内容不同的投标文件,未书面声明哪一个有效

    E. 投标文件不符合招标文件实质性要求

5. 公路勘察设计投标评标采用双信封制,以下属于第一个信封内容的是( )。

    A. 投标人的信誉和与本项目相关的具体经验

    B. 拟从事本项目人员的资格和能力

C．对本项目的理解和技术建议

D．勘察设计工作大纲

E．报价

三、简答题

1．什么是公路勘察设计招标？
2．勘察设计招标方式有哪些？
3．简述招标程序。
4．投标文件递交应注意的问题有哪些？

学习情境 3

公路工程监理招标与投标

能力目标

通过本学习情境内容的学习，要求学生了解公路工程监理招标与投标的相关概念；熟悉公路工程监理招标与投标的条件和程序；掌握公路工程监理招投标文件的编制；了解公路工程监理投标的组织。

能力要求

知识目标	知识要点	权重
了解公路工程监理招标条件和程序	公路工程监理招标条件、公路工程监理招标程序	10%
熟悉公路工程监理招标的准备工作	公路工程监理招标的准备工作	20%
了解公路工程监理投标的基本程序和基本条件	公路工程监理投标的基本程序、投标单位的基本条件	10%
熟悉工程监理投标资格预审和投标的组织	公路工程监理投标资格预审、监理投标的组织	20%
掌握公路工程监理招投标文件的编制	公路工程监理招标文件的编制、监理投标文件的编制	40%

引例

某公路工程项目监理业务由业主直接委托给某工程监理公司。监理范围包括了路基路面、桥梁、隧道等主要项目的设计和施工监理。在合同谈判过程中，业主原计划仅将质量控制、进度控制、合同控制、组织协调工作等任务委托给该监理公司，经该监理公司建议，业主最终将投资控制任务也交给了该公司。业主分别将桥梁工程、隧道工程和路基路面工程发包给了3家承包商。

在制定监理规划时，有关人员就派驻该项目的总监数量发生了争议。有人坚持认为要分别按桥梁工程、隧道工程和路基路面工程设置机构并分别委任1名总监理工程师，共计3名。

看过本案例后，你觉得业主直接将监理任务委托给该监理公司是否符合现行法律法规的规定？该项目监理公司应派几名总监理工程师为妥？为什么？

项目导入

公路工程的监理服务是监理单位的高智能投入，服务工作完成得好坏不仅依赖于执行监理业务是否遵循了规范化的管理程序和方法，更多地取决于参与监理工作人员的业务专长、经验、判断能力、创新想象力以及风险意识。监理招标的标的是"监理服务"，与工程项目建设中其他各类招标的最大区别表现为监理单位不承担物质生产任务，只是受招标人委托对生产建设过程提供监督、管理、协调、咨询等服务。鉴于标的具有的特殊性，招标人选择中标人的基本原则是"基于能力的选择"。

本学习情境所称公路工程施工监理，包括路基路面(含交通安全设施)工程、桥梁工程、隧道工程、机电工程、环境保护配套工程的施工监理以及对施工过程中环境保护和施工安全的监理。公路工程施工监理招标投标应当遵循公开、公平、公正和诚实信用的原则。

任务3.1 公路工程监理招标

知识目标

(1) 了解公路工程监理招标的条件和程序。
(2) 熟悉公路工程监理招标的准备工作。
(3) 掌握公路工程监理招标文件的编制方法。

工作任务

准确掌握公路工程监理招标的工作过程。

监理招标是公路工程的一种重要招标形式。从程序上看，它类似于施工招标；从内容和评定标条件看，它又与施工招标有较大区别。监理招标侧重于从技术水平和服务质量方面评价投标人；施工招标则侧重于从施工能力和报价水平评价投标人。

3.1.1 施工监理招标条件和程序

为落实公路工程监理制度，实现对工程质量、费用、进度、安全、环保的科学有效监督和管理，使监理工作制度化、标准化、规范化，交通运输部颁布了《公路工程施工监理规范》(JTG G10—2006)。通过近几年来的实践，对于公路建设事业健康发展起到巨大作用。

《工程建设项目招标范围和规模标准规定》中规定：勘察、设计、监理等服务的采购，单项合同估算价在50万人民币以上，项目总投资额在3 000万元人民币以上必须进行施工监理招标。涉及国家安全、国家秘密、抢险救灾等不适宜招标的建设项目，按项目管理权限经省级交通主管部门审核报有关部门批准后，可以不进行招标。

交通运输主管部门应当加强对公路工程施工监理招标投标活动全过程的监督管理。交通主管部门应当按照《工程建设项目招标投标活动投诉处理办法》和国家有关规定，建立公正、高效的招标投标投诉处理机制。任何单位和个人认为公路工程施工监理招标投标活动违反法律、法规、规章规定，都有权向招标人提出异议或者依法向交通主管部门投诉。交通主管部门应当逐步建立公路工程施工监理企业和人员信用档案体系。信用档案中应当包括公路工程施工监理企业和人员的基本情况、业绩以及行政处罚记录。

公路工程施工监理招标投标工作，实行统一领导、分级管理。国务院交通主管部门负责全国公路工程施工监理招标投标活动的监督管理工作，县级以上地方人民政府的交通主管部门负责本行政区域内公路工程施工监理招标投标活动的监督管理工作。交通主管部门可以委托其所属质量监督机构，具体负责施工监理招标投标活动的监督管理工作。

1. 进行施工监理的工程条件

根据《公路工程施工监理招标投标管理办法》(交通部令2006年第5号)中的第7条规定，进行施工监理招标的公路工程项目应当具备下列条件。

(1) 初步设计文件已被批准。
(2) 建设资金已经落实。
(3) 项目法人已经确定或者承担项目管理的机构已经依法成立。

公路工程在实施的过程中，既要选择监理单位，又要选择合适的施工企业。在一般情况下，是先选择监理单位，后选择工程承包人，甚至让监理单位直接参与施工招标工作。这样可以使监理单位及早地了解、熟悉施工招标文件和施工合同文件，有利于提高监理工作的服务质量；监理参与施工招标工作，也有利于选择合适的施工承包单位，有益于监理与承包人之间的工作协作；也使施工投标者明确将来监理自己的对象以及监理的能力、水平、信誉和工作作风，从而做出合理的投标报价。

2. 公路工程招标单位的条件

根据《公路工程施工监理招标投标管理办法》(交通部令2006年第5号)中的第9条规定，进行施工监理招标的单位具备下列条件时，可以自行办理招标事宜。

(1) 具有与招标项目相适应的工程管理、造价管理、财务管理能力。
(2) 具有组织编制公路工程施工招标文件的能力。
(3) 具有对投标人进行资格审查和组织评标的能力。

招标人不具备本条前款规定条件的,应当委托具有相应资格的招标代理机构办理公路工程施工招标事宜。但是,招标单位不得参加其负责的工程项目投标。

3. 公路监理招标形式与应用

公路监理招标形式与施工招标基本相同,在我国主要有公开招标和邀请招标两种。

1) 公开招标

当公路工程项目符合监理招标条件时,招标单位应依法在国家指定的媒介公开发布招标公告,并可以在交通主管部门提供的媒介上同步发布。凡符合规定条件的监理单位,都可以自愿参加投标的方式称为公开招标。

公开招标又称为竞争性招标,这种招标方式能使招标单位有较大的选择范围,能够找到比较合适的监理单位,但是招标工作量大、需要时间较长、所用费用较大。

2) 邀请招标

邀请招标也称有限竞争性招标或选择性招标,即由招标单位根据调查了解的资料,预先选择一定数目的监理单位,向他们发出投标邀请书,邀请他们参加该项目施工监理的投标竞争的招标方式。一般选择3~6个参加者较为适宜,当然要视具体招标项目的规模大小而定。

邀请招标形式具有对投标单位比较了解、招标工作量较小、能缩短招标时间、节约招投标费用、投标者中标机会大等优点。

符合下列情形之一的,经有审批权部门批准后,可以进行邀请招标。

(1) 项目技术复杂或有特殊要求的。
(2) 符合条件的潜在投标人数量有限的。
(3) 受自然地域环境限制的。
(4) 涉及国家安全、国家机密或者抢险救灾,适宜招标但不宜公开招标的。
(5) 公开招标的费用与工程监理费用相比,所占的比例过大的。
(6) 法律、法规规定不宜公开招标的。

国家重点建设项目的邀请招标,应当经国家国务院发展计划部门批准;地方重点建设项目的邀请招标,应当经各省、自治区、直辖市人民政府批准。

全部使用国有资金投资或者国有资金投资占控股或者主导地位的并需要审批的工程建设项目的邀请招标,应当经项目审批部门批准,但项目审批部门只审批立项的,由有关行政监督部门审批。

4. 公路监理招标的程序

委托监理人提供监理服务的法人或其合法受让人称为发包人,也称为招标人。

公路工程施工监理招标工作由项目法人主持,按下列程序进行。

(1) 招标人根据工程的实际情况确定招标方式。采用邀请招标的,应当按照有关规定履行审批手续。

(2) 招标人组织有关人员编制招标文件,并按照项目管理权限报县级以上地方交通主管部门备案;采用资格预审方式的,同时编制投标资格预审文件,预审文件中应当载明提交资格预审申请文件的时间、地点及相关的规定要求。

(3) 发布招标公告。采用资格预审方式的，同时发售投标资格预审文件；采用邀请招标的，招标人可直接发出投标邀请书，发售招标文件。

(4) 采用资格预审方式的，对潜在投标人进行资格审查，并将资格预审的结果通知所有参加资格预审的潜在投标人，向通过资格预审的潜在投标人发出投标邀请书和发售招标文件。

(5) 根据工程实际情况和投标人的状况，必要时组织投标人考察招标项目工程现场，解答其提出的问题，并召开标前会议。

(6) 接受投标者的投标文件，逐个审查投标文件的符合性。

(7) 按照招标文件中的规定，在规定的时间和地点公开开标。

(8) 采用资格后审方式的，招标人对投标人进行资格审查。

(9) 组织成立评标委员会或评标小组进行评标，推荐中标候选人。

(10) 确定中标人，将评标报告及评标结果按照项目管理权限报县级以上地方交通主管部门备案并进行公示。

(11) 招标人发出中标通知书。

(12) 项目法人与中标者签订公路工程施工监理合同。

对于二级以下公路、独立中小桥梁及独立中短隧道的新建、改建以及养护大修工程项目，可以根据具体条件和实际需要对上述招标程序适当简化，但应符合《招标投标法》的规定。

3.1.2 施工监理招标的准备工作

做好公路工程施工监理的准备工作，是确保监理招标顺利进行和成功的基础，是工程招标中不可缺少的工作，主要包括组建招标机构、划分监理标段、确定招标方式、确定招标范围、制订招标计划和编制监理标底等。

1. 组建招标机构

《公路工程施工监理招标投标管理办法》中规定，具有编制招标文件和组织评标能力的项目法人，可以自行组织监理的招标，不具备条件的，应当委托符合市场准入条件的招标代理机构办理招标事宜。但利用国际金融机构贷款项目，要求进行国际竞争性招标时，应委托具有相应资质的国际招标代理机构办理招标事宜。

在我国，公路工程施工监理的招标机构，一般有招标办事机构和评标委员会。

1) 招标办事机构

当自行组织施工监理招标时，由项目法人确定或另行成立招标办事机构。一般可从项目管理机构中确定部分人员组成招标工作组，或者另行组成招标办公室。当采用委托招标时，招标事务由受委托单位经办，项目管理机构指派专人与其联系。

2) 评标委员会

自行组织或委托施工监理招标，均应成立评标委员会负责评标工作。《招标投标法》第37条中规定："评标由招标人依法组建的评标委员会负责。依法必须进行招标的项目，其评标委员会由招标人的代表和有关技术、经济等方面的专家组成，成员人数为5人以上单数，其中技术、经济等方面的专家不得少于成员总数的2/3。"

> **特别提示**
>
> 评标委员会专家应当从事相关领域工作满八年并具有高级职称或者具有同等专业水平,由招标人从国务院有关部门或者省、自治区、直辖市人民政府有关部门提供的专家名册或者招标代理机构的专家库内的相关专业的专家名单中确定。一般招标,项目可以采取随机抽取方式,特殊招标项目可以由招标人直接确定。
>
> 与投标人有利害关系的人不得进入相关项目的评标委员会,已经进入的应当更换。评标委员会成员的名单在中标结果确定前应当保密。

2. 划分监理标段

公路工程是路线较长、工程量大、涉及面广、施工复杂的线条型建筑物,为使工程全面、快速、高质量施工,应对其进行监理标段划分。在划分过程中应注意以下几个方面。

(1) 监理标段的划分应与施工标段同时考虑。要求监理标段的划分应不低于施工标段的标准。施工标段是一个施工单位的工作范围,监理标段也应是一个监理单位的工作范围。招标人可以将整个公路工程项目的施工监理作为一个标一次招标,也可以按不同专业、不同标段进行招标,采用分段招标的标段划分,应当充分考虑有利于招标项目实施有效管理和监理单位合理投入等因素。

(2) 监理标段要与施工标段相匹配,监理标段一般可以是一个或几个施工标段。如果施工标段足够大,一个监理标段可以就是一个施工标段,由一个驻地(或高级驻地)监理工程师办公室(驻地办)负责一家承包单位。

当施工标段比较小时,监理标段可以包括若干施工标段,并在每个施工标段设置一个驻地监理工程师办公室,整个监理段设置高级驻地监理工程师办公室,统管各驻地监理工程师办公室。

根据工程项目的实际,考虑管理方便等因素,也可以将整个项目作为一个监理合同进行招标,由中标的监理单位组建项目总监理工程师办公室,各施工标段设置驻地监理工程师办公室。

(3) 监理标段的成本应合理适中,以利于监理工作的安排和监理人力、物力的投入。标段较大,监理的工作量大,投入的人力、物力的比例相对较少。如果增加监理人数,限于额定的监理费用,必然使监理设备简化,给监理工作带来不便和困难,从而影响监理工作效率和工作质量,甚至不能胜任监理工作,给工程造成巨大损失。

3. 确定招标方式

按照现行规定,施工监理单项合同估价在 50 万元以上者必须进行招标。由于各地区的经济、自然、施工等条件不同,省级人民政府交通主管部门可根据上述规模标准,结合本地区的实际情况,制定必须进行施工监理招标的规模标准。施工监理招标的方式,与工程施工招标基本相同,可根据具体情况采取公开招标、邀请招标和议标。

1) 公开招标

项目法人通过指定的媒体发布公告进行招标。公路工程建设项目的施工监理招标一般应采取公开招标的形式进行。公路工程施工监理公开招标工作流程如图 3.1 所示。

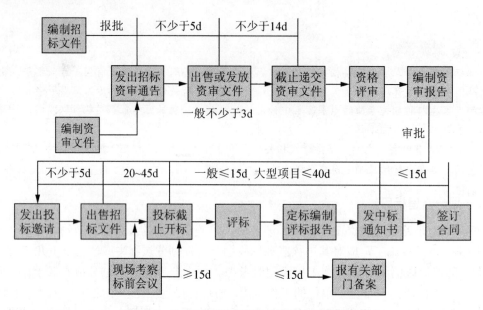

图 3.1　公路工程施工监理公开招标工作流程

2) 邀请招标

对于少数一般建设项目，项目法人可选择数家监理单位，向其发出招标邀请函进行招标。对于同一合同段，应邀请参加投标的单位不得少于 3 家。公路工程施工监理邀请招标工作流程如图 3.2 所示。

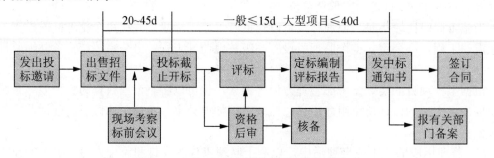

图 3.2　公路工程施工监理邀请招标工作流程

3) 议标

对于个别技术难度较大、有特殊要求的公路工程建设项目，可邀请符合工程相应资质的监理单位进行协商，以确定中标者。

> **特别提示**
>
> 项目法人根据建设项目的具体情况，在上述三种招标方式中确定一种方式。但要注意的是，无论确定采用哪一种方式，必须报主管部门批准后执行。

4．确定招标层次

施工监理招标必须事先确定监理机构的设置层次及其职责范围。监理机构的设置应以监理标段为基础，为提高工作效率和节省开支，应避免采取多层次监理机构。一般一个监理标段设置一个基层监理机构，即成立驻地监理工程师办公室，直接对承包人的施工活动进行日常的现场监理。监理标段在 3 个以上，需要进行全面协调的，可设置总监理工程师办公室。只有在路线很长、工程规模特别大、施工技术很复杂、确实有加强领导的必要时，可采用 3 层式监理机构，即在总监理工程师办公室与驻地监理工程师办公室之间，设置高级驻地监理工程师办公室。

在采用多层次监理机构的情况下，招标人应考虑并决定采用分层次招标，还是合并层次招标，即将驻地监理工程师办公室和高级驻地监理工程师办公室捆绑到一起招标，或将总监理工程师办公室和高级驻地监理工程师办公室捆绑到一起招标。捆绑式招标有利于分清责任，便于管理。如果由实力强大、信誉良好的监理单位或者联合体进行整个项目监理的总承包，将会实现更有效的管理。

> **特别提示**
>
> 招标人应严格按照《公路工程施工监理规范》的规定，对投标人选派的总监理工程师和驻地监理工程师的职称、专业、资质、资历、工作经验等提出明确要求。招标人可对试验检测工作单独招标。不建议招标人强制要求投标人同时具备监理资质和试验检测资质。

5. 制订招标计划

在以上各项工作完成后，应尽快制订招标工作计划，以确保招标工作有序而顺利地进行。作为招标的工作计划，每一个环节工作和上下环节之间都应参照有关规定，安排足够的时间，按照一定的工作流程进行，以保证工作的顺利实施。

6. 编制监理标底

监理标底是业主对于各监理合同段监理费用的估算金额，也是支付监理人员服务费的预计金额。监理费用一般应控制在批准的工程概算中监理费总额之内。

1) 监理标底的作用

监理标底编制是工程施工监理招标投标中的重要环节，在确定施工监理的过程中发挥着"商务标准"的作用，准确、合理的监理标底是业主以合理的价格获得满意的施工监理，中标人获取合理利润的基础。只有充分认识监理标底的作用，了解标底编制方法、遵循的原则及影响因素，才能编制出与工程实际相吻合的监理标底，使其起到应有的作用。监理标底的作用表面在以下两个方面。

(1) 监理标底可以作为监理费用开支的预算，既是监理费用支付的原始依据，也是控制监理费用开支的尺度。

(2) 监理标底可以作为评标的依据。目前，公路工程施工监理多采取复合标底作为评标的依据，即以业主编制的监理标底与各家投标价平均值之和除以 2，所以业主编制的标底在评标中起着非常重要的作用。

> **特别提示**
>
> 监理标底的编制应当符合有关价格管理规定。在编制监理标底时，应综合考虑工程项目的特点、要求投入的监理人员、配备的监理设备等因素。监理标底在开标前应严格保密，在开标时予以公布。

2) 监理标底的编制方法

监理标底可以委托设计单位编制，也可以委托有相应资质的造价机构编制。由于监理标底是具有保密性的数据，关系到施工监理招标投标的公平合理性，所以在一般情况下，由业主直接组织少数人编制。监理标底的编制方法主要有分解工程概算法、逐项计算监理费法和其他编制方法。

(1) 分解工程概算法。

分解工程概算法是将工程概算中所列出的监理费，按照各标段的工程量比例进行分配的方法。根据交通运输部颁布的《公路工程基本建设项目概算预算编制办法》(JTG B06—2007) 中的规定，公路工程的监理费以定额建筑安装工程费总额为基数，按下列费率进行计算：国内招标工程，其监理费的费率为 1.6%；国际招标工程，其监理费的费率为 3.5% (包括国际招待费和人员培训费)。

如果设置两层以上的监理机构，则应从监理费总额中扣留上层监理机构所需费用后，再将剩余部分分配到各合同段。由于工程概算是根据初步设计编制的，是以整个项目作为整体编制的，而监理标底是以标段为单位编制的，所以这种分配结果只是各段监理费总额，无法分项开列费用，存在较大的问题。

工程监理实践表明，监理的实际费用是与人员和设备投入相关的，与工程费用的高低并不成正比，因此按工程费数额大小分摊监理费是不科学的。特别是把路基和路面分开招标，而把监理费按工程费比例分摊，更加具有不合理性。此外，在编制工程概算时，监理费中的设备、设施费大部分是按固定资产，按国家规定的摊销费率摊销的。将这些设备、设施的投入转给监理单位后，由于监理单位不是工业生产企业，而是技术服务企业，承受不了固定资产的长期投入，所以不可能按照国家规定的摊销率进行摊销。采用分解工程概算编制监理标底时，应认真考虑上述因素。

(2) 逐项计算监理费法。

逐项计算监理费法是指按照招标要求投入的监理人员、监理设备和设施，逐项计算监理费用的一种方法。这种编制施工监理标底的方法，可以仿照监理单位编制监理投标的方法进行计算。通过逐项计算，如果发现所计算费用超过预算，可以分析原因，进行必要的处理。可以采取适当降低投入，减少监理费用的措施；如果计算无误，为了确保监理工作质量，也可以从业主管理费中划拨一部分补充监理费。

(3) 其他编制方法。

如果拟建公路工程规模不大、具有丰富的招标经验，招标人也可以采用不设监理标底且不采用固定标价评分的方法，可以在规定的范围内设定报价上下限作为监理费用标底。

3.1.3 施工监理招标文件的编制

施工监理招标文件是合同文件的重要组成部分，其编制的质量如何直接影响监理招投标的成败，必然也会影响公路工程的质量。招标人应当根据施工监理招标项目的特点和需要编制招标文件，招标文件应当符合交通运输部颁布的标准《公路工程施工监理规范》中要求强制性执行的规定。为了维护合同的合法利益，规范公路工程监理市场的行为，在编制施工监理招标文件时，应严格按照交通运输部发布的《公路工程施工监理招标文件范本》(以下简称《范本》)中的规定进行。但其中有些内容必须根据本招标项目特点和实际需要编写。《范本》是招标人编制监理招标文件的示范文本，也是投标人编制投标文件的重要参考资料。

二级及二级以上公路、独立大桥及特大桥、独立长隧道及特长隧道的新建、改建以及养护大修工程项目，其主体工程的施工监理招标文件，应当使用《范本》，附属设施工程及其他等级的公路工程项目的施工监理招标文件，可以参照《范本》进行编制，并可适当简化。

为促进监理行业健康发展，促使监理企业提高服务质量，《范本》推荐使用固定标价评分法，鼓励实行监理总承包模式招标；主张将竞争重点放在拟投入的人力资源和技术服务质量方面，弱化监理服务价格的竞争，倡导监理服务优质优价。技术、商务评审的内容、标准、分值和权重宜参照本范本执行。

《范本》合同条款分为通用条款、专用条款两部分，招标人在编制招标文件时，对通用条款文字不应进行任何改动，如果有不同要求，应按照合同专用条款的编写原则在专用条款中进行修改、删除或补充。招标人应按照《公路工程施工监理规范》的规定，结合招标项目的特点确定监理机构的设置。凡是应该招标的监理项目，无论是总监办还是驻地办，均应由中标的监理企业组建。

1. 招标文件的内容与招标公告

招标文件是规范整个招标过程，确定招投标双方当事人权利和义务的重要依据。招标人应当根据招标项目的特点和需要编制招标文件。由于工程建设项目的种类和性质不同，招标文件的内容也略微有些差别。

根据《招标投标法》中的规定，招标文件应当包括招标项目的技术要求、对投标人资格审查的标准、投标报价要求和评标标准等所有实质性要求和条件以及拟签订合同的主要条款。

1) 《范本》规定的招标文件内容

在《范本》中规定，施工监理招标文件主要由以下内容组成。

第一卷　第一篇　招标公告（投标邀请书）
　　　　第二篇　投标人须知
　　　　第三篇　合同通用条款
　　　　第四篇　合同专用条款
第二卷　第五篇　监理规范
　　　　第六篇　工程专用规范
　　　　第七篇　技术规范
第三卷　第八篇　投标文件格式
　　　　第九篇　中标通知书格式
　　　　第十篇　监理合同协议书格式
　　　　第十一篇　银行预付款保函格式
　　　　第十二篇　银行履约保函格式
　　　　第十三篇　支付担保保函格式
第四卷　第十四篇　图纸和资料

招标人在招标期间发出的问题答复、补遗书和其他正式函件，均作为招标文件的组成部分，投标人应当一并阅读。

招标文件应当明确规定评标时除价格以外的所有评标因素，以及如何将这些因素量化或者据以进行评估。因此，招标文件中应有一个独立、完善、具体、量化的评标办法作为"投标须知"的附件。

招标人应当合理确定投标人编制投标文件的时间。投标人编制投标文件的时间，自发售招标文件之日起至提交投标文件截止之日止不得少于 20 日。如果是大型且复杂公路工程建设项目，提交投标文件的截止日期应相应适当延长。当招标文件编制工作完成后，即可发布招标公告。

2) 招标公告

招标公告是招标文件的主要组成部分。在《公路工程施工监理招标文件范本》中规定了适合在几种不同情况下使用的招标公告。其具体格式可参见《公路工程施工监理招标文件范本》(交通运输部[2008]557 号文)。

在编制招标公告时，招标人应注意以下要点。

(1) 应在招标公告中明确施工监理招标范围，如路基工程、路面工程、桥梁工程、隧道工程、交通工程及沿线设施工程等。

(2) 监理服务期包括的范围，如施工准备阶段、工程施工阶段、交工验收阶段和缺陷责任期阶段。

(3) 招标人应当根据交通运输主管部门的有关规定，对于投标人的资质证书等级提出明确要求。

(4) 招标文件所有复印件均指彩色扫描件或彩色复印件。

(5) 资格预审文件和采用资格后审方式的招标文件，其发售时间不得少于 5 个工作日。

(6) 招标文件的出售价格应根据编制成本确定。

(7) 招标人也可发售图纸，售价应根据成本确定；如果不提供图纸，则应提供满足投标人编制技术建议书需要的参考资料。

2．投标人须知

投标人须知是传递关于编制、提交和评审投标文件所需要的信息，是招标投标活动应遵循的程序规则和对投标的要求。招标投标实践表明，投标人须知是狭义招标文件的核心之一，它不仅在招标中起着至关重要的作用，同时也将对合同履行产生影响。

施工监理的投标人须知是《范本》中的重要内容，不仅是让监理投标者了解招标项目基本情况的资料，而且是投标人决策是否投标和编制标书的基础文件。在"投标人须知"中，投标人须知附表是其重要组成部分，也是投标人必须阅读的资料，其格式和内容可参见《范本》中第二篇。招标人在编写填表中应注意下列规定要点。

(1) 本表中各项应无例外逐一填写，除"不适用"外，不得留空白。如果某日期暂时无法确定，可先填计划日期。

(2) 如果表中的某一栏对本工程不适用，应在相应栏中注明"不适用"。

(3) 招标人自行组织招标，应删除招标代理机构内容。招标代理服务费应按照《国家发展改革委办公厅关于招标代理服务收费有关问题的通知》(发改办价格[2003]第 857 号文)和《招标代理服务收费管理暂行办法》(计价格[2002]第 1980 号文)的规定计取。

(4) 招标人应在此明确监理合同段的划分，同时也要明确是采用总监理承包，还是监理机构分别招标。

(5) 如果建设单位在工程现场设置管理机构，对此管理机构的授权、机构设置、主要职责等要在此处明确。

1) 投标人的合格条件

(1) 适用于未进行资格预审。

① 投标人的资格条件应满足"投标人须知"附件5的要求，其中包括资质要求、业绩要求、人员要求、试验和检测设备要求、财务要求、诉讼和履约要求。

② 投标人须知前附表规定招标人接受联合体投标的，联合体必须符合以下要求。

联合体成员可以由投标人须知前附表规定数量的监理企业组成，联合体各方均应当具备承担招标项目的相应能力，其资格也应符合上述①款规定的相应资质要求。由同一专业的监理企业组成的联合体，按照资质等级较低的企业确定资质等级。

必须明确联合体的牵头人和授权代理人。拟派驻现场监理机构的负责人，应为联合体牵头人单位的人员。

联合体各方应签订联合体协议书，约定各方拟承担的工作和责任，并将联合体协议书连同投标文件一并提交招标人。

联合体各方签订联合体协议书后，只能以一个投标人的身份投标，不得针对同一监理合同段再以各自名义单独投标，或者参加其他联合体投标。

联合体各方必须提供能证明其监理资质、法人资格及监理业绩等文件或资料复印件，并加盖投标人公章。

③ 招标人不接受投标人的分包申请并禁止转让。

④ 投标人应对投标文件的真实性负责。如果招标人在招标阶段的评审中发现投标人有弄虚作假行为的，招标人有权拒绝该投标人的投标文件进入下一阶段的评审，并没收其投标保证金。

⑤ 投标人不得与其所投标的监理合同段对应工程的施工单位，以及建筑材料、建筑构配件和设备供应单位有隶属关系或者其他利害关系。

⑥ 具有投资参股关系的关联企业，或具有直接管理和被管理关系的母子公司，或同一母公司的子公司，不得同时对同一标段提出投标申请。

(2) 适用于已进行资格预审。

① 投标人必须通过资格预审，并取得投标资格。

② 投标人在递交的投标文件中，应按新情况更改或补充其在资格预审时提供的资料，以证实其仍能满足资格预审文件的要求。

③ 招标人不接受投标人的分包申请并禁止转让。

④ 投标人应对投标文件的真实性负责。如果招标人在招标阶段的评审中发现投标人有弄虚作假行为的，招标人有权拒绝该投标人的投标文件进入下一阶段的评审，并没收其投标保证金。

⑤ 投标人不得与其所投标的监理合同段对应工程的施工单位，以及建筑材料、建筑构配件和设备供应单位有隶属关系或者其他利害关系。

2) 投标文件包括的内容

投标文件是投标人在通过了资格预审以后，对自己在本项目中准备投入的人力、物力、财力等方面的情况进行描述，也是对招标文件的响应和承诺。施工监理投标文件应包括以下内容。

(1) 商务文件。

主要包括投标书、联合体协议(如果有)、法定代表人证明、授权书(如果有)、投标保证金、资格审查资料(适用于未进行资格预审)、资格审查更新资料(适用于已进行资格预审)。

(2) 技术建议书。

技术建议书是投标文件的核心内容,也是投标人对拟监理工程的实施方案,一般主要包括工程概况,监理工作范围、指导思想和监理目标,监理管理组织机构设置与人员安排,施工前准备工作监理内容,工程质量控制的内容与方法,投资控制的内容与方法,进度控制的内容与方法,合同管理和信息管理的内容与方法,安全、环保及文明施工管理的内容与方法,监理工作管理办法与廉洁自律制度和措施等。

(3) 财务建议书。

财务建议书适用于综合评标法和技术评分合理标价法,标书中的财务建议书尤为重要,施工技术建议书是评标评委自始至终考察对比的一项重要组成部分,财务建议书中的投标报价代表着投标监理单位的最终竞争能力与水平。主要包括投标书、投标书附录、工程量清单(含说明)三部分。

(4) 招标文件要求提交的其他资料。

投标文件有效期一般为 60~120 日,多数工程通常采用 90 日。投标文件有效期为开标之日后资料表所写明的时间内,在此期限内,所有投标文件均保持有效。在特殊情况下,招标人在原定投标文件有效期内,可以根据需要向投标人提出延长投标文件有效期的要求。

3) 投标保证金的规定

投标保证金是为了保护招标人免遭因投标人的行为而蒙受的损失,招标人在因投标人的行为受到损害时,可根据规定没收投标人的投标保证金。

(1) 投标人递交投标文件的同时,应按照投标人须知前附表规定的形式和金额提交投标保证金。招标人要求投标人提交保证金的,投标保证金额不宜超过 5 万元人民币。招标人也可以根据交通运输主管部门确定的投标人信用评价状况,适当增减投标保证金的额度。投标人拟投多个合同段的,应对所投合同段分别提交投标保证金。

(2) 若采用银行汇票、电汇,投标人应将投标保证金由投标人的账户一次性汇入或转入招标人指定账户,否则视为投标保证金无效。若采用银行保函,则应由国有或股份制商业银行开具。银行保函应采用招标文件提供的格式。银行保函原件应在递交投标文件截止时间前单独密封递交给招标人。

(3) 投标人未按照要求提交投标保证金的,其投标文件作为废标处理。

(4) 招标人与中标人签订监理合同协议书后 5 个工作日内,招标人退还未中标人的投标保证金。中标人的投标保证金,在提交履约担保并签订监理合同协议书后 5 个工作日内退还。

(5) 投标保证金在投标文件有效期满后 30 日内保持有效,招标人如果按投标人须知第 12 条的规定延长了投标文件有效期,则投标保证金的有效期也相应延长。

(6) 当出现下列情况中的一种时,投标保证金将不予退还。

① 投标人在投标文件有效期内撤回其投标文件。

② 中标人在收到中标通知书后,无正当理由不与招标人签订监理合同,或未能按招标文件规定提交履约担保。

③ 投标人不接受依据评标办法的规定对其投标文件中的细微偏差进行澄清和补正。

④ 投标人以他人名义投标、与他人串通进行投标、以行贿手段谋取中标、弄虚作假等行为。

4) 投标文件形式和签署规定

(1) 当采用技术建议书无标识方式招标时，投标人应向招标人递交投标人须知前附表规定份数的投标文件，副本应是正本的复印件。投标文件应在其封面及外包装上清楚注明"正本"和"副本"字样。当正本与副本内容不一致时，以正本为准。

(2) 投标文件的正本应使用不褪色的墨水书写或打印，投标文件内的任何文字页应经投标人的法定代表人或其授权代理人逐页签署姓名，不得用签名章代替。

(3) 如果投标文件由授权代理人签署，其代理人的授权书应按招标文件中规定的格式出具，并由授权人和被授权人亲笔签名，禁止使用印章或签名章。经公证机关对投标法定代表人、授权代理人的签字、投标人公章的真实性进行有效公证后，将公证书原件装订在投标文件的正本之中。

(4) 如果投标文件由法定代表人签署，则不需要提交授权书，但应经公证机关对投标人法定代表人身份证明的真实性进行有效公证后，将公证书原件装订在投标文件的正本之中。

(5) 投标文件的任何一处涂改、行间插字或删除，均应由以上所述规定的投标文件签署人在修改处签署姓名并加盖投标人公章。

(6) 投标文件的正本与副本应分别装订成册，不得采用活页装订。否则，招标人对由于投标文件装订松散造成的丢失或其他后果不承担任何责任。投标文件应编制目录，并且从目录开始逐页标注连续页码。

(7) 技术建议书应当按照招标文件对其格式的要求编制，并进行单独装订，其正本封面加盖投标人公章一枚，除此之外，技术建议书正文中不得出现投标人的名称和其他可识别投标人身份的文字、符号、标识等。在技术建议书中禁止进行涂改、行间插字或删除。

3. 施工监理合同条款

施工监理合同条款是招标人编制招标文件的标准，在《范本》中有具体规定，主要包括施工监理合同通用条款、施工监理合同专用条款、施工监理合同附件、监理规范、监理专用规程和技术规范等。

3.1.4 施工监理开标、评标与定标

1. 施工监理的开标

1) 施工监理的开标要求

(1) 招标人应按照投标人须知前附表规定的时间和地点开标。开标时，投标人的法定代表人应持法定代表人身份证明及本人身份证明，或其授权代理人持授权书及本人身份证明准时出席并在签到簿上签名。如果投标人的法定代表人或其授权代理人未出席开标仪式，则视其默认开标记录。

(2) 开标由招标人主持，招标人应先介绍投标文件的递交情况，并由投标人或其推选的代表检查投标文件的密封情况。如委托公证机关时，也可由公证人员检查并公证。

(3) 经检查确认无误后,由招标人当众拆开商务文件和技术建议书,对投标书的签署等情况进行检查。

(4) 投标文件中的财务建议书信封,在开标时不予拆封,由交通运输主管部门保存,也可按照招标工程所在地招标主管部门的规定执行。财务建议书信封的拆封应当符合"施工监理的评标办法"的规定。招标人可组织二次开标并设定开标程序,如果不组织二次开标,应将结果告知各投标人。

(5) 在进行开标时,招标人宣读投标人的名称、所投监理合同段、投标保证金的递交情况、投标价(采用固定标价评分法时)和总监理工程师等主要监理人员,以及招标人认为必要的其他细节。

(6) 如果招标人宣读的结果与投标人不符时,投标人有权在开标现场提出异议,经监督或公证机构当场核查确认后,可重新宣读其投标文件。若投标人现场未提出异议,则认为投标人已确认招标人宣读的结果,投标人法定代表人或其授权代理人应在开标记录表上签字。

(7) 招标人应当做好招标记录,并按规定经招标人代表、投标人、监督人、记录人签字后存档备案。

(8) 出现下列情况之一者,投标文件将不予接收:
① 逾期送达的或未送达指定地点的;
② 投标文件未按照投标人须知中的规定密封和标记的。

(9) 开标时,投标文件出现下列情况之一者,作为废标处理:
① 投标书中所述标段号与外包封的标段号不一致;
② 正、副本份数不符合招标文件规定;
③ 投标书未按照招标文件规定签署或加盖投标人公章;
④ 投标书未填写投标报价(适用于固定标价评分法)。

2) 施工监理招投标工作的保密

在进行招标投标的过程中,严格按照有关规定做好保密工作,是确保招投标顺利进行的关键,是体现施工监理招标公平合理的重要方面。

(1) 开标后直到签订监理合同协议书为止,凡与投标文件的审查、澄清、评价和比较等有关的工作,都应当在保密的条件下进行。

(2) 在投标人须知前附表规定的保密时间内,招标人和投标人不得针对对方的投标文件和招标文件向任何第三方泄露。

2. 施工监理的评标

开标后进入评标阶段。即采用统一的标准和方法,对符合要求的投标进行评比,来确定每项投标对招标人的价值,最后达到选定最佳中标人的目的。

施工监理的评标由招标人依法组建评标委员会负责,评标委员会按照招标人须知前附表规定的评标方法进行评标。

进行施工监理评标的关键在于:采用正确的评标办法和程序,要确保评标的科学性、公正性,维护招标投标当事人的合法权益,符合《招标投标法》、《公路工程施工监理招标投标管理办法》等有关法律、法规、规章的规定。

1) 施工监理的评标办法

公路工程施工监理常用的评标办法有固定标价评分法、综合评标法和技术评分合理标价法。招标人应从其中选择用于本招标项目工程的办法,并在招标文件中加以明确。

(1) 固定标价评分法。固定标价评分法是指由招标人按照价格管理规定,确定监理招标标段的公开标价,对投标人的商务文件和技术建议书进行评分,并按照得分由高至低排序,确定得分最高者为中标候选人的方法。除规模较大或技术复杂的工程,均可采用固定标价评分法。

为了引导监理市场健康有序地发展,促使监理企业提高服务质量,在公路工程施工监理招投标中,推荐使用固定标价评分法,鼓励实行监理总承包模式招标;主张将竞争重点放在拟投入的人力资源和技术服务质量方面,弱化监理服务价格的竞争。

(2) 综合评标法。综合评标法是把涉及的招标人各种资格资质、技术、商务、财务以及服务的条款,都折算成一定的分数值,总分为 100 分。评标时,对投标人的每一项指标进行符合性审查、核对并给出分数值,最后进行汇总比较,取分数值最高者作为中标人。其中财务建议书的评分权值应当不超过 10%。

综合评标法在评标时,各个评委独立打分,互相不商讨,最后汇总分数。具有比较容易制定具体项目的评标办法和评标标准、评标时评委容易对照标准"打分"等优点。但是,由于这种方法还存在着很多缺陷,很容易发生"最高价者中标"现象。

(3) 技术评分合理标价法。技术评分合理标价法是指对投标人的商务文件和技术建议书进行评分,并按照得分由高至低进行排序,确定得分前两名中的投标价较低者为中标候选人的方法。实践充分证明,技术评分合理标价法是一种比较科学合理的方法。

施工监理服务强调的是综合素质,即过硬的工程技术、经济、法律等管理经验、组织能力以及先进、性能良好、数量足够的硬件设施。这种评标的方法既体现了择优的原则,也反映了市场竞争的合理性。

2) 评标组织及职责

(1) 评标委员会组成。

对于公路施工监理的招标,招标人依法组建评标委员会。《公路工程施工监理招标投标管理办法》第 36 条中规定:"对国家和交通运输部重点公路建设项目,评标委员会的专家应当从交通运输部设立的监理专家库中随机抽取,或者根据交通运输部授权从省级交通运输主管部门设立的监理专家库中随机抽取;其他公路建设项目评标委员会的专家从省级交通运输主管部门设立的监理专家库中随机抽取。"其中评标专家人数不得少于总数的 2/3。

评标委员会正式工作之前,应由评标委员会推举产生一名主任委员,负责召集、协调组织评标委员会成员开展评标工作。

(2) 评标委员会职责。

① 当对投标人资格未进行预审时,应对投标文件进行初步评审、资格审查。

② 确定评审需要澄清和核实的内容。

③ 当采用固定标价评分法时,进行商务和技术文件的详细评审;当采用综合评标法和技术评分合理标价法时,进行商务、技术和财务文件的详细评审。

④ 根据投标人和投标文件的情况,综合评分并推荐中标候选人。

⑤ 根据评标后的实际情况,提出是否重新招标的建议。

⑥ 根据评标过程中的实际情况，完成书面评标报告提交招标人。

3) 施工监理评审过程

(1) 评标准备工作。

评标委员会开始评标工作之前，必须首先认真研读招标文件；招标人应当向评标委员会提供招标文件、评标办法和评标所需的其他重要信息与数据，为进行评标打下良好的基础。

评标委员会对于拟招标工程应当了解和熟悉如下内容：招标项目的工程规模、等级、质量标准和工程特点；招标文件中规定的评标办法；招标文件规定的其他与评标有关的内容。

(2) 评标基本程序。

施工监理评标活动具有保密性和独立性。为了保证评标的公正，保证评标委员会的成员免受外界压力或影响，评标工作应该在严格保密情况下按照一定的程序进行。

施工监理评标的基本程序包括：

① 初步评审；

② 资格审查(适用于未进行资格预审)；

③ 详细评审；

④ 投标文件澄清；

⑤ 综合评分；

⑥ 财务评审(适用于综合评标法和技术评分合理标价法)；

⑦ 推荐中标候选人；

⑧ 编写评标报告。

4) 施工监理的初步评审

评标委员会在做好准备工作后，即可开始对投标文件进行初步评审工作。只有通过初步评审的投标文件才能进入下一阶段的评审。通过初步评审的主要条件如下：

(1) 投标文件按照招标文件规定的格式、内容和要求编写，字迹清晰可辨；

(2) 投标文件(正本)按照招标文件规定加盖投标人公章，并由法定代表人或其授权代理人逐页签署姓名，并且未使用签名章代替；

(3) 对于已进行预审的投标人，进行评标与申请资格预审时比较，投标人的资格未发生实质性的变化；

(4) 投标人按照招标文件规定的形式、时限和要求提供了投标保证金；

(5) 以联合体形式进行投标的，应符合投标人须知的规定；

(6) 按照招标文件的规定，提供了法定代表人身份证明、授权书(如有)、公证书；

(7) 当采用固定标价评标法时，按照给定的监理服务费填报投标报价，在招标文件没有规定的情况下，未提交选择性的报价；

(8) 当采用技术建议书无标识方式招标时，技术建议书副本中未出现投标人的名称和其他可识别投标人身份的文字、符号、标识等；

(9) 当采用技术建议书无标识方式招标时，技术建议书正本、副本实质性内容一致；

(10) 投标文件中的监理服务期、工程质量目标满足招标文件要求；

(11) 投标人未以他人名义投标，未与他人串通投标，未以行贿手段谋取中标，在投标中未弄虚作假；

(12) 在投标文件中未附有招标人不能接受的其他条件。

投标文件不符合以上条件之一的,则应认为存在重大偏差,并将该投标文件作为废标处理。

5) 施工监理资格审查

当在评标前未进行资格预审时,评标委员会应根据评标文件中资格审查的要求,对投标人的资质、业绩、人员、试验、检测设备、财务能力、履约情况等进行评审,判定是否满足资格审查要求。

招标人应按照《公路工程施工监理招标投标管理办法》(交通部2006年第5号令)规定编制本工程的资格审查办法。在投标文件中任何一项不满足招标文件资格审查要求的,都应作为废标处理。

6) 施工监理的详细评审

详细评审是评标委员会根据招标文件确定的评标方法、因素和标准,对通过初步评审投标文件进行进一步的评审、比较。详细评审与初步评审不同,工程施工监理评标在详细评审时,应重点考核投标人类似项目的监理经验、总监理工程师资历、监理队伍的整体实力、监理大纲的编制和对工程特点、难点及关键点的认识等。

知识链接

监理大纲是工程监理单位在工程施工监理项目招标过程中为承揽到工程监理业务而编写的监理技术性方案文件,因此有时又称为技术建议书。它是根据各方面的技术标准、规范的规定,结合实际,阐述对该工程监理招标文件的理解,提出工程监理工作的目标,制定相应的监理措施。写明实施的监理程序和方法,明确完成时限、分析监理重难点等。

(1) 不同评标办法的详细评审。

施工监理的评标办法不同,其详细评审的内容、评分标准和计算方法也不同。

① 当采用固定标价评分法和技术评分合理标价法时,评标委员会对通过初步评审、资格审查的投标文件,从合同条款、监理能力、管理水平、人员组成及投标以往的监理业绩等方面进行详细评审,并对商务文件、技术建议书分别进行评审打分。当招标人可设定评标委员会人数大于7时,所有投标文件的技术评审、商务评审中的评分将去掉一个最高值和一个最低值,取算术平均值。

这种详细评审满分为100分,技术建议书和商务文件的分值分别为40分、60分。招标人应根据招标范围、工程规模、技术标准、技术难点和施工重点等情况,确定技术评审、商务评审的评分权值和评审内容。招标人应编制技术、商务等的评审细则,并在招标文件中加以明确。

② 当采用综合评标法时,评标委员会对通过初步评审、资格审查的投标文件,从合同条款、监理能力、管理水平、人员组成及投标以往的监理业绩等方面进行详细评审,并对商务文件、技术建议书和财务建设书分别进行评审打分。当招标人可设定评标委员会人数大于7时,所有投标文件的技术评审、商务评审中的评分将去掉一个最高值和一个最低值,取算术平均值。

这种详细评审满分为100分,技术建议书、商务文件和财务建议书的分值分别为40分、50分和10分。招标人应根据招标范围、工程规模、技术标准、技术难点和施工重点等情况,确定技术评审、商务评审的评分权值和评审内容。招标人应编制技术、商务等的评审细则,并在招标文件加以明确。

(2) 合同条款响应性评审。

为确保工程施工质量、工期和成本符合设计要求，招标人应对工程施工监理提出相应的要求，在合同条款中投标人能否通过响应性评审，是能否中标的关键。投标人通过合同条款响应性评审的主要条件包括以下方面：

① 投标人应接受招标文件中规定的风险划分原则，未提出新的风险划分办法；
② 投标人未增加招标人的责任范围，也未减少投标人的义务；
③ 投标人未提出不同的计量、支付办法；
④ 投标人未对合同纠纷、事故处理办法提出异议；
⑤ 招标人对于合同条款没有重大偏离；
⑥ 满足招标文件规定的其他实质性要求。

投标文件中不符合以上条件之一者，属于重大偏差，均作为废标处理。

(3) 施工监理的技术评审。

为确保施工监理招投标的公正性、合理性，当采用技术建议书无标识方式招标时，在技术评审工作开始前，招标人将指定专人负责编制技术建议书暗标编码，并就暗示编码与投标人的对应关系做好暗标记录，暗标编码应按随机方式进行编制。在评标委员会全体成员均完成暗标部分评审后，招标人方可向评标委员会公布编码记录。

技术评审的主要内容和分值范围如下：

① 监理大纲(或监理方案)和措施为25～30分；
② 对本工程重点和难点的分析为5～10分；
③ 对本工程的建议为5～10分。

(4) 施工监理的商务评审。

① 当采用固定标价评分法和技术评分合理标价法时，其商务评审的主要内容和分值范围如下：监理人员及机构设置为30～40分；监理设施和设备为5～10分；监理业绩与信誉为15～20分。

② 当采用综合评标法时，其商务评审的主要内容和分值范围如下：监理人员及机构设置为30～40分；监理设施和设备为5～8分；监理业绩与信誉为5～12分。

(5) 施工监理的财务评审。

① 当采用综合评标法时，在评标委员会完成对投标人的商务文件和技术建议书的评审后，在交通运输主管部门的监督下，由评标委员会拆封投标人的财务建议书。只有通过上述初步评审、详细评审的投标人才能进入财务评审。财务评审的步骤主要有通过财务建议书初步评审、进行算术性修正、计算评标基准价、计算财务文件得分。

a. 通过财务建议书初步评审。投标人通过财务建议书初步评审的主要条件有财务建议书按照招标文件规定签字、盖章齐全，并填报了标价；招标人给定的投标控制价上下限的，投标人所报的监理服务费在招标人给定的投标控制价上下限以内；招标人设定标底的，招标人可将标底上浮一定比例作为投标控制价的上限，投标人所报的监理服务费在招标人标底上浮范围以内。

投标文件中不符合以上条件之一者，属于重大偏差，均作为废标处理。

b. 进行算术性修正。评标委员会对通过初步评审的投标人的报价，可按前述原则进行算术性修正。

修正的价格经投标人书面确认后具有约束力。投标人修正总价超出招标人给定的投标控制价上下限或不接受修正价格的，其投标均作为废标处理。

c. 计算评标基准价。通过财务评审的报价为有效报价，评标基准价等于所有有效报价的算术平均值。当投标人的有效报价大于或等于 6 家时，评标基准价为全部有效报价去掉一个最高报价和一个最低报价后的算术平均值。

d. 计算财务文件得分。计算财务文件得分，实质上是对投标人报价准确性的评价。当投标人的报价等于评标基准价时得满分 10 分，最低分为 0 分。每高于评标基准价一个百分点扣 1.5 分，每低于评标基准价一个百分点扣 1.0 分，中间值按比例进行内插，四舍五入，保留两位小数。

② 当采用技术评分合理标价法时，在评标委员会完成对投标人的商务文件和技术建议书的评审后，在交通运输主管部门的监督下，由评标委员会拆封投标人的财务建议书。只有通过上述初步评审、详细评审的投标人才能进入财务评审。财务评审的步骤主要有通过财务建议书初步评审、进行算术性修正。

(6) 投标文件的澄清。

① 除按规定的重大偏差外，投标文件中存在的其他问题应视为细微偏差。为了有助于投标文件的审查、评价和比较，招标人可书面通知投标人澄清，或说明其投标文件中不明确的内容，或要求补充相应的资料，或对细微偏差进行补正。对于这些要求，投标人不得拒绝，否则按废标处理，并没收其投标保证金。

② 有关澄清、说明和补正的要求和回答，均应以书面形式给出。但招标人和投标人均不得因此而提出改变招标文件或投标文件实质内容的要求。投标人的书面澄清、说明和补正，均属于投标文件的组成部分。

③ 投标文件的澄清应按照有关规定由招标人书面通知，招标人不接受投标人对投标文件的主动澄清、说明和补正。

(7) 施工监理的综合得分。

① 当采用固定标价评分法和技术评分合理标价法时，各投标人的综合得分等于技术评分与商务评分之和。

② 当采用综合评标法时，各投标人的综合得分等于技术评分、商务评分与财务评分之和。

(8) 推荐中标候选人。

当采用固定标价评分法和综合评标法时，根据各投标人的综合得分由高至低排序，每个监理合同段推荐得分最高者为中标候选人。

当采用技术评分合理标价法时，根据各投标人的综合得分由高至低排序，每个监理合同段推荐得分前两名中通过财务评审的投标价较低者为中标候选人。

(9) 提交书面评标报告。

评标委员会审定评标完成后，要按规定向招标人提交书面评标报告。评标报告中应如实记载下列内容：

① 招标公告刊登的媒体名称、开标日期和地点；
② 购买招标文件的投标人名单及符合要求的投标人情况；
③ 评标委员会成员名单；

④ 评标采用的方法和标准；
⑤ 开标记录及说明，包括投标无效投标人名单及原因；
⑥ 评标结果和投标人的排序；
⑦ 评标委员会建议的中标候选人；
⑧ 需要说明的其他事项；
⑨ 附件。

知识链接

公路工程项目的施工招标选择中标人的原则是，在技术上达到要求的标准，主要考虑价格的竞争性。而工程监理招标是把工作能力的选择放在第一位，因为当价格过低时监理单位很难把招标人的利益放在第一位，为了维护自己的经济利益，采取减少监理人员数量或多派业务水平低、工资低的人员的措施，必然导致对工程的损害。另外，监理单位提供高质量的服务，往往能使招标人获得节约工程投资和提前投产的实际效益，因此过多考虑报价因素得不偿失。但从另一个角度来看，服务质量与价格之间应有相应的平衡关系，所以招标人应在能力相当的投标人之间再进行价格比较。

3. 施工监理的定标

1) 定标的方式

(1) 除授权评标委员会直接确定中标人外，招标人应依据评标委员会推荐的中标候选人确定中标人。

(2) 如果排名第一的中标候选人放弃中标、因不可抗力提出不能履行合同，或者中标人未能遵守投标人须知的规定，在以上这些情况下，招标人有权取消其中标资格，并可依序确定其他中标候选人为中标人。当所有的中标候选人因上述同样原因不能签订合同时，招标人将依法重新进行招标。

(3) 招标人应将评标报告和评标结果向交通运输主管部门备案，并按照规定时间公示。

2) 中标通知书

所谓中标通知书，是指招标人在确定中标人后向中标人发出的通知其中标的书面凭证。中标人确定后，招标人应当向中标人发出中标通知书，并同时将中标结果通知所有未中标的投标人，中标通知书对招标人和中标人具有法律效力，中标通知书发出后，招标人改变中标结果，或者中标人放弃中标项目的，应当依法承担法律责任。

(1) 招标人将在投标文件有效期内，向中标人发出中标通知书，确认其投标文件已被接受。中标通知书将写明招标人支付给中标人实施和完成本工程监理服务所需的监理服务费用。投标人在收到中标通知书后，应在投标人须知前附表规定的时间内以书面形式告知招标人。

(2) 中标通知书实质上就是招标人的承诺，中标通知书是合同文件的组成部分。中标通知书发出后，招标人改变中标结果的，或者中标人放弃中标项目的行为，都属于缔约过失行为，应当承担相应的责任。

(3) 招标人即使已经向中标人发出了中标通知书，如果发生下列情况之一者，则中标视为无效：

① 经查实投标人有弄虚作假、隐瞒事实真相骗取中标等行为；

② 经查实投标人有转借资质行为或以行贿等手段谋取中标。对于中标无效者，招标人应向交通运输主管部门备案。

3) 合同协议书的签署

(1) 招标人和中标人应在自发出中标通知书之日起 30 日内，按照招标人与中标人约定的时间和地点签署监理合同协议书。

(2) 监理合同协议书由双方法定代表人或其授权的代理人签署并加盖双方公章，双方均应出示法定代表人或其授权的代理人的有效身份证明。

(3) 招标人和中标人双方签署监理合同协议书后，招标人应同时将中标结果告知所有的投标人。

应用案例 3-1

某工程项目，建设单位通过招标选择了一具有相应资质的监理单位承担施工招标代理和施工阶段监理工作，并在监理中标通知书发出后第 45 天，与该监理单位签订了委托监理合同。之后双方又另行签订了一份监理酬金比监理中标价降低 10% 的协议。

思考：

指出建设单位在监理招标和委托监理合同签订过程中的不妥之处，并说明理由。

【案例解析】

在监理中标通知书发出后第 45 天签订委托监理合同不妥，依照招投标法，应于 30 天内签订合同。

在签订委托监理合同后双方又另行签订了一份监理酬金比监理中标价降低 10% 的协议不妥。依照招投标法，招标人和中标人不得再行订立背离合同实质性内容的其他协议。

任务 3.2　公路工程监理投标

知识目标

(1) 了解公路工程监理投标的条件和程序。
(2) 熟悉公路工程监理投标的准备工作和组织。
(3) 掌握公路工程监理投标文件的编制方法。

工作任务

准确掌握公路工程监理投标的工作过程。

我国的监理招投标参照工程施工招标投标而来，并沿用至今。在现行的《招标投标法》中，均规定工程监理要通过招投标选择。因监理属于咨询业的范畴，是一种专业性很强的智力服务，所以监理招投标应当体现与施工招标不同的特点。

施工监理投标本来是一项富有竞争力和创新性的活动，但在实际的监理招投标中存在着严重的人为因素影响，究其原因主要还是当前监理行业缺乏行之有效的监理招投标方法。但要在近期内彻底改变现状是不现实的。咨询监理行业的招投标应当针对项目的具体情况，并结合现行法律、法规选用合适的方法。

3.2.1 施工监理投标概述

公路工程施工监理投标是公路监理单位以技术建议书和费用建议书的形式争取中标的过程。监理投标与施工投标虽然在形式上都是公开性竞争活动,但它们有着很大的区别。施工监理投标竞争的关键并不是主要取决于经济方面,而是以技术方面为主,这是由监理工作的性质和地位所决定的。

1. 监理投标的基本程序

当招标单位发布招标公告后,监理单位应首先根据招标条件和本单位的能力进行可行性研究,经过综合分析后决定是否参加投标。如果决定投标,则要购买(或索要)资格预审文件,只有资格预审合格的投标者,才能参加施工监理的投标竞争。

取得投标资格的投标单位,应根据招标单位的要求购买招标文件,进行认真的技术分析和财务分析,按照投标须知的要求填写投标书,编制技术建议书和费用建议书;然后,参加招标人召开的投标预备会,并到施工现场进行勘察;按规定的时间、地点和方式递交投标书;按规定的时间、地点参加开标会议;接到招标人的书面中标通知书后,在规定的时间内与招标人签订监理合同。

监理投标程序示意如图 3.3 所示。

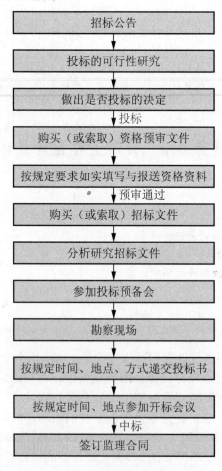

图 3.3 监理投标程序示意

2. 投标单位的基本条件

参加公路工程施工监理的单位，必须具体承担监理工作，具有交通运输部或省级交通主管部门核发的与招标的工程相适应的监理资质等级证书，持有工商行政部门核发的营业执照，并取得法人资格。

> **特别提示**
>
> 交通运输部颁发的《公路水运工程监理单位资质管理暂行规定》中明确指出：公路工程监理分为公路、隧道工程和交通工程两大专业，各专业分为甲、乙、丙3个资质等级，其中甲级单位可在全国范围内监理一、二、三类工程，乙级单位可在全国范围内监理二、三类工程，丙级单位可在本省范围内监理3类工程。

招标人允许施工监理企业以联合体方式投标的，联合体应当符合以下要求。

(1) 联合体成员可以由两个以上的监理企业组建而成，联合体各方均应具备承担招标项目的相应能力和招标文件规定的资格条件。由同一专业的监理企业组成的联合体，按照其资质较低的企业确定资质等级。

(2) 联合体各方应当签订共同投标的协议，约定各方拟承担的工作和责任，并将共同投标协议连同投标文件一并提交给招标人。联合体各方签订共同投标协议后，只能以一个投标人的身份投标，不得针对同一标段再以各自的名义单独投标或者参加其他联合体的投标。

3. 监理投标应注意事项

投标竞争的原则是公平、公开、公正和诚信。在投标竞争中，应以管理水平、技术水平、装备水平、社会信誉等为主要方面展开竞争，认真编制投标书；只有先进可行的技术建议书和合理准确的费用建议书组成的投标文件，按照招标文件中的规定去操作，才是一份质量良好的监理投标书，这是投标后中标的关键。因此，在监理投标的过程中应注意如下事项。

(1) 投标书送交招标单位后，在投标截止日期之前，投标人如果需要修改标书中的内容或调整报价，应当以正式函件提出并附加说明。上述函件应采用与投标书相同的密封方式进行投递，它与投标书具有同等的法律效力。要特别注意的是：任何函件包括投标书，在投标截止日期后再送达，将不被招标人接受。

(2) 投标书及任何函件，均应有法人代表或经授权代理人的签字且盖有单位公章，采用内外密封信封投递或直接递交给招标单位，并应有招标人的签收书面证明。

(3) 投标者在送交投标书时，应同时提出由开户银行出具的投标担保函或交付投标保证金，其交付方式及清退办法应按招标文件中的规定办理。

(4) 投标者应当依法进行投标，不得串通作弊，不得对招标单位及其有关人员(如评委、工作人员等)行贿，违者将丧失投标资格，并无权请求返还投标保函或投标保证金。

3.2.2 施工监理投标资格预审

投标资格预审是指对于大型的公路工程或复杂的桥梁工程，在正式组织工程项目招标以前，对投标者的资格和能力进行的预先审查。这是招投标程序的一个重要环节，也是工程项目招标工作的起始,它既是贯彻公路工程必须由相应资质监理队伍承包的政策的体现,也是保护业主和各投标者利益的举措。

1. 购买资格预审文件

当监理单位获得某公路工程项目的招标公告后,应针对本单位承担监理任务、人员状况和企业实际,立即研究是否申请参加该项目的投标。当本企业有承接任务的实力,工程项目又符合本单位的条件时,应立即决定参与投标。

由于从发出招标公告到递交资格预审申请文件的截止时间一般较短,所以应立即购买(或索要)资格预审文件,同时通过多种渠道搜集有关该工程项目的情况,以便进一步研究实施条件。在购买(或索要)资格预审文件时,必须按照招标公告上的要求,准备好所需要的证件,如监理企业的资质证书、营业执照、资信证书、单位介绍信和身份证等。

2. 熟悉资格预审文件

监理企业的有关人员在接到资格预审文件后,应立即阅读并熟悉文件的内容,在一般情况下应特别注意下列内容。

(1) 监理范围。包括项目施工标段和监理标段的划分,允许每个监理单位所投标段的数量、各标段的工程量及施工条件等。

(2) 施工安排。包括施工工期和监理服务期限,是否包括缺陷责任期监理服务等。

(3) 施工管理机构和监理机构的设置。包括机构的层次、性质,特别是监理机构各层次的职责和权限等。

(4) 业主提供给监理的服务。包括监理检测设备、监理办公和生产设施及监理资料等。

(5) 要求提供的监理服务。包括监理人员素质及其结构要求、监理设备和设施及其要求,以及其他服务等。

(6) 监理服务费。包括监理服务费组成、数额、计费办法及其支付条件、方法等。

3. 编制资格预审申请文件

在决定参加施工监理投标后,在熟悉资格预审申请文件的基础上,就可以按照预审文件要求的内容和格式,编制资格预审申请文件。资格预审申请文件是指投标人为了参加某个工程项目施工监理的投标活动,从而获得工程的施工监理资格。

资格预审申请文件是用来证明投标人具备这个工程项目的监理能力的综合性文件,也是投标人给招标人的初步自我介绍,其编制的质量对于投标者能否中标具有非常重要的影响。资格预审申请文件一般包括以下内容。

(1) 申请书函件。

(2) 监理单位的营业执照副本、监理资质等级证书和最新企业资信登记证书的复印件(加盖公章)。

(3) 法定代表人授权代理资格预审工作的,须出具法定代表人签名并加盖单位公章的授权书。

(4) 资格预审申请人的基本情况,包括经营管理情况、已完成监理工程的分布、近3年完成的任务情况(特别是同类工程),以及社会信誉、研究成果、获奖情况、业主评语、有无诉讼记录等资料。

(5) 正在承担的监理任务及派驻的监理人员(数量及其服务起止时限)情况,目前再承担新监理任务的实际能力(人力和物力)。

(6) 拟建立的监理组织机构和投入的主要监理人员,以及监理人员的资格证件(专业技术职称、监理工程师证书及专项技能证书等的复印件)及其简历。以上这些应按照招标人提供的格式进行填报。

(7) 准备投入本项目的主要监理设备名称、数量及其性能(根据招标人要求而定)。

4. 报送资格预审申请文件

按照《公路工程施工监理招标投标管理办法》第 24 条的规定:招标人应当合理确定投标人编制资格预审申请文件和投标文件的时间。

采用资格预审的招标项目,潜在投标人编制资格预审申请文件的时间,自开始发售资格预审文件之日起至提交资格预审申请文件截止之日止,不得少于 14 日。

资格预审申请文件编制完成后,应按照资格预审须知中的要求,进行签字盖章以及包装、密封和标记,最后在申请文件递交截止时间前送达招标人指定的地点。

> **特别提示**
> 所报送的申请文件在规定的截止日期后,投标人不能再进行修改。招标人可以就报送的资格预审文件中的疑点,要求潜在投标人进行澄清。潜在投标人应按实际情况回答,但不允许借此机会修改资格预审文件中的实质内容。

3.2.3 施工监理投标的组织

《公路工程施工监理招标投标管理办法》中规定:"公路工程施工监理投标人是依法取得交通主管部门颁发的监理企业资质,响应招标、参加投标竞争的监理企业。投标人应当按照招标文件的要求编制投标文件,并对招标文件提出的实质性要求和条件做出响应。

当投标单位通过资格预审,收到招标人的投标邀请后,应尽快按照投标邀请书中写明的时间和地点去购买招标文件,以便争取更多的时间进行投标文件的编制。如果还有其他参考资料,应当一并购买或索要,以便了解更多的情况,进行施工监理投标的各项组织工作。

1. 认真研究招标文件

招标文件是招标人向投标人提供的为进行投标工作所必需的重要文件,投标人可根据招标文件中的要求编制投标文件并参与招标。在投标人中标后,招标文件是招标人与中标人双方所签订合同的重要组成部分。因此,认真研究招标文件是编制投标文件的依据,对于投标文件的编制质量起着决定性的作用。

投标单位在获得招标文件之后,首要的工作就是认真仔细地研究招标文件,充分了解其内容和要求,以便有针对性地安排投标工作。在研究招标文件时,其重点应放在投标人须知、合同条款、设计图纸、工程范围及工程量表上,还要研究现行技术规范的要求,是否还有特殊的要求。投标人在研究招标文件中,应重点注意招标文件中的以下几个方面的问题。

(1) 施工标段和监理标段的划分及其长度,各标段工程量大小和工期、监理服务期限。
(2) 招标工程的内容、特点、关键部位及其难度,各单项工程量的数量及其分布,有无特殊地质路段,构造物有何特点。

(3) 施工机械的配置和招标单位的管理措施,招标人提供的监理条件,是否提供监理设备和设施,提供的数量、规格和满足程度。

(4) 招标人对监理机构设置、监理人员和监理设备、设施的要求。

(5) 有关监理费用的规定及支付条件,对投标保证金的具体规定。

(6) 要特别注意投标文件的组成,避免因提供的投标资料不全而被作为废标处理。

(7) 要注意招标答疑、现场考察、标前会议和投标截止时间等重要时间安排,避免因记错、遗忘或迟到等原因而失去竞争的机会。

2. 参加现场考察工作

在编制投标文件前的现场考察,是一项深入调查研究项目实际情况的重要工作,对于保证投标文件的编制质量有很大作用。投标人应参加招标人组织的现场考察。通过现场考察,主要了解以下情况。

(1) 掌握现场的实际。即施工合同段和监理合同段的现场实际情况。重点了解本单位拟投标监理标段的施工条件、工作条件(包括地形、地貌、地质、水文、气候等自然条件),交通运输、供水供电和居民情况以及施工安排,以便评估施工监理中的难度,为编制技术建议书提供参考方案。

(2) 了解项目所在地配套情况。主要应当了解拟投标标段的生活条件,包括交通条件、住房情况和生活用电、用水、用气及市场情况,以便考虑监理机构建点地址和估算监理现场的各种费用。

(3) 了解项目所在地政府对所建工程的态度、工程施工周围的治安情况、对环境保护方面的要求、施工期间的扰民情况、当地风俗和习惯等。

(4) 认真做好现场考察记录。对于现场条件影响编制投标文件的有关问题做好准备,以便于在标前会议上提出来。

3. 参加标前会议

标前会议也称为投标预备会或招标文件交底会,是招标人按投标须知规定的时间和地点召开的会议,也是招标投标前一次非常重要的会议,一般由参加现场考察的人员参加标前会议。其主要目的是对招标文件中的事项以及投标人相关疑问进行澄清和补遗,使各投标人能更好地理解招标文件,获取更准确的信息。

在标前会议上,招标人除了介绍拟建项目的工程概况外,还可以对招标文件中的某些内容加以修改或补充说明。投标人在现场考察及阅读招标文件后提出的与投标有关的问题,招标人将在标前会议上予以解答。

为编制高质量的投标文件,投标人必须事先熟悉招标文件和做好资料准备,特别是要求招标人答复的问题,在标前会议之前以书面或传真方式提交给招标人,或者在标前会议上提出来。招标人将在标前会议结束后,以补遗书的形式将书面答复送达所有投标人。

4. 编制投标文件

《招标投标法》第24条规定:"招标人应当确定投标人编制投标文件所需要的合理时间;但是,依法必须进行招标的项目,自招标文件开始发出之日起至投标人提交投标文件截止之日止,最短不得少于 20 日。"《公路工程施工招标投标管理办法》第 19 条规定:"投标人应当按照招标文件的要求编制投标文件,并对招标文件提出的实质性要求和条件作出响应。"

以上这些规定充分表明,投标人应在认真研究、正确理解招标文件的全部内容的基础上,应当及时按照要求编制投标文件。"实质性要求和条件"是指招标文件中有关招标项目的价格、项目的计划、技术规范、合同的主要条款等,投标文件必须对这些条款作出响应。这就要求投标人必须严格按照招标文件填报,不得对招标文件进行修改,不得遗漏或者回避招标文件中的问题,更不能提出任何附带条件。

投标文件编制完成以后,应当按招标文件中的规定签名盖章,并进行装订、包装、密封和标记,最后在规定的投标文件递交截止时间前报送投标文件。

5. 参加开标会议

《招标投标法》第 35 条和《公路工程施工监理招标投标管理办法》第 31 条规定:"开标由招标人主持,邀请所有投标人的法定代表人或其授权的代理人参加。"《中华人民共和国招标投标法实施条例》中还规定:"投标人有权决定是否派代表参加开标。投标人未派代表参加开标的,视为默认开标结果。

特别提示

开标是指招标单位在规定的时间、地点内,在所有投标人出席的情况下,当众公开拆开投标资料(包括投标函件),宣布投标人(或单位)的名称、投标价格以及投标价格的修改的过程。

根据以上各项规定和内容,投标人应按规定的时间和地点参加开标会议,并认真仔细地做好开标记录。

应用案例 3-2

某公路建设工程,建设单位委托监理公司负责施工阶段的监理工作,目前正在施工,在施工中发生如下事件。

监理工程师在施工准备阶段组织了施工图纸的会审,在施工过程中发现由于施工图的错误,造成承包商停工 2 天,承包商提出工期费用索赔报告。业主代表认为监理工程师对图纸会审监理不力,提出要扣监理费 1 000 元。

思考:

监理工程师怎样处理索赔报告?监理工程师承担什么责任?设计院承担什么责任?承包商承担什么责任?业主承担什么责任?业主扣监理费对吗?

【案例解析】

(1) 监理工程师批准工期费用索赔,图纸出问题是业主的责任。

(2) 监理工程师不承担责任,监理工程师履行了图纸会审的职责,图纸的错误不是监理工程师造成的。监理工程师对施工图纸的会审,不免除设计院对施工图纸的质量责任。

(3) 设计院应当承担设计图纸的质量责任。

(4) 承包商没有责任,是业主的原因。

(5) 业主应当承担补偿承包商工期费用的责任。

(6) 业主扣监理费不对,监理工程师对图纸的质量没有责任。

3.2.4 施工监理投标文件的编制

监理投标文件是进行施工监理招投标竞争中的重要文件,也是中标后进行监理工作的重要依据之一。在投标人接到投标邀请书后,参加现场考察和标前会议的同时,可进入投标文件的编制阶段。

按《公路工程施工监理招标投标管理办法》中的规定,采用技术评分合理标价法和综合评标法的项目,监理投标文件主要由技术建议书、商务文件和财务建议书组成。采用固定标价评分法的项目,监理投标文件主要由技术建议书、商务文件组成。

1. 技术建议书的编制

1) 技术建议书的概念和作用

技术建议书是施工监理投标文件的重要组成部分。技术建议书又称为监理大纲,是针对某一个具体的工程项目,监理单位为了承揽监理任务而编写的监理方面的技术性文件,它不仅是工程监理指导思想的具体体现,而且也是指导工程监理全过程的依据。

技术建议书反映了工程管理工作中质量、进度、费用、安全、环保、合同管理和信息管理等工作程序流程,反映了对工程全方位、全过程、全天候、事前、事中和事后各个环节的控制规定与要求。技术建议书是工程监理实施过程中的标准,主要说明监理工作做什么,谁来做,什么时候做,用什么方法做。具体反映了监理单位对监理工作任务的理解以及进行监理工作的经验和能力,也反映出监理单位的整体水平。

通过技术建议书,可以使招标人基本了解参加投标的监理单位的技术、经济与管理等情况,这也是招标人确定中标人的主要考虑因素。在监理费用的选择中,在技术建议书中提出的监理工作的深度和广度,也决定着监理报酬费用的高低。

中标后的技术建议书成为监理合同的一部分,又成为编写项目监理规划的直接依据,对监理工作质量有着直接影响。建设单位将根据监理技术方案检查监理工程师(单位)的工作。工程实践充分证明,技术建议书是监理工作的指导性文件,通过技术建议书的实施,可以把监理工作纳入规范化、标准化和科学管理的轨道,从而避免了监理工作的随意性。

2) 技术建议书编制注意事项

为了编制出高质量、符合招标人要求的技术建议书,提高投标中标的概率,在编制技术建议书中,应当注意以下事项。

(1) 投标人应递交拟完成本工程监理服务的技术建议书,其内容翔实、措施有力、方法得当,足以说明投标人的建议,并能满足招标文件的要求。

(2) 当招标评标采用综合评标法和技术评分合理标价法时,投标人应按照招标人的要求说明完成该监理服务所需的费用。

(3) 技术建议书的格式必须使用招标文件所提供的投标文件格式,表格可以按同样格式扩展和复制。

3) 技术建议书的编制方法

在很大程度上技术建议书的编制好坏,不仅对监理投标单位的中标概率有直接影响,而且还会影响日后执行监理工作的优劣。在《公路工程施工监理招标文件范本》中,规定了技术建议书的编制格式。在编制的过程中,必须按招标文件规定的内容格式,结合监理单位经济、技术与管理的实际和项目的具体情况,以及业主对项目管理的具体要求等进行编写。

在一般情况下,公路工程项目监理技术建议书的内容与编制方法如下。

(1) 工程概况。

工程概况主要对拟监理合同段的工程总体概况进行简单描述,为了节省编制时间,可根据招标文件中的有关内容摘编,其基本内容主要包括项目名称、项目所在地地理位置、自然环境、技术标准、拟投合同段的主要工程概况、工程技术特点、施工条件及工期要求等。

(2) 监理工作范围和目标。

依据"附件 A　监理服务的形式、范围与内容"中规定的监理服务的要求和范围,对拟投标监理合同段的监理工作进行安排,对主要监理人员的岗位职责进行必要的阐述,并提出监理工作的目标。

(3) 现场监理机构设置与人员安排。

根据招标文件要求和工作需要,以框图形式提出现场监理组织机构设置方案,并明确监理人员的配置,对拟投入本项目的主要监理人员的职称、资质、经验、业绩、特长和相关经历进行简单描述。

现场监理机构的设置,必须做到机构精简、人员精干,要尽量减少机构层次。如果监理标段距离较长,并包含几个施工合同段,则可考虑设置两层式机构,即在驻地监理工程师办公室(或高级驻地监理工程师办公室)下,每个施工合同段设置监理组(或驻地监理工程师办公室)。上层机构可设置主管合同、工程、试验和后勤等工作的管理部门。每个监理组(或驻地监理工程师办公室)可根据工程内容和工作内容设置相应岗位,本着精简的原则配置监理人员。

监理人员要根据工程内容、性质、规模、投资额度、难易程度及合同要求配备,并要做到专业配套。对每个岗位均应制定岗位职责、明确分工。对拟投入本项目的所有监理人员的资格和相应经历应加以说明,并附相应表格。

(4) 自备监理仪器和设备。

在招标文件确定的施工监理投入的基础上,根据拟投监理标的现场工作实际需要,结合监理单位自身的实力,对拟投入本项目的仪器与设备进行简单介绍。

(5) 监理的各项工作程序。

结合监理工作的阶段划分,对监理工作范围内的工程质量监理、工程进度监理、工程费用监理、合同管理、安全工作、环境保护、组织协调等工作的方法与流程进行详尽阐述,这也是技术建议书的核心内容。如招标文件有要求,还应绘出各项工作流程图。

(6) 监理重点与难点分析。

为了顺利开展项目的监理工作,根据招标文件、现场考察和监理的实际评价,对于难度大、关键、重点和特殊的工程,相应地确定监理工作的重点与难点,并对它们逐一进行分析和论述,提出解决问题的对策与方法。

(7) 提出合理化的建议。

为了更好地完成本项目的监理工作,同时增强招标人对投标监理单位的认识,监理单位可根据以往的经验,对本项目监理工作提出合理化建议。在技术建议书中,合理化建议并不是必须编制的项目,表面看来似乎可有可无,但好的合理化建议最能打动业主。

投标实践表明，如果建议能使设计方案有所改进，就能节省可观的资金，或者取得意想不到的效果，或者对方便施工非常有利，提高施工质量或加快施工进度，从而能够增强业主的满意度，增加投标监理单位中标的机会。

(8) 需要的辅助资料。

监理投标人应按照招标文件规定的内容及格式，根据本单位和拟建项目的实际情况，编写以下辅助资料：监理单位资质说明；现场监理机构及人员资质。

其中，监理机构文字说明要针对项目实际工作需要，并与所报监理人员资料相适应；拟投入监理人员情况汇总表和监理人员工作履历表的每一项内容都要如实进行填写，不要随意空缺。否则，评标时可能影响符合性评标分值。所附资质和经历证明材料要符合招标文件要求。在提供证件复印件的同时，也应准备好原件备查。

监理投标人应对所提供的资料的真实性、符合性负责，如果发现有造假或因其他原因违反评标的强制性条件要求，将被取消投标资格。

技术建议书的编写既要规范化、标准化，又要在说明问题的前提下，做到内容齐全、简要明了，篇幅不宜过长。内容中的条目要粗细有别，有的只需给出标题性内容，简略带过就可以。对于结合工程的特点要求，以及本单位的特长、能力或监理方法，则必须着重叙述。

> **特别提示**
>
> 技术建议书是技术性很强的文件，其文件的表现形式，如能说明问题，尽量多用图表，文中用词不要华丽，但必须准确得体。在叙述本单位拥有的设备、人才、技术、技能和监理业绩时，既要充分又要实事求是，不能言过其实，以免在实际中无法兑现，有违诚信原则。

2. 财务建议书的编制

监理单位是建筑市场的主体之一，建设监理是一种高智能的有偿技术服务。监理单位与项目法人之间是委托与被委托的合同关系；与被监理单位是监理与被监理关系。我国工程监理的有关规定指出："工程监理是有偿的技术服务活动。酬金及计提办法，由监理单位与建设单位依据所委托的监理内容和工作深度协商确定，并写入监理委托合同。"

从监理单位的角度来看，在监理服务中收取合理的费用，是自身得以生存和发展的条件。从建设单位的角度来看，为了使监理单位能够顺利地完成任务，达到自己所提出的各项要求，必须付出适当的报酬，用以补充监理单位在完成任务时付出的费用。这也是委托合同中规定的委托方的义务。

财务建议书也称为监理费用建议书，是监理单位以圆满完成监理任务为依据所提出的服务费用要求。财务建议书应当按照招标文件提供的格式和填写说明填报，并应与技术建议书中提供的监理人员、监理设施和设备等各项服务相适应。

监理费用方案应考虑全面、取费合理、计算准确。监理费用的计算要有依据，并符合本企业的成本结构、水平和回报需求，同时也要充分考虑市场的竞争条件。

《公路工程施工监理招标文件范本》规定了监理服务费应按照《建设工程监理与相关服务收费管理规定》(发改价格[2007]670号)计算。如果设置二级监理机构，且总监办和驻地办分别招标时，其中总监办的监理服务费建议参照《建设工程监理与相关服务收费管理规定》中的"建设工程监理与相关服务人员人工日费用标准"以人年费方式计算费用。

监理服务费的计算一般有以下两种方法。

1) 按费率计算方法

按费率计算即按工程概算中的定额建筑安装费的百分率计算，或者按照施工投标的中标价(或实际结算工程款)的百分率计算监理费用。可参照交通运输部颁布的规定费率来确定报价费率。为了便于结算监理费用，一般要求在编报总费率的同时，还要报各项费用的组成，作为附加资料。

2) 逐项进行计算方法

按照监理提供服务的项目逐项进行计算，即按照招标文件规定的内容和表格格式，分别逐项计算人员、设施和设备等各项费用，填报费用清单。

监理正常的服务费用，主要有监理人员报价、监理试验检测设备报价、交通车辆费用、办公和生活设备报价、现场办公费、监理单位取费、不可预见费等。监理正常服务费用的计算原则如下。

(1) 监理人员报价。按照不同岗位，分档次填报监理人员的人、月单价(包括基本工资、各种补贴、加班费和个人所得税等)，并计算合价。

(2) 监理试验、检测设备报价。这项报价一般按照招标文件要求，或以业主开列的项目为准配备，必要时可适当增加少量的配套设备。固定资产计入折旧费和使用费(包括消耗性物品、材料、配件和油料等费用)，非固定资产按规定费率计入摊销费。

(3) 交通车辆、办公和生活设备报价。在这项报价中，属于固定资产者，计入折旧费和使用费；属于非固定资产者，计入摊销费；办公和生活用房计入租金或临建设施摊销费。

(4) 现场办公费。现场办公费主要包括监理人员的办公用品、资料、水、电、煤、气、交通、通信、辅助人员及其他费用。

(5) 监理单位取费。监理单位取费包括法定提留金(工会、教育、职工福利、住房、养老等)、管理费、利润税金(营业税、所得税等)及其他，这项费用的取费标准由投标人根据本单位自身情况综合考虑。

(6) 不可预见费。不可预见费应根据可能出现的意外事件和风险经分析后酌定。

公路工程监理实践表明，尽管在编制财务建议书时报价分项开列，但在结算时一般仍以总价为依据，由此可见监理费用属于总价合同。在实际建设过程中，业主每月或每季节按相应比例向监理单位支付监理服务费。

应用案例3-3

某实施监理的工程项目，建设单位通过公开招标方式选择了勘察单位、设计单位、施工单位和工程监理单位，并与其分别签订了勘察合同、设计合同、施工合同和委托监理合同，在合同中约定了各自的工程质量责任和义务，现摘录合同中约定的部分质量责任和义务。

(1) 监理单位收到建设工程竣工报告后，应当组织设计、施工、建设等有关单位进行竣工验收。

(2) 设计单位应当就审查合格的施工图设计文件向监理单位做出详细说明。

(3) 工程监理单位可以将专业性强、辅助工程转让给其他监理单位进行监理。

(4) 工程监理单位对施工质量承担主要责任。

该工程在实施过程中发生了以下行为。

行为1：工程监理单位转让工程监理业务的行为。

行为2：工程监理单位与建设单位串通，弄虚作假，降低工程质量的行为。

行为3：监理工程师在执业过程中因过错造成质量事故。

思考：

(1)《建设工程质量管理条例》规定，哪些建设工程必须实行监理？

(2) 根据《建设工程质量管理条例》来判断以上摘录的合同中约定的部分质量责任和义务是否妥当，如不妥，试改正。

(3) 根据《建设工程质量管理条例》的规定，该工程在实施过程中发生的行为应分别给予怎样的处罚？

【案例解析】

(1)《建设工程质量管理条例》规定的必须实行监理的建设工程如下。

① 国家重点建设工程。

② 大中型公用事业工程。

③ 成片开发建设的住宅小区工程。

④ 利用外国政府或者国际组织贷款、援助资金的工程。

⑤ 国家规定必须实行监理的其他工程。

(2) 根据《建设工程质量管理条例》对合同中约定的部分质量责任和义务的妥当与否判定如下。

① 不妥。

正确做法：建设单位收到建设工程竣工报告后，应当组织设计、施工、监理等有关单位进行竣工验收。

② 不妥。

正确做法：设计单位应当就审查合格的施工图设计文件向施工单位做出详细说明。

③ 不妥。

正确做法：工程监理单位不得转让工程监理业务。

④ 不妥。

正确做法：工程监理单位对施工质量承担监理责任。

(3) 根据《建设工程质量管理条例》的规定，该工程实施过程中发生的行为应分别给予以下处罚。

① 行为1应给予的处罚：责令工程监理单位改正，没收违法所得，除合同约定的监理酬金25%以上50%以下的罚款；可以责令停业整顿，降低资质等级；情节严重的，吊销资质证书。

② 行为2应给予的处罚：责令施工单位改正，处10万元以上20万元以下的罚款；情节严重的，责令停业整顿，降低资质等级或者吊销资质证书；造成损失的，依法承担赔偿责任。

③ 行为3应给予的处罚：责令监理工程师停止执业1年；造成重大质量事故的，吊销执业资格证书，5年内不予注册；情节恶劣的，终身不予注册。

学习情境小结

本学习情境主要讲述公路工程监理招标与投标等内容。现将主要内容概括如下。

监理招标是公路工程的一种重要而特殊的招标形式，监理招标的标的是"监理服务"，监理单位不承担物质生产任务，只是受招标人委托对生产建设过程提供监督、管理、协调、咨询等服务。

公路工程施工监理招标投标应当遵循公开、公平、公正和诚实信用的原则。招标的形式可分为公开招标和邀请招标。招标人可以将整个公路工程项目的施工监理作为一个标一次招标，也可以按不同专业、不同阶段分标段进行招标。

公路工程施工监理投标是公路监理单位以技术建议书和费用建议书的形式争取中标的过程。公路工程施工监理投标人是依法取得交通主管部门颁发的监理企业资质、响应招标、参加投标竞争的监理企业。投标人应当按照招标文件的要求编制投标文件，并对招标文件提出的实质性要求和条件做出响应。

通过本学习情境的学习，要熟悉公路工程监理招标与投标的程序、文件编制及相关法律法规。

思考与练习

一、单选题

1．《工程建设项目招标范围和规模标准规定》规定：勘察、设计、监理等服务的采购，单项合同估算价在( )万元人民币以上，项目总投资额在( )万元人民币以上必须进行施工监理招标。
   A．50 3 000   B．40 3 000   C．50 2 000   D．40 2 000

2．工程施工监理投标文件有效期一般为( )日，多数工程通常采用( )日。
   A．60～90 80   B．60～100 90   C．60～120 90   D．90～120 100

3．采用资格预审的招标项目，潜在投标人编制资格预审申请文件的时间，自开始发售资格预审文件之日起至提交资格预审申请文件截止之日止，不得少于( )日。
   A．7   B．14   C．21   D．20

4．《招标投标法》第 24 条规定："招标人应当确定投标人编制投标文件所需要的合理时间；但是，依法必须进行招标的项目，自招标文件开始发出之日起至投标人提交投标文件截止之日止，最短不得少于( )日。"
   A．30   B．7   C．14   D．20

5．下列有关监理开标会议的说法，有误的是( )。
   A．邀请所有投标人的法定代表人或其授权的代理人参加
   B．投标人有权决定是否派代表参加开标
   C．开标由投标人主持
   D．投标人未派代表参加开标的，视为默认开标结果
   E．建设资金已经落实

二、多选题

1．监理招标侧重于从( )方面评价投标人。
   A．施工能力   B．技术水平
   C．服务质量   D．报价水平
   E．资质

2．根据《公路工程施工监理招标投标管理办法》(交通部令 2006 年第 5 号)中的第 9 条规定，进行施工监理招标的单位具备下列条件时，可以自行办理招标事宜。( )

A．具有对投标人进行资格审查和组织评标的能力
B．具有组织编制公路工程施工招标文件的能力
C．大型建设单位
D．具有与招标项目相适应的工程管理、造价管理、财务管理能力
E．建设资金已经落实

3．下列有关公开招标的说法，正确的是( )。
A．也称为选择性招标　　　　　B．招标工作量大
C．需要时间较长　　　　　　　D．所用费用较大
E．也称为竞争性招标

4．下列选项中，属于施工监理招标的准备工作的有( )。
A．组建招标机构　　　　　　　B．确定招标方式
C．制订招标计划　　　　　　　D．编制监理标底
E．划分监理标段

5．当出现下列情况之一者，投标保证金将不予退还。( )
A．投标人在投标文件有效期内撤回其投标文件
B．中标人在收到中标通知书后，无正当理由不与招标人签订监理合同，或未能按招标文件规定提交履约担保
C．投标人不接受依据评标办法的规定对其投标文件中的细微偏差进行澄清和补正
D．投标人以他人名义投标、与他人串通进行投标、以行贿手段谋取中标、弄虚作假等行为
E．投标人在规定的投标截止日期前修改其投标文件

三、简答题

1．简述进行施工监理招标的公路工程项目应具备的条件。
2．简述公路工程监理招标的程序。
3．简述划分监理标段的注意事项。
4．简述监理标底的定义和作用。
5．简述公路工程监理投标文件的内容。
6．简述公路工程监理投标的注意事项。
7．简述监理资格预审申请文件的定义和内容。
8．简述投标人在研究招标文件时应重点注意的问题。
9．简述技术建议书编制注意事项。
10．简述监理正常服务费用的计算原则。

学习情境 4

公路工程施工招标与投标

能力目标

通过本学习情境内容的学习，要求学生了解工程施工招标的条件及基本程序；掌握工程施工招标文件的编制；掌握工程施工招标标底的编制；了解投标人的资格要求；熟悉投标人的资格审查；掌握投标前的工作；掌握投标决策的内容。熟悉投标文件的组成；熟悉投标保证金的形式；掌握投标文件的编制；掌握投标文件的密封和标识；掌握投标文件的递交、修改和撤回的要求；熟悉投标有效期。

能力要求

知识目标	知识要点	权重
了解工程施工招标的条件；熟悉工程施工招标的程序	公路工程招标单位所具备招标的条件；公路工程施工招标基本程序及具体内容；招标组织机构	10%
了解招标文件编制的依据、原则、方法、基本要求；掌握招标文件的编制	招标文件编制的依据、原则、方法及基本要求；《公路工程标准施工招标文件》中规定编写要求；招标文件中投标须知、合同条款、技术规范、工程量清单、投标书等组成部分包含的内容及其要求	25%
熟悉标底编制所遵循的原则、依据及基本程序；掌握标底的编制	标底的概念；标底文件主要组成标底的编制原则、依据及基本程序；标底编制的基本方法；标底编制主要内容；标底的审查	20%
熟悉投标人及其资格审查；掌握投标前的准备工作	投标人的资格要求；资格审查的形式、程序；资格预审申请文件的组成和编制要求；投标前准备工作	20%
熟悉投标文件的组成；掌握投标文件的编制要求；掌握投标文件的送达方式；掌握开标、评标与中标的程序	投标文件的组成；投标文件的编制要求，如何密封和标识；投标文件递交、补充与修改的有关要求；投标保证金的形式和投标有效期，开标、评标与中标	25%

引例

某省一级公路某某路段全长224公里。本工程采取邀请招标的方式，共分20个标段，从2008年7月18日开始到8月22日结束，历时36天。招标工作的具体步骤如下。

(1) 成立组织机构。招标组织机构由招标办公室、评标小组和招标工作委员会组成。3个机构的具体分工如下：招标办公室负责对投标文件进行初步审查，并向评标小组报告工作；评标小组根据招标办公室的工作报告，对合格的投标人根据评标办法进行评标，并向招标工作委员会推荐中标单位和后备单位；招标工作委员会负责审定评标办法，审核评标小组的工作，并决定中标人。1998年7月18日，由省计委、省重点办、省交通厅和建设单位等部门领导组成的招标工作委员会召开了第一次工作会议，布置了招标工作方案，决定了投标资格预审对象。

(2) 进行资格预审。2008年7月19日至20日出售资格预审文件，47家省内外施工企业购买了资格预审文件，其中的46家于2008年7月22日递交了资格预审文件。经招标工作委员会审定并报重点办批准后，45家单位通过了资格预审，每家被允许投3个以下的标段。

(3) 组织投标和评标。2008年7月28日，招标单位向上述45家单位发出邀标通知书。截止到7月30日，共向各投标人发出招标文件112份。2008年8月1日至3日召开标前会。组织投标人踏勘现场，解答投标人提出的问题。2008年8月12日，各投标人递交投标书，每标段均有5家以上投标人参加竞标。2008年8月13日，在公证员出席的情况下，当众开标。

2008年8月14日至18日，招标办公室对各投标书进行了初步审查、澄清及整理，并于2008年8月19日至21日向评标小组作了汇报。评标小组按招标工作委员会审定的评标办法进行评标，对合格的投标人进行评分，推荐中标单位和后备单位，写出评标报告。2008年8月22日，招标工作委员会听取评标小组汇报，决定了中标单位。

看过本案例后，你觉得公路工程施工招投标在施工任务承揽中的优越性有哪些，应该注意哪些环节？

项目导入

公路作为重要的交通基础设施，在国民经济和社会各项事业的发展中起着越来越重要的作用。在改革开放和现代化建设的过程中，用公路交通等基础设施的加大投入和适度超前发展来带动相关产业乃至国民经济增长，已成为一项重要的发展战略。这给公路发展带来了千载难逢的机遇，同时也给公路部门带来了严峻的挑战。如何利用有限的资金，发挥其最大投资效益就成为摆在广大公路建设者面前的一个艰难的课题。而经过十几年的工程实践证明，实行公路工程施工招标投标制，加强各阶段的工程造价管理，是充分发挥投资效益的必要保证，也是确保公路工程施工质量，缩短建设工期，降低工程造价，保护公平竞争的最佳措施。

任务 4.1　公路工程施工招标的条件与程序

知识目标

(1) 熟悉公路工程施工项目招标、招标单位的条件。
(2) 熟悉公路工程施工招标的准备工作及其内容。
(3) 掌握公路工程施工招标的基本程序。

工作任务

能够准确地掌握公路工程施工招标的基本程序及其内容。

4.1.1 公路工程施工招标的条件

1. 公路工程项目施工招标的条件

根据我国《公路工程施工招标投标管理办法》的规定，施工招标应具备的条件如下。
(1) 初步设计和概算文件已被批准。
(2) 工程已正式列入国家或地方公路建设计划，业主已办理工程项目报建手续。
(3) 建设资金已经落实。
(4) 征地拆迁工作已基本完成或落实，能保证分年度连续施工。
(5) 施工图设计已完成或能满足招标(编制招标文件)的需要，并能满足工程开工后连续施工的要求。
(6) 由于监理单位和监理工程师的姓名要作为合同条款写入招标文件之中，因此，除上述五个基本条件外，公路施工招标之前，监理单位应已选定。

知识链接

《公路工程施工招标投标管理办法》规定：投资总额在3 000万元人民币以上的公路工程施工项目、施工单项合同估算价在200万元人民币以上的公路工程施工项目以及法律、行政法规规定应当招标的其他公路工程施工项目必须进行招标。但涉及国家安全、国家秘密、抢险救灾或者利用扶贫资金实行以工代赈等不适宜进行招标的项目除外。

2. 公路工程招标单位的条件

招标单位是指依照国家相关规定，提出公路工程施工招标项目、进行公路工程施工招标的项目法人(简称招标人)。招标人应具备的条件如下。
(1) 具有与招标项目相适应的工程管理、造价管理、财务管理能力。
(2) 有组织编制公路工程施工招标文件和标底的能力。
(3) 有对投标人进行资格审查和组织评标的能力。

如果招标人不具备以上条件，应当委托具有相应资格的招标代理机构办理公路工程施工招标事宜，但任何组织和个人不得为招标人指定招标代理机构。

4.1.2 公路工程施工招标的程序

1. 成立招标组织机构

公路工程施工招标是一项很复杂的工作，涉及技术、经济、财务、法律等方面，需要广泛的知识和各部门的支持、配合，因此成立招标组织机构是十分必要的。

1) 招标组织机构

招标组织机构的组建，应根据工程建设规模的大小、工程所在地、技术复杂程度和工程重要性确定其组成成员。由业主领导(代表)、政府主管机关领导、定额或工程造价管理部门的领导组成。

> **知识链接**
> 要特别指出的是：在实行项目法人责任制的现在，应充分发挥业主的自主决策作用，政府现在应转变职能，由直接参与决策管理改革为依据法律和行政手段进行决策监督。

招标组织机构的职能和工作主要如下。

(1) 确定或编制招标工作计划。工作计划应明确各标段各项招标工作的内容、要求和时间安排。

(2) 确定招标方式。采用哪种招标方式，由领导机构在招标单位推荐后予以确定。

(3) 选定承包方式。选定承包方式是十分重要的一项工作，因为通过招标和投标的工作，就要与中标者按决定的承包方式签订承包合同，而其后的工程施工、竣工等一切工作均是按合同执行而开展的。

(4) 划分标段，确定各标段的承发包范围。标段划分中应注意的要点如下。

① 认真分析工程的技术特点、要求。

② 承包队伍的能力。

③ 工程是否有条件分包。

④ 标段划分不宜过小，以免使施工成本增加、施工干扰增多、业主和监理的协调管理工作量增加。

⑤ 注意设计中的设计方案整体关系性。

⑥ 注意标段的工程内容的有序衔接。

(5) 审定标底。对咨询单位或定额站编制的标底的准确性和编制方法的科学性进行审查，然后确定标底。

(6) 在资格预审中确定投标单位，在评标定标中确定中标单位。

(7) 确定招标文件的合同参数。参数主要包括：工期、预付款比例、缺陷责任期、保留金比例、迟付款利息的利率、拖期损失偿金或按时竣工奖金的额度、开工时间等。

2) 招标工作组

招标工作组应以招标单位工作人员为主，并邀请设计、监理、咨询公司的人员参加。在招标工作组中，除了应了解和熟悉招标工作的领导者外，还应了解各职能部门和各方面的专家(包括计划、技术、造价、财务、施工、监理、材料、劳动人事、法律等)。招标工作组主要完成从准备申请批准招标，组织或委托编制资格审查文件和招标文件，发布招标通告或投标邀请书，发售资格审查文件和招标文件，主持标前会议和组织现场考察、开标、协助审查和评比投标文件，向招标领导小组报送评标委员会的评标报告，到准备好签约的合同文件等一系列日常工作。

3) 招标代理机构

当招标人不具备相应能力时，可委托具有相应资格的招标代理机构办理公路工程施工招标日常事宜。

4) 招标投标监管机构

当前，各地成立了具有监督职能的招标投标管理机构，规定各地的招标投标工作均由当地的招标投标管理机构进行监督和管理。招标投标管理机构的任务是贯彻实施国家和当地政府有关招标、投标的法规和规章；进行招标项目登记；审核招标、投标、咨询、监理等单位的资格；核准招标文件；处理招标、投标中的违法行为等。

2. 标段划分

根据《公路工程施工招标投标管理办法》(以下简称《管理办法》)第二章第13条规定："公路工程施工招标标段，应当按照有利于对项目实施管理和规模化施工的原则，合理划分。"划分标段需要考虑的方面很多，不同性质的工程划分成不同的标段；同性质的工程也根据长度划分为若干标段。

一般情况下可按下列原则合理划分标段。

(1) 适合采用现代化的施工方法和施工工艺，确保工程质量。

(2) 工程量至少能满足一个具有相应资质的施工单位，经济合理地、保质保量地按时完成施工任务。

(3) 防止产生标段之间的相互干扰以及内部工序之间的相互交叉。

(4) 工程性质相同的标段尽量避免化整为零，以免影响工效和施工质量。

(5) 保持构造的完整性，除特大桥外，尽可能不肢解完整的工程构造。

3. 公路工程施工招标程序

公路工程施工招标，应当按下列程序进行。

(1) 确定招标方式。采用邀请招标的，应当按照国家规定报有关主管部门审批。

(2) 编制投标资格预审文件和招标文件。招标文件按照《管理办法》规定备案。

(3) 发布招标公告，发售投标资格预审文件；采用邀请招标的，可直接发出投标邀请书，发售招标文件。

(4) 对潜在投标人进行资格审查。

(5) 向资格预审合格的潜在投标人发出投标邀请书和发售招标文件。

(6) 组织潜在投标人考察招标项目工程现场，召开标前会。

(7) 接受投标人的投标文件，公开开标。

(8) 组建评标委员会评标，推荐中标候选人。

(9) 确定中标人。评标报告和评标结果按照《管理办法》规定备案并公示。

(10) 发出中标通知书。

(11) 与中标人订立公路工程施工合同。

公路工程施工招标的程序框图如图4.1所示。

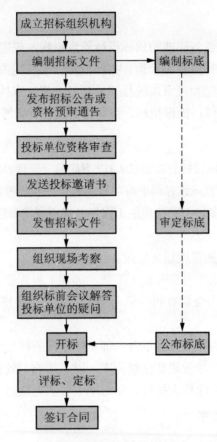

图 4.1 施工招标的程序框图

任务 4.2 公路工程施工招标文件的编制

知识目标

(1) 了解招标文件编制的依据、原则及其方法。
(2) 了解招标文件编制的基本要求。
(3) 了解招标文件编制的准备工作。
(4) 熟悉投标邀请函所要编写具体内容及其具体要求。
(5) 掌握公路工程施工招标文件所包含具体内容及其具体要求。

工作任务

掌握公路工程施工招标文件的编制。

4.2.1 招标文件的编制

1. 招标文件编制的主要依据

招标文件是招标投标活动中最重要的法律文件,招标文件的内容应符合国内法律法规,因此招标文件编制的主要依据是相关的法律法规。

招标投标应遵守的法律法规与政策体系如下。

(1) 按照法律规范的渊源划分，有法律、法规(行政法规、地方法规)、规章(国务院部门规章、地方政府规章)和行政规范性文件。

(2) 按照法律规范内容的相关性划分，有专业法律规范：如《招标投标法》；相关法律规范：如《民法通则》、《合同法》。

招标投标法律法规与政策体系的效力层级，纵向效力层级：国务院各部门规章之间具有同等法律效力；横向效力层级：特别规定与一般规定不一致的，使用特别规定；时间序列：新的规定与旧的规定不一致的，使用新的规定。

2．招标文件的编制原则

招标文件是由招标人或其授权委托的招标代理机构根据项目特点编制的，是向所有投标人表明招标意向和要求的书面法律文件。它是招标人和投标人必须遵守的行为准则，是投标人编制投标文件的依据，是评标委员会评标的依据，是招标人回复质疑和相关部门处理投诉的依据，是招标人和中标人签订合同的依据，是招标人验收的依据。招标文件的编制是否合法、公正、科学、严谨，直接影响着整个招标工作的成败。因此，招标文件应当充分反映招标人的需求，做到系统、完整、清晰、准确，使投标者一目了然。

招标文件的编制应当遵守"合法、公正、科学、严谨"的原则。

1) 合法性

合法是招标文件编制过程中必须遵守的原则。招标文件是招标工作的基础，也是今后签订合同的依据，因此招标文件中的每一项条款都必须是合法的。招标文件的编制必须遵守国家有关招标投标工作的各项法律法规，如《招标投标法》、《中华人民共和国政府采购法》、《合同法》等。如果项目涉及内容有国家标准或对投标人资格，国家有明确要求的，招标人要依据法律法规的要求编制招标文件。如果招标文件的规定不符合国家的法律法规，可能导致"废标"，给招投标双方都带来损失。

2) 公正性

招标是招标人公平、择优地选择中标人的过程，因此，招标文件的编制，也必须充分体现公平、公正的原则。

首先，招标文件的内容对各投标人是公平的，不能具有倾向性，刻意排斥某类特定的投标人。《招标投标法》第 20 条规定："招标文件不得要求或者标明特定的生产供应者以及含有倾向或者排斥潜在投标人的其他内容。"如对投标品牌进行限定，对投标人地域进行限定，对企业资质或业绩的加分有明显的倾向，技术规格中的内容暗含有利于或排斥特定的潜在投标人，评标办法不公平等，这些内容都会造成不公平竞争，影响项目的正常开展。有些项目的招标文件新发布就招来投诉，主要就是因为编制文件时没有遵守公正性的原则，招标内容中有明显的倾向性。

其次，编制招标文件时还应注意恰当地处理招标人和各投标人的关系。在市场经济体制下，招标人既要尽可能地压低投标人的报价，也要考虑适当满足投标人在利润上的需求，不能将过多的风险转移到投标人一方。否则物极必反，投标人在高风险的压力下，或者对项目望而却步，退出竞争，或者提高投标报价，加大风险费，这样最终伤害的还是招标人的利益。

3) 科学性

招标文件要科学地体现出招标人对投标人的要求，编制时要遵守科学的原则。

(1) 科学合理的划分招标范围。如果业主有多个招标项目同时开展，且项目内容类似，应根据项目的特点进行整合，合并招标，这样不仅节约了招标人和投标人的成本，也节省了时间，提高了招标工作的效率。在划分工程类项目的招标范围时更要严格遵守科学、合理的原则。工程上有些部分是多个分项工程的交叉点，在划分招标范围时对交叉部分要特别注意。这部分内容应根据其特点科学地划分到最适合的标段上去，不能漏项也不能重复招标。

(2) 科学合理地设置投标人资格。《招标投标法》第18条的规定："招标人可以根据招标项目本身的要求，在招标公告或者投标邀请书中，要求潜在投标人提供有关资质证明文件和业绩情况，并对潜在投标人进行资格审查；国家对投标人的资格条件有规定的，依照其规定招标人不得以不合理的条件限制或者排斥潜在投标人，不得对潜在投标人实行歧视待遇。"如果对投标人的资格设置过高的投标"门槛"，会导致潜在投标人数量过少，甚至出现投标单位数量不足3家或无人投标的情况，最终导致"串标"或"流标"；如果资格设置太低又可能导致投标人数量过多，出现一个项目几十家投标单位，这样不仅增加了评标工作的工作量，也提高了质疑、投诉等情况发生的概率。而且一旦资格等级低、实力差的企业以低价中标后，将很难保证项目能保质、保量、按时地完成，同样也达不到招标人的预期目标。

(3) 科学合理地设置评标办法。评标办法是招标文件的重要组成部分，对招标结果起着决定性的作用。同一项目，对同一份投标文件，采用不同的评标方法，就会产生完全不同的结果。因此，评标办法的制定也是招标文件编制中的一项重要工作，应遵守科学、合理的原则。在编制招标文件时，应当根据招标项目的不同特点，因地制宜地选用不同的评标办法，科学地评选出最适合的企业来实施项目。

4) 严谨性

招标文件编制的完善与否，对评标工作的工作量、评标的质量和速度有着直接影响。招标文件包括投标须知、技术要求、清单、图纸、合同条款、评标办法等内容。招标文件的内容要尽可能量化，避免使用一些笼统的表述。内容力求统一，避免各部分之间出现矛盾，导致投标人对内容理解不一致，从而影响投标人的正常报价。而且如果招标文件出现内容不一致的问题，也会给后续的招标工作留下很多隐患，它有可能成为中标单位偷工减料、以次充好或提出索赔的依据，也可能成为落标者提出质疑和投诉的证据。因此，招标文件的编制一定要注意严谨性，文件各部分的内容要详尽、一致，用词要清晰、准确。尤其是招标文件中的合同条款，是投标人与中标人签订合同的重要依据，更应保证严谨。招标文件中的合同条款应详细写明项目涉及的所有事项，避免待中标后再与中标人进行谈判，增加无谓的工作量。

3. 编制方法的特点

编制方法要能体现出合法合规、提高效率、降低费用、保证质量等特点。

(1) 依法编制。招标文件的编制方法要符合《招标投标法》和《政府采购法》等有关法律法规。

(2) 要求合理。应当根据招标项目的特点和需要编制招标文件。招标文件中规定的各项技术标准和交易条件直接影响到投标价格，投标价格的高低决定着招标是否能本着最节约的原则进行，同时也在一定程度上对潜在投标人的投标兴趣和承受能力产生影响。太高了，会导致承包商不敢投标，或无法评标；太低了，会导致投标人太多太滥，拉长了开、评标时间，降低了招投标效率。因此，招标文件的编制必须以项目为依托，不符合项目特点和需要的内容不应纳入招标文件。

(3) 掌握编制技巧。编制招标文件时，要充分听取各方对涉及招标文件各相关事项的意见，摸清市场信息，以免"实质要求"的不合理。招标文件的结构组成，分别由不同的专业人员编制，以提高招标文件编制质量。

(4) 在编制招标文件时，对于招标文件中涉及"必须"、"禁止"等可能涉及投标文件的有效性等问题的明确和规定，应集中在招标文件的"投标须知"各章节中，以加粗文字、下划线或变更字体等方式突出显示，以引起投标人的特别注意，从而保证投标文件的编制质量，规范投标行为，从而减少或杜绝建设工程交易活动中的不必要争议和分歧。

(5) 重视招标文件的审核。招标编制人员在招标文件初稿完成后一定要认真审核，这是避免招标文件出现差错的一道重要关口。

首先，审核被委托设计的"技术标"部分的设计人是否按规范设计、有无超资质范围进行设计、个人挂靠公司设计等行为。这种冒名顶替设计在工程招标采购项目中尤为突出，也是最容易出差错的地方。

其次，审核有无漏项。主要看该投标人提供的附件是否明确；该投标人提供的配件是否明确；应明确的具体品种和数量有无漏项；属于工程招标项目的还要看工程量清单或材料清单上明确的品种和数量是否齐全，有无漏项。

再次，审查有无错误。一查有无违规性错误；二查有无数据性错误；三查有无文字或格式等一类的错误。

4．招标文件编制的基本要求

满足使用单位需求是编制招标文件的基本要求，使用单位需求主要体现在招标任务委托和项目的设计文件上，招标任务委托和项目的设计文件是招标文件编制最根本的依据。招标文件全面反映招标单位需求是编制招标文件的一个基本要求。

招标文件满足招标方的需求应体现在如下几个方面。

(1) 招标文件要坚持招标策划与合同管理策划整体统一并重的原则。
(2) 招标文件合同条款力求公平，但要体现招标方的主导地位和控制权。
(3) 招标文件中合同风险的合理划分，尽可能规避招标方的风险，预防措施恰当。

技术条款是反映招标工程项目具体而详细的内容要求，是招标工程项目的一个比较清晰的框架。技术条款提供的要求越详细、越接近招标方合法的实际要求，越能使招标结果符合需求。招标文件应能全面准确反映工程的技术指标、质量水平要求、验收标准、计量与支付条件等。这些问题没有明确，招标文件就不能贴近招标方需求，不仅给投标人编制投标文件带来很多困惑和疑问，最终也影响招标成效和质量。

招标文件编制要注意维护使用单位的秘密。

5．招标文件编制的准备工作

在动手编制招标文件之前，负责和参与编写招标文件的人员应做好以下准备工作。

(1) 明确任务。根据招标投标法的规定，招标人招标项目可以采取自行招标或委托招标。

无论是自行招标还是接受委托代理招标，招标文件的编制者首先要明确招标任务，主要包括招标单位概况、招标项目名称、项目规模、项目建设程序审批手续办理情况、资金落实情况。

(2) 收集招标项目的相关资料。招标文件编制者要广泛收集工程项目的设计文件、图纸与其他相关资料，明确招标范围、招标条件等。

(3) 制定招标规划。在充分了解招标人意图基础上，按照相关法律法规，确定本次招标是采用公开招标还是采用邀请招标的形式。明确招标项目的标段划分、招标工作安排等。

4.2.2 公路工程施工招标文件的内容

《公路工程标准施工招标文件》(2009 年版)(以下简称《公路工程标准文件》)中，对公路工程施工招标文件所包括的内容作了明确要求。

公路工程施工招标文件主要包括招标公告(或投标邀请书)、投标人须知、评标办法、合同条款及格式、工程量清单、图纸、技术规范、投标文件格式、投标人须知前附表规定的其他材料。就其部分内容分述如下。

> **知识链接**
>
> 《公路工程标准施工招标文件》(2009 年版)发布文件的通知中明确："《公路工程标准文件》自 2009 年 8 月 1 日起施行，原《公路工程国内招标文件范本》(2003 年版)同时废止，之前根据《公路工程国内招标文件范本》完成招标工作的项目仍按原合同条款执行。自施行之日起，必须进行招标的二级及以上公路工程应当使用《公路工程标准文件》，二级以下公路项目可参照执行。在具体项目招标过程中，招标人可根据项目实际情况，编制项目专用文件，与《公路工程标准文件》共同使用，但不得违反九部委56号令的规定。"
>
> 《公路工程标准文件》的构成，具体如下。
>
> 第一卷
> 第一章 招标公告(未进行资格预审)
> 第一章 投标邀请书(适用于邀请招标)
> 第一章 投标邀请书(代资格预审通过通知书)
> 第二章 投标人须知
> 第三章 评标办法(合理低价法)
> 第三章 评标办法(综合评估法)
> 第三章 评标办法(经评审的最低投标价法)
> 第四章 合同条款及格式
> 第五章 工程量清单
> 第二卷
> 第六章 图纸
> 第三卷
> 第七章 技术规范
> 第四卷
> 第八章 投标文件格式

1. 招标公告(或投标邀请书)

(1) 招标条件。
(2) 项目概况与招标范围。
(3) 投标人资格要求。
(4) 招标文件的获取。
(5) 投标文件的递交。
(6) 发布公告的媒介(若为投标邀请书该项改为"确认")。
(7) 联系方式。
招标公告(或投标邀请书)的格式如下。

_____(项目名称)_____标段施工招标公告(或投标邀请书)

_____(被邀请单位名称)：(注：当为投标邀请书时，增加项)

1.招标条件

本招标项目_____(项目名称)已由_____(项目审批、核准或备案机关名称)以_____(批文名称及编号)批准建设，项目业主为_____，建设资金来自_____(资金来源)，项目出资比例为_____，招标人为_____。项目已具备招标条件，现对该项目的施工进行公开招标。

2.项目概况与招标范围

_____(说明本次招标项目的建设地点、规模、计划工期、招标范围、标段划分等)。

3.投标人资格要求

3.1 本次招标要求投标人须具备_____资质，_____业绩，并在人员、设备、资金等方面具有相应的施工能力。

3.2 本次招标_____(接受或不接受)联合体投标。联合体投标的，应满足下列要求：_____。

3.3 每个投标人最多可对____(最多数量)个标段投标，且允许中____个标；被招标项目所在地省级交通主管部门评为最高信用等级的投标人，最多可对____(具体数量)个标段投标，且允许中____个标。

3.4 具有投资参股关系的关联企业,或具有直接管理和被管理关系的母子公司,或同一母公司的子公司,或法定代表人为同一个人的两个及两个以上法人不得同时对同一标段投标,否则均按废标处理。

4.招标文件的获取

4.1 凡有意参加投标者，请于___年___月___日至___年___月___日(法定公休日、法定节假日除外)，每日上午____时至____时，下午____时至____时(北京时间，下同)，在_____(详细地址)持企业法人营业执照副本原件、企业资质证书副本原件、企业安全生产许可证副本原件、单位介绍信、经办人身份证及上述资料复印件一套购买招标文件。参加多个标段投标的投标人必须分别购买相应标段的招标文件，并对每个标段单独递交投标文件。

4.2 招标文件每套售价_____元，图纸每套售价_____元，招标人根据对本合同工程勘察所取得的水文、地质、气象和料场分布、取土场、弃土场位置等资料编制的参考资料每套售价_____元，售后不退。

5.投标文件的递交

5.1 招标人将于下列时间和地点组织进行工程现场踏勘并召开投标预备会。

踏勘现场时间：____年____月____日____时，集中地点：_____；

投标预备会时间：____年____月____日____时，地点：_____。

5.2 投标文件递交的截止时间(投标截止时间，下同)为____年____月____日____时____分，投标人应于当日____时至____时____分将投标文件递交至_____。

5.3 逾期送达的或者未送达指定地点的投标文件,招标人不予受理。

6.发布公告的媒介

本次招标公告同时在_____(发布公告的媒介名称)上发布。

(注:该项为公开招标时的内容,当为招标邀请书时,将该项内容省略。)

7.确认

你单位收到本投标邀请书后,请于____(具体时间)前以传真或快递方式予以确认,并明确是否准备参与投标。)(注:该项为要邀请招标内容,公开招标无此项内容)

8.联系方式

招　标　人:_____　　招标代理机构:_____
地　　　址:_____　　地　　　　址:_____
邮政编码:_____　　邮　政　编　码:_____
联　系　人:_____　　联　系　　　人:_____
电　　　话:_____　　电　　　　话:_____
传　　　真:_____　　传　　　　真:_____

____年____月____日

2. 投标人须知

投标人须知是为了让投标单位了解招标项目的基本情况和要求而进行标准化的一份文件,它主要是告知投标者在投标时的有关注意事项,是投标者决策是否投标和编制投标书的基础文件,因此,投标须知中涉及的内容较宽、具体、明确,是招标文件的重要组成部分。其主要内容包括如下。

(1) 总则。包括项目概况、资金来源和落实情况、招标范围、计划工期和质量要求、投标人的资格要求、费用承担、保密、语言文字、计量单位、踏勘现场、投标预备会、分包、偏离。

(2) 招标文件。招标文件的组成、澄清和修改。

(3) 投标文件。投标文件的组成、投标价、投标有效期、投标保证金、资格审查资料、备选投标方案、投标文件的编制。

(4) 投标。投标文件的密封和标识、投标文件的递交、投标文件的更改与撤回。

(5) 开标。开标时间和地点、开标程序。

(6) 评标。评标委员会、评标原则、评标。

(7) 合同授予。定标方式、中标通知、履约担保、签订合同。

(8) 重新招标和不再招标。

(9) 纪律和监督。

(10) 需要补充的其他内容。

其中投标人须知中投标人须知前附表见表4-1。

知识链接

"投标人须知前附表"放在投标人须知正文的最前面,用于进一步明确正文中的未尽事宜,由招标人根据招标项目具体特点和实际需要编制和填写,但务必做到与招标文件中其他内容的衔接,并不得与投标人须知正文内容相抵触。

表 4-1 投标人须知前附表

条款号	条款名称	编列内容
1.1.2	招标人	名　称： 地　址： 联系人： 电　话：
1.1.3	招标代理机构	名　称： 地　址： 联系人： 电　话：
1.1.4	项目名称	
1.1.5	建设地点	
1.2.1	资金来源	
1.2.2	出资比例	
1.2.3	资金落实情况	
1.3.1	招标范围	
1.3.2	计划工期	计划工期：_____日历天 计划开工日期：___年___月___日 计划竣工日期：___年___月___日
1.3.3	质量要求	标段工程交工验收的质量评定：_____； 竣工验收的质量评定：_____
1.4.1	投标人资质条件、能力和信誉	资质条件：(另加附件) 财务要求：(另加附件) 业绩要求：(另加附件) 信誉要求：(另加附件) 项目经理和项目总工资格：(另加附件) 其他要求：
1.4.2	是否接受联合体投标	□不接受 □接受，但联合体所有成员数量不得超过___家； 还应满足下列要求：
1.9.1	踏勘现场	□不组织 □组织，踏勘时间： 　　　　踏勘集中地点：
1.10.1	投标预备会	□不召开 □召开，召开时间： 　　　　召开地点：
1.10.2	投标人提出问题的截止时间	递交投标文件截止之日___天前
1.10.3	招标人书面澄清的时间	递交投标文件截止之日___天前
1.11	分包	□不允许 □允许
1.12	偏离	□不允许 □允许

续表

条款号	条款名称	编列内容
2.1	构成招标文件的其他材料	
2.2.1	投标人要求澄清招标文件的截止时间	递交投标文件截止之日____天前
2.2.2	投标截止时间	____年____月____日____时____分
2.2.3	投标人确认收到招标文件澄清的时间	收到澄清后____小时内(以发出时间为准)
2.3.2	投标人确认收到招标文件修改的时间	收到修改后____小时内(以发出时间为准)
3.1.1	构成投标文件的其他材料	
3.2.1	工程量清单的填写方式	□ 投标人按照招标人提供的工程量固化清单电子文件填写工程量清单 □ 投标人按照招标人提供的书面工程量清单填写工程量清单
3.2.5	是否接受调价函	□ 是 □ 否
3.3.1	投标有效期	自投标人提交投标文件截止之日起计算____天
3.4.1	投标保证金	投标保证金的金额：_____ 投标保证金的形式：_____ 投标保证金的递交截止时间为： ____年____月____日____时之前 招标人的开户银行及账号如下： 招标人：_____ 开户银行：_____ 账号：_____
3.5.2	近年财务状况的年份要求	_____年—_____年
3.5.3	近年发生的类似项目的年份要求	_____年—_____年
3.5.5	近年发生的诉讼及仲裁情况的年份要求	_____年—_____年
3.6	是否允许递交备选投标方案	□ 不允许 □ 允许
3.7.3	签字或盖章要求	
3.7.4	投标文件副本份数	____份，另加1份投标文件电子版(光盘或U盘，如需要)
3.7.5	装订要求	
4.1.2	封套上写明	内层封套： 投标人邮政编码：_____ 投标人地址：_____ 投标人名称：_____ 投标人联系人：_____ 投标人联系电话：_____ 招标人地址及名称：_____(寄) 外层封套：

续表

条款号	条款名称	编列内容
4.1.2	封套上写明	招标人地址：_____ 招标人名称：_____ _____(项目名称)_____标段施工招标投标文件 在___年___月___日___时___分前不得开启 投标文件第一个信封(商务及技术文件) 内层封套： 投标人邮政编码：_____ 投标人地址：_____ 投标人名称：_____ 投标人联系人：_____ 投标人联系电话：_____ 招标人地址及名称：_____ (寄) 投标文件第一个信封(商务及技术文件) 外层封套： 招标人地址：_____ 招标人名称：_____ _____(项目名称)_____标段施工招标第一个信封(商务及技术文件)投标文件 在_____年___月___日___时前不得开启 投标文件第二个信封(投标报价和工程量清单)内层封套： 投标人邮政编码：_____ 投标人地址：_____ 投标人名称：_____ 投标人联系人：_____ 投标人联系电话：_____ 招标人地址及名称：_____ (寄) 投标文件第二个信封(投标报价和工程量清单)外层封套： 招标人地址：_____ 招标人名称：_____ _____项目名称)_____标段施工招标第一个信封(商务及技术文件)投标文件 在___年___月___日___时前不得开启
4.2.2	递交投标文件地点	
4.2.3	是否退还投标文件	□否 □是
4.2.6	招标人通知延后投标截止时间的时间	原定投标截止时间____天前
5.1	开标时间和地点	开标时间：同投标截止时间 开标地点：_____

续表

条款号	条款名称	编列内容
5.1	开标时间和地点	投标文件第一个信封(商务及技术文件) 开标时间：同投标截止时间 投标文件第一个信封(商务及技术文件) 开标地点：_____ 投标文件第二个信封(投标报价和工程量清单)开标时间：_____ 投标文件第二个信封(投标报价和工程量清单)开标地点：_____
5.2.1	开标程序	密封情况检查：_____ 开标顺序：_____
6.1.1	评标委员会的组建	评标委员会构成：_____人，其中招标人代表_____人，专家_____人； 评标专家确定方式：从_____专家库中随机抽取
7.1	是否授权评标委员会确定中标人	□是 □否，推荐的中标候选人的人数为_____名
7.3.1	履约担保	履约担保金额：_____%签约合同价， 被招标项目所在地省级交通主管部门评为最高信用等级的中标人，履约担保金额为_____%签约合同价(适用于采用合理低价法或综合评估法确定的中标人) 履约担保形式： □银行保函 □银行保函+现金(电汇或银行汇票形式) 采用银行保函时，出具履约担保的银行级别：_____
9.5	监督部门	监督部门：_____ 地　　址：_____ 电　　话：_____ 传　　真：_____ 邮政编码：_____
需要补充的其他内容		

3. 合同条款及格式

合同条款是规定业主与承包人的权利和义务以及监理工程师的权限与支付条件的文件，也是投标人编制投标文件的依据之一。

合同条款必须符合国家和工程所在地的法律和法规，应遵循平等互利的原则，条款措词应严谨，做到无懈可击。

合同条款通常分为通用条款和专用条款两部分。通用条款是根据法律、行政法规规定及工程施工的需要订立，通用于工程施工的条款。国内公路工程招标项目可《公路工程标准文件》中的合同条款做通用条款。这样既容易保证合同条款的合法性、公平性、严谨性和可操作性，又可节省编制招标文件的时间和精力，同时还便于投标单位阅读招标文件，研究和消化招标文件的内容。

合同专用条款是发包人与承包人根据法律、行政法规规定，结合具体养护项目的实际，经协商达成一致意见的条款，是对通用条款的具体化、补充或修改；是在通用条款中明确指出要在合同专用条款或数据表中予以具体规定的数据、信息或具体情况等；是招标人根据本地区特点或惯例需要增列或删除的条款。合同专用条款的作用主要有如下两个方面。

一方面：使合同通用条款的某些条款具体化。如使用的语言，本工程的业主和监理工程师，提交施工进度计划和付款计划表的时间，货币和汇率的具体规定等。

另一方面：就合同通用条款中某些条款做出特殊规定，关于费用的特殊规定等。此外还可增加合同通用条款所未包括的某些特殊条款。

合同通用、专用条款所包括内容各有 24 部分。

(1) 一般约定。

(2) 发包人义务。

(3) 监理人。

(4) 承包人。

(5) 材料和工程设备。

(6) 施工设备和临时设施。

(7) 交通运输。

(8) 测量放线。

(9) 施工安全、治安保卫和环境保护。

(10) 进度计划。

(11) 开工和竣工。

(12) 暂停施工。

(13) 工程质量。

(14) 试验和检验。

(15) 变更。

(16) 价格调整。

(17) 计量与支付。

(18) 竣工验收。

(19) 缺陷责任与保修责任。

(20) 保险。

(21) 不可抗力。

(22) 违约。

(23) 索赔。

(24) 争议的解决。

合同通用、专业条款各项具体内容详见《公路工程标准文件》(2009 版)。

4．工程量清单

工程量清单是单价合同的产物，是与技术规范相对应的非常重要文件。它详细说明了技术规范中各工程细目的数量。工程量清单是获得合同中关于工程量信息和有效而精确地编制投标书的依据，是招投标的共同基础。

1) 编制工程量清单的原则
(1) 和技术规范保持一致性。
(2) 便于计量支付。
(3) 便于合同管理及处理工程变更。
(4) 保持合同的公平性。

2) 有关工程量清单的说明
(1) 工程量清单是根据招标文件中包括的、有合同约束力的图纸以及有关工程量清单的国家标准、行业标准、合同条款中约定的工程量计算规则编制。约定计量规则中没有的细目，其工程量按照有合同约束力的图纸所标示尺寸的理论计量计算。计量采用中华人民共和国法定计量单位。

(2) 本工程量清单应与招标文件中的投标人须知、通用合同条款、专用合同条款、技术规范及图纸等一起阅读和理解。

(3) 工程量清单中所列工程数量是估算的或设计的预计数量，仅作为投标报价的共同基础，不能作为最终结算与支付的依据。实际支付应按实际完成的工程量，由承包人按技术规范规定的计量方法，以监理人认可的尺寸、断面计量，按本工程量清单的单价和总额价计算支付金额；或者根据具体情况，按合同条款的规定，由监理人确定的单价或总额价计算支付额。

(4) 工程量清单各章是按"技术规范"的相应章次编号的，因此，工程量清单中各章的工程细目的范围与计量等应与"技术规范"相应章节的范围、计量与支付条款结合起来理解或解释。

(5) 对作业和材料的一般说明或规定，未重复写入工程量清单内，在给工程量清单各子目标价前，应参阅"技术规范"的有关内容。

(6) 工程量清单中所列工程量的变动，丝毫不会降低或影响合同条款的效力，也不免除承包人按规定的标准进行施工和修复缺陷的责任。

(7) 图纸中所列的工程数量表及数量汇总表仅是提供资料，不是工程量清单的外延。当图纸与工程量清单所列数量不一致时，以工程量清单所列数量作为报价的依据。

3) 工程清单
工程清单是按技术规范的章节顺序，将各细目的工程数量置于表中(见表4-2)。
单价和合价栏由投标人在投标时填写，其余各栏为招标人编写招标文件时填写确定。技术规范每一节的最后一目就与这一节工作内容的计量与支付规定对应，投标人报价和监理工程师计量支付时必须仔细阅读。

表 4-2 清单 第 100 章 总则

清单 第100章 总 则					
子目号	子目名称	单位	数量	单价	合价
101-1	保险费				
-a	按合同条款规定，提供建筑工程一切险	总额			
-b	按合同条款规定，提供第三者责任险	总额			
102-1	竣工文件	总额			
102-2	施工环保费	总额			

续表

清单 第100章 总 则					
子目号	子目名称	单位	数量	单价	合价
102-3	安全生产费	总额			
102-4	工程管理软件(暂定金额)	总额			
103-1	临时道路修建、养护与拆除(包括原道路的养护费)	总额			
103-2	临时占地	总额			
103-3	临时供电设施				
-a	设施架设、拆除	总额			
-b	设施维修	月			
103-4	电讯设施的提供、维修与拆除	总额			
103-5	供水与排污设施	总额			
104-1	承包人驻地建设	总额			
	清单100章合计 人民币_____				

5. 图纸

设计图纸、技术资料和设计说明是招标文件和合同的重要组成部分，是投标者在拟定施工方案，确定施工方法以至提出替代方案，计算投标报价必不可少的资料。

图纸的详细程度取决于设计的深度与合同的类型。详细的设计图纸能使投标者比较准确地计算报价。

6. 技术规范

技术规范详细而具体地说明了承包商履行合同中应遵守的质量、安全、工艺、操作、程序等规定；公路工程建设的各种技术规范亦即技术法规；招标人对工程项目技术等级、技术指标、质量要求、质量评定和竣工验收等规定均以技术规范为依据的，而承包商中标以后，就必须签订合同协议书并按合同规定，遵守相应的技术规范的规定进行施工、计量等，以确保在合同规定的工程总价内保证质量、保证工期完工。技术规范详细规定了承包商施工中的质量要求、验收标准、材料的技术品质和规格及其检测试验的项目、方法、频率和标准等，而且是很详细很具体和可操作的。

1) 技术规范的组成

技术规范共分 7 章，根据招标的范围不同，有些章节在具体项目中将不会出现。

第一章为总则，通常包括工程介绍，工程范围、定义，工程所使用的技术标准、规范和图纸，承包人对工程施工包括临时性工程应负的责任，为监理工程师提供的设施等。

从第二章开始为专业的技术规范，专业技术规范一般包括六个方面的内容：范围，材料，一般规定，施工要求，质量控制，计量与支付。专业的技术规范可按施工内容和性质分章。

第100章总则。含通则,工程管理,临时工程与设施,承包人驻地建设,监理工程师驻地建设等。

第200章路基。含通则,场地整理,路基挖方,路基填方,特殊地区路基处理,路基整修、坡面排水,护坡及护面墙,挡土墙,锚杆挡土墙,加筋土挡土墙,喷射混凝土和喷浆边坡防护,预应力锚索边坡防护,抗滑桩,河道防护等。

第300章路面。含通则,垫层,石灰稳定土底基层,水泥稳定土底基层及基层,石灰粉煤灰稳定土底基层及基层,级配碎(砾)石底基层及基层,透层、黏层及封层,热料沥青混合料面层,改性沥青及其混合料,水泥混凝土面板,培土路肩、中央分隔带回填土、土路肩加固及路缘石,路面及中央分隔带排水等。

第400章桥梁、涵洞。含通则,板与拱架及支架,钢筋,基础挖方及回填,钻孔灌注桩,沉桩,挖孔灌注桩,桩的垂直荷载试验,沉井,结构混凝土工程,预应力混凝土工程,预制构件的安装,砌石工程,钢构件,桥面铺装,桥梁支座,桥梁接缝与伸缩缝装置,防水处理,圆管涵及倒虹吸管,盖板涵及箱涵,拱涵等。

第500章隧道。含通则,洞口与明洞工程,洞身开挖,洞身衬砌、防水与排水,风水电作业及通风防尘,监控量测,特殊地质地段的施工与地质预报等。

第600章安全设施及预埋管线。含通则,护栏,隔离栅,道路交通标志及其标线,防眩设施,通信及电力管道预埋基础,收费设施及地下通道等。

第700章绿化及环境保护。含通则,铺设表土,撒播草种,种植乔木、灌木等,铺草皮,植物养护及管理,声屏障,环境保护等。

2) 技术规范编制要求

技术规范是招标文件和合同文件的一个非常重要的组成部分,是施工过程中承包人控制质量和监理工程师检查验收施工质量的主要依据,是投标人在投标时必不可少的资料,因为依据这些资料,投标人才能进行工程估价和确定投标价。因此,在拟订技术规范时,既要符合国家颁布的规范要求,保证工程的施工质量,又不能认为技术要求越高越好或过于苛刻。因为这样会导致投标人提高投标价格。

编写技术规范一般可引用国家有关部门颁布的规定。但我国各专业部门现行颁布的规范与招标文件的技术规范最大区别在于招标文件必须有计量和支付的规定,而各专业部门制定的规范没有这一点。对于本工程的一些特殊技术要求和规定,则也应列于技术规范中。作为招标文件中的技术规范,应从工程实际出发,尽可能地采用新技术、新工艺、新材料、新设备,对承包人提供的材料质量和工艺规程,样品试验及验收控制指标,以及承包人的施工顺序,时间安排均要加以规定,同时还要给出计量与支付的具体要求。

任务 4.3　工程施工招标标底的编制

知识目标

(1) 熟悉标底编制的原则及其依据。
(2) 掌握标底编制的程序、方法及其特点。
(3) 掌握标底编制的主要内容。

(4) 了解标底审查的目的、方法及其注意问题。
(5) 掌握标底审查的内容。

工作任务

掌握公路工程招标标底的编制。

4.3.1 标底的概念

所谓标底，一般由成本、税金、利润等部分组成，在工程造价管理中，应该将其控制在投资包干的限额内和批准的总概算之内，这样的成本估算计划叫做标底；而在实际建设工程招标过程中，标底则是根据国家规定的计价办法和计价原则，计算出来的工程造价，也是指招标人根据招标项目的实际情况，编制的完成招标项目所需的全部费用，是招标人对建设工程的期望价格。

我国的《招标投标法》中有着明确的规定：招标工程是否必须设置标底价格，招标人可根据工程的实际情况自己决定是否需要编制标底，如果设置有标底，其主要作用有如下几个方面的内容。

首先，标底价格是招标人根据工程实际情况而制定的造价数目，是用来控制建设工程投资，确定工程合同价格的一种重要的参考依据，对合理地进行工程造价管理发挥举足轻重的作用。

其次，标底价格是衡量及评审投标人投标报价是否合理的重要依据，所以，编制建设工程招标标底，必须要严格遵循科学合理的方法来编制，同时，还要要求造价管理人员要实事求是，综合考虑和体现发包方和承包方的利益，这样才能编制出切实可靠的标底，此外，一个工程只能编制一个标底，否则会造成造价管理的混乱与无序，因此，招标标底的编制工作尤为重要。

特别提示

公路工程的标底是其建设造价的表现形式之一，它是由招标人自行编制或委托具有相应资格的单位编制，并按规定报经审定的招标工程的预期市场价格。标底编制应当符合国家有关工程造价管理的规定，并应当控制在批准的概算以内。随着公路建设形势的发展，标底在评标中的作用越来越小，在很多的评标方法中，已经取消了标底，有的改为投标控制价上限(或最高限价)。

4.3.2 标底的编制原则、依据和程序

1. 标底的编制原则

标底的编制过程是对招标项目所需工程费用的自我测算过程。通过标底编制工作可以促进招标人事先加强工程项目的成本调查和成本预测，做到各项费用心中有数，为搞好评标工作和搞好施工过程的造价工作打下基础。

标底的编制应遵循以下原则。

(1) 在工程招标标底的编制过程中，应严格遵守统一工程量、统一计量单位和计算规则的原则，并且实行统一的工程项目划分，这样才有利于造价的管理和标底的科学合理制定。

(2) 要切实根据我国现行的工程造价计算方法，并考虑到向国际惯例靠拢，提倡优质优价，此外还要根据国家规定的技术标准、施工图纸、招标文件和工程造价定额等材料作为编制的重要依据。

(3) 在编制标底过程中，造价管理人员应及时关注市场动态，力求将标底价格尽量与市场的实际变化相吻合，这样才有利于竞争和保证工程质量及水平。

(4) 标底价格一般要控制在批准的总概算(或修正概算)及投资包干的限额内；并且标底必须经招标管理机构审定才能进行项目招标工作，标底审定后必须及时妥善封存、严格保密，不得泄露。

2. 标底的编制依据

标底编制和投标人的投标报价及概预算相比较，既有相同的地方，又有不同的地方，标底编制的依据主要有以下几个方面。

(1) 招标文件。标底作为衡量评审投标价的尺度，则必须同投标人一样，要将招标文件的投标人须知、合同条款、工程量清单、图纸以及参考资料作为编制标底必须遵守的主要依据，而且对于招标期间招标人发出的补遗书和标前会的问题解答，凡与标底编制有关的方面，也必须同投标人一样，要在标底编制时考虑进去，补遗书和问题解答是招标文件的一部分，同样是标底编制的依据。

(2) 概、预算定额。概、预算定额是国家各专业部门或各地区根据行业和地区的特点，对本行业、地区的工程按照合理的施工组织和一般正常的施工条件编制的专一的或地区的统一定额，是一种具有法定性的指标，标底要起控制投资额和作为招标工程确定的预期价格，就应该按颁布的现行的概、预算定额来编制标底。标底和投标报价编制的不同点之一，就是投标人可根据自己的技术措施、管理水平、企业定额或以往工作的经验来编制报价，而不受国家规定计价依据的约束，而标底则应根据国家规定的计价依据，如概、预算定额进行编制。

(3) 费用定额。费用定额也是编制标底的依据。费用定额与编制标底有关的取费标准有其他直接费、现场经费、间接费、利润(包括施工技术装备费)、税金、施工图预算包干费等。编制标底时，费用定额项目和费率的取定可根据招标工程的工程规模、招标方式、招标文件的有关规定以及参加招标的各施工企业的情况而定，但其基本费率的取费依据是费用定额。

(4) 工、料、机价格。人工工资应按国家规定的计价依据和当地规定的有关工资标准计算，材料应按编制概、预算时材料预算价格调查的原则进行实地调查，特别要核实路基土石方的取土坑、废土场和运输条件和砂、石料的料场(包括储量、开采量、质量、运输条件和料场价格等)情况，同时还需调查当地电力、汽油、柴油、煤等价格，并查对交通运输部颁布的《公路工程机械台班费用定额》。

(5) 初步设计文件(或施工图设计文件)。经上级主管部门(或有关方面)审查批准的初步设计和概算文件(或施工图设计和预算文件)也是标底编制的主要依据，标底不能超过批准的投资额。

(6) 施工组织方案。有了施工组织方案或施工组织设计，才能编好标底，标底的许多方面是要按施工组织方案编制的。

(7) 其他资料。市场竞争情况，社会生产力水平，招标人意图或指导思想等。

标底的构成，不是简单的预算编制，而是在社会主义基本经济规律指导下，在一定的供求关系中，按照价值规律形成的拟建工程价格，是使招投标竞争达到公平竞争的基本条件之一。标底价格的确定，其目的就是要把工程的投资，也就是工程的造价控制在科学、合理的预期水平内，再经过招标和投标的竞争机制，从诸多的标价中选择接近标底价而且招标和投标方都能接受的一个价格作为中标价。因此，标底的编制，必须有法可依，即必须遵循上述原则，必须客观公正，科学合理，严肃准确。

3. 标底的编制程序

当招标文件中的商务条款一经确定，即可进入标底编制阶段。工程标底的编制程序如下。

(1) 确定标底的编制单位。标底由招标单位自行编制或委托经建设行政主管部门批准的具有编制标底资格和能力的中介机构代理编制。

(2) 收集编制资料。

① 全套施工图纸及现场地质、水文、地上情况的有关资料。

② 招标文件。

③ 领取标底价格计算书、报审的有关表格。

(3) 参加交底会及现场勘察。标底编审人员均应参加施工图交底、施工方案交底以及现场勘察、招标预备会，便于标底的编审工作。

(4) 编制标底。编制人员应严格按照国家的有关政策、规定，科学公正地编制标底价格。

(5) 审核标底价格。

> **特别提示**
>
> 标底，作为评标选优的准绳，它的准确率不仅直接影响工程造价的高低，关系招标投标的成败，而且还关系双方的经济利益。因此，编制标底必须严肃、认真、负责。但是目前在编制标底中还存在以下问题：
>
> (1) 标书交代不清，招标方意图不明，特别是对造价影响较大的部分，若在标书中没有明确规定，就会造成编标范围不准，影响标底的合理性、准确性。
>
> (2) 设计中设计人员重技术轻经济，只考虑设计产值的完成，而忽视设计产品的经济性，擅自提高标准，或由于图纸设计质量不高，影响标底的编制。
>
> (3) 由于标底的编制一般都在图纸会审及交底之前，而编制人员由于素质不同而对图纸的理解也就不同，加之编制标底时，有些预算人员不懂设计，造成错标、漏标、重复计算,从而影响标底的质量。
>
> (4) 招标方对施工图中出现的新材料、新工艺、新技术缺乏了解，招标书中也未能明确如何处理，如何定价，这也会影响到标底编制。

4.3.3 标底的编制方法和内容

1. 标底的编制方法

标底是指招标人根据招标项目的具体情况，由招标单位自行编制或委托具有编制标底资格和能力的中介机构编制，并按规定报经审定的招标工程的预期价格，是招标人对建设工程的期望价格。我国目前建设工程施工招标标底的编制，主要采用定额计价和工程量清单计价来编制。

1) 以定额计价法编制标底

定额计价法编制标底采用的是分部分项工程量的直接费单价(或称为工料单价法)，仅仅包括人工、材料、机械费用。直接费单价又可以分为单位估价法和实物量法两种。

(1) 单位估价法。其具体做法是根据施工图纸及技术说明，按照预算定额规定的分部分项工程子目，逐项计算出工程量，再套用定额单价(或单位估价表)确定直接费，然后按规定的费用定额确定其他直接费、现场经费、间接费、计划利润和税金，还要加上材料调价系数和适当的不可预见费，汇总后即为标底的基础。

单位估价法实施中，也可以采用工程概算定额，对分项工程细目作适当地归并和综合，使标底价格的计算有所简化。采用概算定额编制标底，通常适用于初步设计或技术设计阶段进行招标的工程。在施工图阶段招标，也可按施工图计算工程量，按概算定额和单价计算直接费，既可提高计算结果的准确性，又可减少工作量，节省人力和时间。

(2) 实物量法。用实物量法编制标底，主要采用计算出的各分项工程的实物工程量，分别套取预算定额中的人工、材料、机械消耗指标，并按类相加，求出单位工程所需的各种人工、材料、施工机械台班的总消耗量，然后分别乘以当时的人工、材料、施工机械台班市场单价，求出人工费、材料费、施工机械使用费，再汇总求和确定直接费。对于其他直接费、现场经费、间接费、计划利润和税金等费用的计算则根据当地当地建筑市场的供求情况给予具体确定。

实物量编制法与单位估价法相似，最大的区别在于两者在计算人工费、材料费、施工机械费及汇总三者费用之和时方法不同。

实物量法计算人工、材料、施工机械使用费，是根据预算定额中的人工、材料、机械台班消耗量与当时、当地人工、材料和机械台班单价相乘汇总得出。采用当时、当地的实际价格，能较好地反映实际价格水平，工程造价准确度较高。从长远角度看，人工、材料、机械的实物消耗量应根据企业自身消耗水平来确定。

实物量法在计算其他各项费用，如其他直接费、现场经费、间接费、计划利润、税金等时将间接费、计划利润等相对灵活的部分，根据建筑市场的供求情况，随行就市，浮动确定。

因此，实物量法是与市场经济体制相适应的并以预算定额为依据的标底编制方法。

2) 以工程量清单计价法编制标底

工程量清单计价的单价按所综合的内容不同，可以划分为三种形式。

(1) 工料单价：单价仅仅包括人工费、材料费和机械使用费，故又称为直接费单价。

(2) 完全费用单价：单价中除了直接费外，还包括现场经费、其他直接费和间接费等全部成本。

(3) 综合单价法：所谓综合单价即分部分项工程的完全单价，综合了直接工程费、间接费、有关文件规定的调价、利润或者包括税金以及采用固定价格的工程所测算的风险金等全部费用。

工程量清单计价法的单价采用的主要是综合单价。

用综合单价编制标底价格，要根据统一的项目划分，按照统一的工程量计算规则计算工程量，形成工程量清单。接着，估算分项工程综合单价，该单价是根据具体项目分别估算的。综合单价确定以后，填入工程量清单中，再与各分部分项工程量相乘得到合价，汇总之后即可得到标底价格。

这种方法与上述方法的显著区别主要在于间接费、利润等是一个用综合管理费分摊到分项工程单价中，从而组成分项工程综合单价，某分项工程综合单价乘以工程量即为该分项工程合价，所有分项工程合价汇总后即为该工程的总价。

> **特别提示**
>
> 合理编制公路工程招标项目标底的几个关键因素。
> (1) 标底必须适应目标工期的要求，对提前工期因素有所反映。应将目标工期对照工期定额，按提前天数给出必要的赶工费和奖励，并列入标底。
> (2) 标底必须适应招标方的质量要求，对高于国家施工及验收规范的质量因素有所反映。标底中对工程质量的反映，应按国家相关的施工及验收规范的要求作为合格的产品，按国家规范来检查验收。但招标方往往还要提出要达到高于国家施工及验收规范的质量要求，为此，施工单位要付出比合格水平更多的费用。
> (3) 标底必须适应建筑材料采购渠道和市场价格的变化，考虑材料差价因素，并将差价列入标底。
> (4) 标底必须合理考虑招标工程的自然地理条件和招标工程范围等因素。将地下工程及"三通一平"等招标工程范围内的费用正确地计入标底价格。由于自然条件导致的施工不利因素也应考虑计入标底。
> (5) 标底价格应根据招标文件或合同条件的规定，按规定的工程发承包模式，确定相应的计价方式，考虑相应的风险费用。

2．标底的编制内容

标底文件的主要内容如下。

(1) 标底的综合编制说明。

(2) 标底价格审定书、标底价格计算书、带有价格的工程量清单、现场因素、各种施工措施费的测算明细以及采用固定价格工程的风险系数测算明细等。

(3) 主要人工、材料、机械设备用量表。

(4) 标底附件。如各项交底纪要、各种材料及设备的价格来源、现场的地质、水文、地上情况的有关资料、编制标底价格所依据的施工方案或施工组织设计等。

(5) 标底价格编制的有关表格。

4.3.4 工程标底的审查

设有标底的做法是针对我国目前建设市场发育状况和国情而采取的一种措施，是具有中国特色的招投标制度的一个具体体现。标底主要有两个作用：一是招标人发包工程的期望值；二是评定标价的参考值，设有标底的招标工程，在评标时应当参考标底。

一般情况标底大多是由中介机构编制，而且一般招标人给中介机构编制时间都较紧迫，加之中介机构人员能力参差不齐，又要保证在较短时间内完成一份质量较高的急难任务，而目前标底在招投标过程中仍起着较为重要的角色，因此对于实行设有标底进行招标的工程，必须重视标底的审查工作，否则在招投标过程中标底将起不到应有的作用，必须认真对待标底价格，加强标底的审查，保证标底的准确、严谨和科学。

标底的审查有两种做法，一是报招标管理机构直接审查；二是由招标管理机构和各地造价管理部门委托当地 2~3 家资质较高、社会信誉较好、人员素质与能力较强的中介机构审查。

1. 标底的审查目的

审查标底的目的是检查标底价格编制是否真实、准确，标底价格如有漏洞，应予以调整和修正。如总价超过概算，应按照有关规定进行处理，不得以压低标底价格作为压低投资的手段。

2. 标底的审查方法

工程虽面积、高度、长度不同，但其同类工程单位建筑面积或其他指标变化却不大。将同类型工程加以汇集、优选，找出其单位建筑面积工程量、单价、用工的基本数值，归纳为工程量、价格、用工 3 大类单方基本指标，并注明指标的适用范围。这些指标用来筛分标底相对应的工程量、价格、用工，对不符合条件的应进行详细审查。这种方法的优点是便于掌握，审查速度快，便于发现问题。运用这方法的关键是平时要注意各种类型工程造价指标的收集，拟审查标底的工程结标底的审查方法主要以下几种。

1) "筛选"审查法

结构特征要与已建工程或已结算工程结构特征的关系对应，只有同类型工程指标才可套用。

2) 重点审查法

重点审查法就是抓住标底中的重点进行审查的方法。重点一般是工程量或单价较高的项目、定额或单价的套用、各项费用(计取基础、取费标准)的计取等。这一方法的优点是突出重点、审查时间短。

(1) 审查定额或单价的套用。审查时标底中有单价换算时应注意换算是否符合定额规定、换算是否正确。特别要注意标底中经换算后的单价与原定额单价相差较大的细目；关键要注意图纸中施工说明，参照定额及其关于换算方面的规定，审查其单价是否换算到位、正确；设计要求中未做的项目如定额工作内容已包括，要将其删去，设计要求中较定额工作内容增加的，要将相应内容加上。

(2) 审查取费标准、计取基础。由于取费标准、计取基础各地不同，具体审查时应注意是否符合当地规定和定额要求，一般各地预算定额或地区单位估价表都配套有相应的费用定额，审查时一定要注意该工程的类别是否严格按费用定额中的工程类别划分，因各类不同工程费率相差较大，标底总价会相差很大，给招标人或中标人造成很大损失，或造成招标失败，同时给中介机构信誉造成损失。

3. 标底的审查内容

标底审查的内容如下。

(1) 标底计价依据：承包范围、招标文件规定的计价方法及招标文件的其他有关条款。

(2) 标底价格组成内容：工程量清单及其单价组成、直接费、其他直接费、有关文件规定的调价、间接费、现场经费以及利润、税金、主要材料、设备需用数量等。

(3) 标底价格相关费用：人工、材料、机械台班的市场价格，措施费(赶工措施费、施工技术措施费)、现场因素费用、不可预见费(特殊情况)，对于采用固定价格的工程所测算的在施工周期内价格波动的风险系数等。

任务 4.4 公路工程施工投标的准备

知识目标

(1) 了解投标人的概念、资格要求。
(2) 熟悉投标人的资格审查。
(3) 掌握投标前的工作。
(4) 掌握投标决策的内容。

工作任务

能够熟练开展公路工程施工投标前的各项工作。

4.4.1 投标人概述

1. 投标人的概念

根据《招标投标法》规定，投标人是响应招标、参加投标竞争的法人或者其他组织，在特殊情况下个人也可以作为投标人，当依法招标的科研项目允许个人参加投标时，个人就可以作为投标人。

公路工程施工招标的投标人是响应招标、参加投标竞争的公路工程施工单位。

投标人应当具备招标文件规定的资格条件，具有承担所投标项目的相应能力。

2. 工程施工投标人的资格要求

(1) 申请人应具备承担本标段施工的资质条件、能力和信誉。对于一些大型建设项目、重点工程或有特殊技术要求的工程，除了要求供应商或承包商有一定的资质条件，还要求投标人具备一些与项目本身特点相关的特殊条件。如承建过相类似工程、具有特殊的施工资质、拥有特殊的施工机械设备、曾获得施工质量奖。当参加这类招标时必须具有相应的工作经验与业绩证明才能成为投标人。

(2) 招标人接受联合体投标的，联合体申请人除应具备承担本标段施工的资质条件、能力和信誉的要求外，还应遵守以下规定。

① 联合体各方必须签订联合体协议书，明确联合体牵头人和各方的权利义务。
② 由同一专业的单位组成的联合体，按照资质等级较低的单位确定资质等级。
③ 通过资格预审的联合体，其各方组成结构或职责，以及财务能力、信誉情况等资格条件不得改变。
④ 联合体各方不得再以自己名义单独或加入其他联合体在同一标段中参加投标。
⑤ 联合体所有成员数量不得超过规定的数量。
⑥ 联合体牵头人所承担的工程量必须超过总工程量的 50%。
⑦ 联合体各方应分别按照要求，填写相应表格，并由联合体牵头人负责对联合体各成

员的资料进行统一汇总后一并提交给招标人；联合体牵头人所提交的文件应认为已代表了联合体成员的真实情况。

⑧ 尽管委任了联合体牵头人，但联合体合成员在资格预审、投标、签约与履行合同过程中，仍负有连带的和各自法律责任。

> **知识链接**

联合体投标

所谓联合体投标，是指两个以上法人或者其他组织组成一个联合体，以一个投标人的身份共同投标的行为。对于联合体投标可作如下理解。

(1) 联合体承包的联合各方为法人或者法人之外的其他组织。形式可以是两个以上法人组成的联合体、两个以上非法人组织组成的联合体或者是法人与其他组织组成的联合体。

(2) 联合体是一个临时性的组织，不具有法人资格。组成联合体的目的是增强投标竞争能力，减少联合体各方因支付巨额履约保证而产生的资金负担，分散联合体各方的投标风险，弥补有关各方技术力量的相对不足，提高共同承担项目完工的可靠性。如果属于共同注册并进行长期经营活动的"合资公司"等法人形式的联合体，则不属于《招标投标法》所称的联合体。

(3) 联合体的组成是可以组成，也可以不组成。是否组成联合体由联合体各方自己决定。对此《招标投标法》第31条第4款也有相应的规定。这说明联合体的组成属于各方自愿，共同一致的法律行为。

(4) 联合体对外以一个投标人的身份共同投标。也就是说，联合体虽然不是一个法人组织，但是对外投标应以所有组成联合体各方的共同的名义进行，不能以其中一个主体或者两个主体(多个主体的情况下)的名义进行，即"联合体各方"共同与招标人签订合同。这里需要说明的是，联合体内部之间权利、义务、责任的承担等问题则需要依据联合体各方订立的合同为依据。

(5) 共同投标的联合体各方应具备一定的条件。比如，根据《招标投标法》的规定，联合体各方均应具备承担招标项目的相应能力；国家有关规定或者招标文件对投标人资格条件有规定的，联合体各方均应当具备规定的相应资格条件。

(6) 联合体共同投标一般适用于大型和复杂的建设项目。

联合体协议书格式

_____(所有成员单位名称)自愿组成联合体，共同参加_____(项目名称)___标段施工投标。现就联合体投标事宜订立如下协议。

(1) _____(某成员单位名称)为牵头人。

(2) 联合体牵头人合法代表联合体各成员负责本招标项目投标文件编制和合同谈判活动，代表联合体提交和接收相关的资料、信息及指示，处理与之有关的一切事务，并负责合同实施阶段的主办、组织和协调工作。

(3) 联合体将严格按照招标文件的各项要求，递交投标文件，履行合同，并对外承担连带责任。

(4) 联合体牵头人代表联合体签署投标文件，联合体牵头人的所有承诺均认为代表了联合体各成员。

(5) 联合体各成员单位内部的职责分工如下：_(牵头人名称)_承担_____专业工程，占总工程量的___%；_(成员一名称)_承担_____专业工程，占总工程量的___%；……

(6) 投标工作和联合体在中标后工程实施过程中的有关费用按各自承担的工作量分摊。
(7) 本协议书自签署之日起生效，合同履行完毕后自动失效。
(8) 本协议书一式____份，联合体成员和招标人各执一份。

> 牵头人名称：_____(盖单位章)
> 　法定代表人：_____(签字)
> 成员一名称：_____(盖单位章)
> 　法定代表人：_____(签字)
> 成员二名称：_____(盖单位章)
> 　法定代表人：_____(签字)
> ……
> 　　　　　　　　　　　　　　　____年____月____日
>
> 说明：本联合体协议书格式适用于未进行资格预审的情况。如果采用资格预审，投标人应在此提供资格预审申请文件时所附的联合体协议书复印件。

(3) 投标人不得存在下列情形之一。
① 为招标人不具有独立法人资格的附属机构(单位)。
② 为本标段前期准备提供设计或咨询服务的，但设计施工总承包的除外。
③ 为本标段的监理人。
④ 为本标段的代建人。
⑤ 为本标段提供招标代理服务的。
⑥ 与本标段的监理人或代建人或招标代理机构同为一个法定代表人的。
⑦ 与本标段的监理人或代建人或招标代理机构相互控股或参股的。
⑧ 与本标段的监理人或代建人或招标代理机构相互任职或工作的。
⑨ 被责令停业的。
⑩ 被暂停或取消投标资格的。
⑪ 财产被接管或冻结的。
⑫ 在最近三年内有骗取中标或严重违约或重大工程质量问题的。
⑬ 经审查委员会认定会对承担本项目造成重大影响的正在诉讼的案件。
⑭ 被省级及以上交通主管部门取消项目所在地的投标资格或禁止进入该区域公路建设市场且在有效期内的。
⑮ 为投资参股本项目的法人单位。

4.4.2　投标人的资格审查

投标人资格审查分资格预审和资格后审。为减小评标难度，简化评标手续，避免一些不合格的投标单位在投标上的人力、物力和财力上的浪费，投标人资格审查一般采取资格预审形式。

1．资格预审的程序

资格预审一般分为四个步骤。

(1) 招标单位准备资格预审文件，发布资格预审通告，邀请投标人参加资格预审；
(2) 投标单位提交资格预审申请，购买资格预审文件；
(3) 投标单位填写和提交与资格预审有关的材料；
(4) 招标单位进行资格评审，写出资格评审报告，业主在此基础上确定投标单位名单。

在收到投标单位提交的资格预审材料以后，业主和招标单位即可组织专家对投标单位进行资格预审，本着客观、公正、准确的原则，认真核实评定各投标单位的技术能力、财务状况和社会信誉等。在审查过程中，数据的统计要准确，要有原始资料，对于以往的业绩和在建工程情况，应尽可能派人到现场或以通讯、电话方式去了解和核实。由于资格预审工作涉及财务问题和技术问题，因此，资格预审专家组除了技术专家外，还应包括经济方面的专家。在整个评审过程中，评审人员不得向与此事无关的人员透露资格预审情况。资格预审组在对投标单位的各项情况审查核实后，应作出合格或不合格的结论与说明(一般不采用综合评分方式，而是只分合格与不合格两级)填写在资格预审综合评审表内，最后写出总的评定结论。

资格预审工作结束后应写出资格预审报告，一般包括以下内容：
(1) 一般说明（包括资格申请人概况和资格预审的大致过程）；
(2) 评审的标准；
(3) 评审结果和合格者名单；
(4) 资格预审评审表和各公司分项资料表。
(5) 资格预审报告报业主审批后，即可对合格单位发送投标邀请书。

2．资格预审申请文件的组成

资格预审申请文件应包括下列内容：
(1) 资格预审申请函；
(2) 法定代表人身份证明或附有法定代表人身份证明的授权委托书；
(3) 联合体协议书（如有）；
(4) 申请人基本情况表；
(5) 近年财务状况表；
(6) 近年完成的类似项目情况表；
(7) 正在施工和新承接的项目情况表；
(8) 近年发生的诉讼及仲裁情况；
(9) 初步施工组织计划；
(10) 其他材料：见申请人须知前附表。

特别提示

招标人规定不接受联合体投标的或申请人没有组成联合体的，资格预审申请文件不包含联合体协议书。

3. 资格预审申请文件的编制要求

(1) 资格预审申请文件应按格式要求进行编写，并作为资格预审申请文件的组成部分。招标人规定接受联合体资格预审申请的，还应包括联合体各方相关情况。

(2) 法定代表人授权委托书必须由法定代表人签署。

(3) "申请人基本情况表"应附企业法人营业执照、施工资质证书、安全生产许可证、基本账户开户许可证等材料的复印件并加盖单位章。

"拟委任的项目经理和项目总工资历表"应附项目经理和项目总工的相关证书的复印件以及简历。

(4) "近年财务状况表"应附经会计师事务所或审计机构审计的财务会计报表，包括资产负债表、现金流量表、利润表和财务情况说明书的复印件。

(5) "近年完成的类似项目情况表"应附中标通知书和（或）合同协议书、工程接收证书（工程竣工验收证书）的复印件。

(6) "正在施工和新承接的项目情况表"应附中标通知书和（或）合同协议书复印件。每张表格只填写一个项目，并标明序号。

(7) "近年发生的诉讼及仲裁情况"应说明相关情况，并附法院或仲裁机构作出的判决、裁决等有关法律文书复印件。

> **特别提示**
>
> 工程接收证书（工程竣工验收证书）可以是发包人出具的公路工程（标段）交工验收证书或竣工验收委员会出具的公路工程竣工验收鉴定书或质量监督机构对各参建单位签发的工作综合评价等级证书。

4.4.3 投标前的准备工作

国内建设工程虽然已要求与国际招投标做法接轨，但现阶段，我国与国际工程招投标的做法仍相差甚远，特别是在信息的真实性、公平竞争的透明度、业主支付意愿、承包商的履约诚意、合同条款的履行程度等方面都存在不少问题。因此，参加国内工程投标的施工企业必须充分做好投标前的准备工作。

1. 成立投标机构

为长期有效地准备投标工作，承包单位应成立专业投标机构并分不同的部门。专业投标机构的成立有利于投标经验的积累、投标业务知识的学习和投标工作效率的提高，节省投标成本并最终提高投标单位的中标率。

投标工作成员主要由技术人员和造价管理人员组成，技术人员主要负责投标中施工方案、技术措施的制定及编制施工进度计划等技术工作，造价管理人员主要负责投标中的预算编制及确定投标报价。除了承担具体工作的技术人员和造价管理人员外，投标工作中应有决策人员，他们是公司经理(或业务副经理)、总工程师(或总经济师)、经营部门负责人等成员。为了保守本企业对外投标报价的秘密，投标工作班子的成员不宜过多，尤其是最后决策的核心人员，以控制在企业经理、总工程师(或总经济师)及经营部门负责人范围之内为宜。

2．投标信息查证

信息查证是投标的前提。自改革开放以来，许多方面都由原来的封闭状态而变得开放灵活，但随之也出现了一些恶劣的道德败坏的行为，坑蒙拐骗、敲诈勒索现象屡见不鲜，特别是贩卖假信息、搞假发包的现象更是令人防不胜防。作为投标企业，在决定投标之前，必须保持头脑冷静，认真分析所获得信息的真实性。要弄清信息的真实性在国内并非困难，只要坚持与工程发包单位直接见面，证实发包项目确有立项批准书和资金落实证明材料即可。需要且记的是，不能听任中间人的摆布，更不能以先付一笔资金为代价换取查询有关资料的许可。政府工程、国有单位的发包项目，都必须先获得立项批准并落实了资金后方可获准招标。

另外，对业主的调查了解是确信实施工程的酬金能否回收的前提。许多业主单位倚仗手中的权势，蛮不讲理，长期拖欠工程巨款，致使承包企业不仅不能获取利润，甚至连成本都无法回收。

还有些业主单位的工程负责人与外界勾结，索要巨额回扣，中饱私囊，致使承包企业苦不堪言。拿原则做交易也是当前腐败现象之一，一些人借管理工程的权力之便，随心所欲，贪得无厌。作为工程承包商不能只满足于获取项目，必须对实施项目的利弊进行认真评估，因为获取项目只能说是获得可能赢利的机会，但这种机会同样极有可能成为使承包商蒙受损失的陷阱，因为利润从来就是与风险并存的。

3．调查与工程项目有关的情况

对于有投标可能的建设项目，需要作较详细、较准确、较全面的调查，以便进行是否参与投标的决策。具体应掌握的信息内容主要如下。

1) 市场状况调查

这里所说的市场状况调查，主要包括对招标方的情况，竞争对手的情况，生产要素市场等方面的调查。

2) 工程项目所在地的调查

包括当地的自然条件、施工条件，当地的法律、法规、政策、规章、乡规民约、生活习俗等信息。

4．投标资格的取得

投标资格的取得有两种形式，一种形式要求事先参加资格预审，只有通过资格预审的单位才有资格参加投标。另一种形式并不需要参加资格预审，投标单位的资格只要符合招标公告中规定的资格要求，在递交了投标申请后即可取得资格，参加下一阶段的投标工作。无论是哪种形式，投标单位都应认真检查自己的资格是否符合要求，否则，下一阶段的投标工作是徒劳无益的，只会白白地浪费时间和精力，即使侥幸取得了中标资格，签订了施工承包合同，这样的合同也是不受法律保护的(主体不合格的合同是无效合同，不受法律保护)。

5．精读、分析招标文件

1) 精读、分析招标文件的目的

(1) 全面了解承包商在合同中的权利和义务。

(2) 深入分析施工承包中所面临的和需要承担的风险。

(3) 缜密研究招标文件中的漏洞和疏忽。为制定投标策略寻找依据，创造条件。施工招标过程中，投标时间是紧张的，有时甚至比较仓促，国内招标的工程更是如此，但决不能因时间的仓促而削弱招标文件的分析与研究。投标人员可能是参加过多个项目投标的有经验的专家，靠经验办事是他们的优势和传统，但决不可以经验代替对招标文件的分析与研究。否则，易带来投标失误甚至是无法弥补的损失。

2) 注意事项

在研究和分析招标文件的过程中，有时会发现一些漏洞和疏忽，这些漏洞和疏忽对自己有利的，可以在制定投标策略时作为参考；对自己不利的，可以按规定向业主提出，由业主在标前会议中解答。对招标文件中的其他疑问，也应逐项记录。有些疑问可以通过现场考察找出答案，有些疑问则需要业主在标前会议中说明和澄清。

研究招标文件时，还应注意投标中的时间安排及投标中应遵守的事项和编写标书的规定和要求，避免造成废标。

6. 勘察现场

1) 现场考察的重要性

现场考察是承包商投标前全面了解现场施工环境及施工风险的重要途径，是投标单位搞好投标报价的先决条件。通常，在招标过程中，业主会组织现场考察，按照国际国内招标的有关规定，投标单位应参加由业主(招标单位)安排的正式现场考察，不参加正式考察者，可能会被拒绝参与投标。投标单位提出的报价应当是在现场考察的基础上编制出来的，而且应包括施工中可能遇见的各种风险和费用。在投标有效期内及工程施工过程中，承包商无权以现场考察不周或情况不了解为由而提出修改标书或调整标价给予补偿的要求。因此，投标单位在报价以前必须认真进行现场考察，全面、细致地了解工地及其周围的政治、经济、地理、法律等情况，收集与报价有关的各种风险与数据。当考察时间不够时，投标单位的编标人员在标前会议结束后，一定要再留下几天，再到现场查看一遍，或重点补充考察，并在当地做材料、物资等调查研究，收集编标用的资料。投标单位在现场考察之前，应先拟定好现场考察的提纲和疑点，设计好现场调查表格，做到有准备、有计划地进行现场考察。

2) 现场考察的主要内容

(1) 政治(国外承包工程)。

① 项目所在国政局是否稳定，有无发生政变的可能。

② 项目所在国与邻国的关系如何，有无发生边境冲突的可能。

③ 项目所在国与我国的双边关系如何。

(2) 地理、地貌、气象。

① 项目所在地及附近地形地貌与设计图纸是否相符。

② 项目所在地的河流水深、地下水情况、水质等。

③ 项目所在地近 20 年的气象：如最高最低气温、每月雨量、雨日、冰冻深度、降雪量、冬季时间、风向、风速、台风等情况。

④ 当地特大风、雨、雪、灾害情况。

⑤ 地震灾害情况。

⑥ 自然地理：修筑便道位置、高度、宽度标准；运输条件及水、陆运输情况。

(3) 法律、法规。

① 与承包合同有关的经济合同法、外汇管理法、税收法、劳动法、环境保护法、建筑市场管理法、涉外经济合同法等法律及相应的法规。

② 国外承包工程除上述有关法律法规外，还应了解项目所在地的民法与本项目施工有关的具体规定，如劳动力的雇佣、设备材料的进出口及运输施工机械使用等规定。

(4) 工程施工条件。

① 工程所需当地建筑材料的料源及分布地。

② 场内外交通运输条件，现场周围道路桥梁通过能力，便道、便桥修建位置、长度数量。

③ 施工供电、供水条件，外电架设的可能性。

④ 新盖生产生活房屋的场地及可能租赁民房情况、租地单价。

⑤ 当地劳动力来源、技术水平及工资标准情况。

⑥ 当地施工机械租赁、修理能力。

(5) 经济。

① 工程所需各种材料，当地市场供应数量、质量、规格、性能能否满足工程要求及其价格情况。

② 当地土源地点、数量、单价、运距。

③ 国外承包工程还要了解当地工人工作时间，年法定假日天数，工人假日，冬、雨、夜施工及病假的补贴，工人所交所得税及社会保险金比例。

④ 监理工程师工资标准。

⑤ 当地各种运输、装卸及汽柴油价格。

⑥ 当地主副食供应情况和近3~5年物价上涨率。

⑦ 保险费情况。

(6) 工程所在地有关健康、安全、环保和治安情况，如医疗设施、救护工作、环保要求、废料处理、保安措施等。

(7) 其他现场考察需带有业主(招标单位)发的以 1/2 000 比例的平面图，详细标绘施工便道、便桥现场布置及数量，调查路基范围内拆迁情况，需填筑水塘面积大小、抽水数量、淤泥深度和数量，了解开山的岩石等级、打洞放炮设计施工方法，调查桥梁位置、水深水位、便桥架设、钻孔(打桩)工作平台架设、深水基础、承台、下部构造如何施工、上部构造如何预制、预制场设在哪里及怎样布置、安装等有关具体问题，以便为施工组织设计做好准备。

投标单位完成标前调查和现场考察工作后，可根据调查结果编制出材料和机械台班单价，为施工组织设计准备了大量第一手资料，为制订合理报价做准备。

7. 参加标前会议

标前会议也称投标预备会，是招标人给所有投标人提供的一次答疑的机会，有利于加深对招标文件的理解，凡是想参加投标并希望获利成功的投标人，都应认真准备和积极参加标前会议。

在标前会议之前应事先深入研究招标文件，并将发现的各类问题整理成书面文件，寄给招标人要求给予书面答复,或在标前会议上予以解释和澄清。参加标前会议应注意以下几点。

(1) 招标文件中对投标者有利之处或含糊不清的条款,不要轻易提请澄清(它可以成为投标单位制订报价手法的突破口)。

(2) 不要轻易让竞争对手从投标单位提出的问题中窥探出投标者的设想、施工方案。

(3) 对含糊不清的重要合同条款,如工程范围不清楚、招标文件和图纸相互矛盾,技术规范明显不合理等问题,均可要求业主或招标单位澄清解释。

(4) 业主或招标单位的澄清或答复,应以书面文件为准,切不可以口头答复为依据来制订投标报价。

8. 核实工程量

招标项目的工程量在招标文件的工程量清单中有详细说明。但由于种种原因,工程量清单中的工程数量有时会和图纸中的数量存在不一致的现象。因此,有必要进行复核。

1) 核实工程量的主要作用

(1) 全面掌握本项目需进行的各分项工程的数量,便于投标中进行准确的报价。

(2) 及时发现工程量清单中关于工程量的错误和漏洞,为制定投标策略提供依据(可以使用不平衡报价法,工程量偏高的项目报低价,工程量偏低的地方报高价)。

(3) 有利于促使投标单位对技术规范中的计量支付规定做进一步的研究,便于精确地编写各工程细目的单价。

2) 核实工程量时的注意事项

(1) 全面核实设计图纸中各分项工程的工程量。

(2) 计算受施工方案(施工方法)影响而需额外发生(设计图纸中未能计算进去的)和消耗的工程量。

(3) 根据技术规范中计量与支付的规定折算出新的工程量(在折算过程中有时需要对设计图纸中的工程量进行分解或合并)。

9. 编制施工组织设计

1) 施工组织设计的编制

投标报价前应进行施工组织设计的编制。在合同中,施工组织设计又叫工程进度计划,通常应包含以下内容。

(1) 总体施工组织布置及计划。

(2) 主要工程项目的施工方案、方法与技术措施(尤其对重点、关键和难点工程的施工方案、方法及其措施)。

(3) 工期保证体系及保证措施。

(4) 工程质量管理体系及保证措施。

(5) 安全生产管理体系及保证措施。

(6) 环境保护、水土保持保证体系及保证措施。

(7) 文明施工、文物保护保证体系及保证措施。

(8) 项目风险预测与防范,事故应急预案。

(9) 其他应说明的事项。

2) 注意事项

高效率和低消耗是编制施工组织设计的总原则,施工组织设计的基本原则包括连续性原则、均衡性原则、协调性原则和经济性原则,其中,经济性原则是施工组织设计原则的核心和落脚点,因此,在编制施工组织设计时,应注意如下事项。

(1) 充分满足技术上的先进性和可靠性,最大限度地提高劳动生产率,降低施工成本。

(2) 充分利用现有的施工机械设备,提高施工机械的使用率以降低机械施工成本。

(3) 采用先进的进度管理手段,优化施工进度计划,选择最优施工排序,均衡安排施工,避免施工高峰的赶工现象和施工低谷中的窝工现象,机动安排非关键线路的剩余资源,从非关键线路上寻求效益。

(4) 聘用适当数量的当地员工或临时工,降低施工队伍调遣费,减少窝工现象。

投标竞争是场比技术、比管理的竞争,技术和管理的先进性应充分体现在施工组织设计中,先进的施工组织设计可以达到降低成本、缩短工期的目的。例如,当年日本大成公司在鲁布革水电工程招标中一举取得中标资格,靠的就是先进的技术和管理手段,高效率和低消耗是他们投标制胜的法宝。

应用案例 4-1

某市越江隧道工程全部由政府投资。该项目为该市建设规划的重要项目之一,且已列入地方年度固定资产投资计划,概算已经主管部门批准,征地工作尚未全部完成,施工图及有关技术资料齐全。现决定对该项目进行施工招标。因估计除本市施工企业参加投标外,还可能有外省市施工企业参加投标,故业主委托咨询单位编制了两个标底,准备分别用于对本市和外省市施工企业投标价的评定。业主对投标单位就招标文件所提出的所有问题统一作了书面答复,并以备忘录的形式分发给各投标单位,为简明起见,采用表格形式。

在书面答复投标单位的提问后,业主组织各投标单位进行了施工现场踏勘。在投标截止日期前10日,业主书面通知各投标单位,由于某种原因,决定将收费站工程从原招标范围内删除。

问题:

(1) 该项目的标底应采用什么方法编制?简述其理由。

(2) 业主对投标单位进行资格预审应包括哪些内容?

(3) 该项目施工招标在哪些方面存在问题或不当之处?请逐一说明。

【案例解析】

(1) 由于该项目的施工图及有关技术资料齐全,因而其标底可采用工料单价法或综合单价法进行编制。

(2) 业主对投标单位进行资格预审应包括以下内容:投标单位组织与机构和企业概况;近 3 年完成工程的情况;目前正在履行的合同情况;资源方面,如财务、管理、技术、劳力、设备等方面的情况;其他资料(如各种奖励或处罚等)。

(3) 该项目施工招标存在 5 方面问题(或不当之处),分述如下:

a. 本项目征地工作尚未全部完成,尚不具备施工招标的必要条件,因而尚不能进行施工招标。

b. 不应编制两个标底,因为根据规定,一个工程只能编制一个标底,不能对不同的投标单位采用不同的标底进行评标。

c. 业主对投标单位提问只能针对具体的问题作出明确答复,但不应提及具体的提问单位,也不必提及提问的时间,因为按《招标投标法》第 22 条规定,招标人不得向他人透露已获取招标文件的潜在投标人的名称、数量以及可能影响公平竞争的有关招标投标的其他情况。

d. 根据《招标投标法》的规定,若招标人需改变招标范围或变更招标文件,应在投标截止日期至少 15 日(而不是 10 日)前以书面形式通知所有招标文件收受人。若迟于这一时限发出变更招标文件的通知,则应将原定的投标截止日期适当延长,以便投标单位有足够的时间充分考虑这种变更对报价的影响,并将其在投标文件中反映出来。本案例背景资料未说明投标截止日期已相应延长。

e. 现场踏勘应安排在书面答复投标单位提问之前,因为投标单位对施工现场条件也可能提出问题。

任务 4.5 公路工程投标文件的编制、密封与递交

知识目标

(1) 熟悉投标文件的组成。
(2) 熟悉投标保证金的形式。
(3) 掌握投标文件的编制。
(4) 掌握投标文件的密封和标识。
(5) 掌握投标文件的递交、修改和撤回的要求。
(6) 掌握开标、评标与中标。
(7) 熟悉投标有效期。

工作任务

准确把握投标文件的组成内容;能够进行投标文件的编制;能够顺利完成投标工作。

4.5.1 投标文件的组成

投标文件是投标人向招标人所递交的一种法律文件,用以表明投标人承担招标项目所具有的能力和价格条件。投标文件编制水平的高低,决定着投标人在承揽工程项目方面的竞争力。要想编制一套高质量和高水平的投标文件,就必须对投标文件的组成有所了解。

1. 投标文件的一般组成

(1) 投标函及投标函附录。
(2) 法定代表人身份证明或附有法定代表人身份证明的授权委托书。
(3) 联合体协议书(如有)。
(4) 投标保证金。
(5) 已标价工程量清单。
(6) 施工组织设计。
(7) 项目管理机构。
(8) 拟分包项目情况表。
(9) 资格审查资料。

(10) 承诺函。

(11) 调价函及调价后工程量清单(如有)。

(12) 按招标文件规定应提交的其他材料。

法定代表人身份证明、投标函及投标函附录格式如下。

法定代表人身份证明

投标人名称：_____

单位性质：_____

地　　址：_____

成立时间：____年____月____日

经营期限：_____

姓名：(法定代表人亲笔签名)　　性别：_____年龄：_____职务：_____

系_____(投标人名称)的法定代表人。

特此证明。

投标人：_____(盖单位章)

_____年____月____日

注：法定代表人的签字必须是亲笔签名，不得使用印章、签名章或其他电子制版签名。

投标函

_____(招标人名称)：

(1) 我方已仔细研究了_____(项目名称)____标段施工招标文件的全部内容(含补遗书第__号至第__号)，在考察工程现场后，愿意以人民币(大写)_____元(¥____)的投标总报价(或根据招标文件规定修正核实后确定的另一金额)，工期____日历天，按合同约定实施和完成承包工程，修补工程中的任何缺陷，工程质量达到_____。

(2) 我方承诺在投标有效期内不修改、撤销投标文件。

(3) 随同本投标函提交投标保证金一份，金额为人民币(大写)_____元(¥_____)。

(4) 如我方中标：

① 我方承诺在收到中标通知书后，在中标通知书规定的期限内与你方签订合同。

② 随同本投标函递交的投标函附录属于合同文件的组成部分。

③ 我方承诺按照招标文件规定向你方递交履约担保。

④ 我方承诺在合同约定的期限内完成并移交全部合同工程。

(5) 我方在此声明，所递交的投标文件及有关资料内容完整、真实和准确，且不存在第二章"投标人须知"第1.4.3项规定的任何一种情形。

(6) 在合同协议书正式签署生效之前，本投标函连同你方的中标通知书将构成我们双方之间共同遵守的文件，对双方具有约束力。

(7) _____(其他补充说明)。

投标人：_____(盖单位章)

法定代表人或其委托代理人：_____(签字)

地址：_____

网址：_____

电话：_____

传真：_____

邮政编码：_____

___年___月___日

投标函附录

序号	条款名称	合同条目号	约定内容	备注
1	缺陷责任期	1.1.4.5	自实际交工日期起计算____年	
2	逾期交工违约金	11.5	_____元/天	
3	逾期交工违约金限额	11.5	_____%签约合同价	
4	提前交工的奖金	11.6	_____元/天	
5	提前交工的奖金限额	11.6	_____%签约合同价	
6	价格调整的差额计算	16.1.1	见价格指数和权重表	
7	开工预付款金额	17.2.1	_____%签约合同价	
8	材料、设备预付款	17.2.1	_____等主要材料、设备单据所列费用的____%	
9	进度付款证书最低限额	17.3.3(1)	_____%签约合同价或____万元	
10	逾期付款违约金的利率	17.3.3(2)	____‰/天	
11	质量保证金百分比	17.4.1	月支付额的____%	
13	质量保证金限额	17.4.1	____%合同价格，若交工验收时承包人具备被招标项目所在地省级交通主管部门评定的最高信用等级，发包人给予____%合同价格质量保证金的优惠，并在交工验收时向承包人返还质量保证金优惠的金额	
14	保修期	19.7	自实际交工日期起计算____年	

投 标 人：_____(盖单位章)

投标文件签署人签名：_____

2．双信封形式的投标文件组成

第一个信封(商务及技术文件)包含以下内容。

(1) 投标函及投标函附录。

(2) 法定代表人身份证明或附有法定代表人身份证明的授权委托书。

(3) 联合体协议书(如有)。

(4) 投标保证金。

(5) 施工组织设计。

(6) 项目管理机构。

(7) 拟分包项目情况表。

(8) 资格审查资料。

(9) 承诺函。

(10) 按招标文件规定应提交的其他材料。

第二个信封(投标报价和工程量清单)包含以下内容。

(1) 投标函及投标函附录。

(2) 已标价工程量清单。

(3) 调价函及调价后工程量清单(如有)。

> **特别提示**
>
> 采用双信封形式时，投标人在投标文件第一个信封(商务及技术文件)中提交不包含投标报价的投标函，在投标文件第二个信封(投标报价和工程量清单)中提交填写投标报价的投标函。并且第一个信封内施工组织设计中的"合同用款估算表"也放入第二个信封内。

3. 投标报价

(1) 投标人应按"工程量清单"的要求填写相应表格。

工程量清单的填写分下列两种方式。投标人应按投标人须知前附表规定的方式填写工程量清单。

① 本项目招标采用工程量固化清单，招标人在出售招标文件的同时向投标人提供工程量固化清单电子文件(光盘或 U 盘)。投标人填写工程量清单中的单价及总额价，即可完成投标工程量清单的编制，确定投标报价，并打印出投标工程量清单，编入投标文件。投标人未在工程量清单中填入单价或总额价的工程细目，将被认为其已包含在工程量清单其他细目的单价和总额价中，招标人将不予支付。

投标人必须严格遵循工程量固化清单电子文件中的数据、格式及运算定义，并将已填写完毕的投标工程量清单电子文件单独拷入招标人提供的光盘(或 U 盘)中，密封在投标文件正本内一并交回。严禁投标人修改工程量固化清单电子文件中的数据、格式及运算定义。

投标人根据招标人提供的工程量固化清单电子文件填报完成并打印的投标文件工程量清单中的投标报价和投标函大写金额报价应一致，如果报价金额出现差异，则以投标函大写金额报价为准。

② 本项目招标由招标人提供书面工程量清单，由投标人按照招标人提供的工程量清单填写本合同各工程细目的单价、合价和总额价。评标委员会将按照"评标办法"规定对投标价进行算术性错误修正及其他错误修正。

(2) 投标人在投标截止时间前修改投标函中的投标总报价，应同时修改"工程量清单"中的相应报价。

(3) 投标人如果发现工程量清单中的数量与图纸中数量不一致时，应立即通知招标人核查，除非招标人以书面方式予以更正，否则，应以工程量清单中列出的数量为准。

(4) 投标人应根据《公路水运工程安全生产监督管理办法》，在投标总价中计入安全生产费用，安全生产费用应符合合同条款的具体规定。工程量清单 100 章内列有上述安全生产费的支付子目，由投标人按招标文件的规定填写总额价。

(5) 除投标人须知前附表另有规定外，招标人不接受调价函。若招标人接受调价函，则应在招标文件中给出调价函的格式。投标人若有调价函则应遵循如下规定。

① 调价函必须采用招标文件规定的格式；调价函应说明调价后的最终报价，并以最终报价为准，而且投标人只能有一次调价的机会。

② 工程量清单中招标人指定的报价不允许调价。

③ 调价函必须附有调价后的工程量清单；调价函必须粘贴或机械装订在投标文件正本首页，与投标文件一起密封提交。

> **特别提示**
>
> 若投标人未提交调价后的工程量清单，或调价函未装在投标文件正本首页，调价函均视为无效，仍以原报价作为最终报价，若投标人提交的调价函多于一个，或对不允许调价的内容进行了调价，或调价函有附加条件，投标文件作为废标处理。

④ 若招标人接受调价函，投标人调价后的工程量清单和有效调价函的大写金额报价应保持一致，如果报价金额出现差异时，则以有效调价函的大写金额报价为准。

(6) 在合同实施期间，投标人填写的单价、合价和总额价是否由于物价波动进行价格调整按照合同条款的规定处理。如果按照合同条款的规定采用价格调整公式进行价格调整，由招标人根据项目实际情况测算确定价格调整公式中的变值权重范围，并在投标函附录价格指数和权重表中约定范围；投标人在此范围内填写各可调因子的权重，合同实施期间将按此权重进行调价。

4．投标保证金

投标人在递交投标文件的同时，应按招标人规定的金额、担保形式递交投标保证金，并作为其投标文件的组成部分。联合体投标的，其投标保证金由牵头人递交。投标人不按要求提交投标保证金的，其投标文件作废标处理。

1) 投标保证金的形式

投标保证金必须选择下列任一种形式：电汇、银行保函或招标人规定的其他形式。

(1) 若采用电汇，投标人应在规定的投标保证金递交截止时间之前，将投标保证金由投标人的基本账户一次性汇入招标人指定账户，否则视为投标保证金无效。

(2) 若采用银行保函，则应由投标人开立基本账户的银行开具。银行保函应采用招标文件提供的格式，且应在投标有效期满后 30 天内保持有效，招标人如果延长了投标有效期，则投标保证金的有效期也相应延长。银行保函原件应装订在投标文件的正本之中。

2) 投标保证金的退还

招标人与中标人签订合同后 5 个工作日内，向未中标的投标人和中标人退还投标保证金。投标保证金不予退还的学习情境 3 中已有描述。

投标保证金一般为投标总价的 1%～2%，招标人应据此算出具体金额，投标保证金的金额应符合国家有关规定。

投标保证金的格式如下。

投标保证金

若采用电汇，投标人应在此提供电汇回单的复印件。

如采用银行保函，银行保函原件装订在投标文件的正本之中，格式如下。

  _____(招标人名称)：

  鉴于_____(投标人名称)(以下称"投标人")于_____年____月____日参加_____(项目名称)____标段施工的投标，_____(担保人名称，以下简称"我方")无条件地、不可撤销地保证：投标人在规定的投标文件有效期内撤销或修改其投标文件的，或者投标人不接受评标办法的规定对其投标文件中细微偏差进行澄清和补正，或者投标人提交了虚假资料，或者投标人在收到中标通知书未按招标文件规定提交履约担保或拒绝签订合同协议书的，我方承担保证责任。收到你方书面通知后，在7天内无条件向你方支付人民币(大写)_____元。

  本保函在投标有效期或经延长的投标有效期期满30日内保持有效。要求我方承担保证责任的通知应在上述期限内送达我方。你方延长投标有效期的决定，应通知我方。

        担保人名称：_____(盖单位章)
        法定代表人或其委托代理人：_____(签字)
        地   址：_____
        邮政编码：_____
        电   话：_____
        传   真：_____

                ___年___月___日

5．资格审查资料

1) 当已进行资格预审的

投标人在编制投标文件时，应按新情况更新或补充其在申请资格预审时提供的资料，以证实其各项资格条件仍能继续满足资格预审文件的要求，具备承担本标段施工的资质条件、能力和信誉。投标人至少应更新以下资料(如有)。

(1) 财务状况方面的变化，新近取得银行信贷额度(如有必要)的证明/或获得其他资金来源的证据；以及现已接受(中标或签约)的新合同工程对财务状况的影响。

(2) 资格预审之后新承包的工程名称、规模、进展程度和工程质量。

(3) 资格预审后新交工的工程及评定的质量等级。

(4) 最近的仲裁或诉讼介入情况。

(5) 投标人名称的变更及有关批件。

如果投标人在送交投标文件时，其财备状况发生变化，或发生重大安全或质量事故，或发生法人合法变更或重组，或由于其他任何情况，导致投标人不能满足资格预审的各项条件时，投标人必须在其投标文件中对上述情况进行如实说明，否则，招标人一经查实，将视为投标人弄虚作假，其投标文件按废标处理。

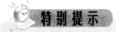
特别提示

招标人对投标人虚假行为的处理

招标人将进一步核查投标人在资格预审申请文件中提供的材料，若在评标期间发现投标人提供了虚假资料，招标人有权对投标人的投标文件作废标处理，并没收其投标担保；若在评标结果公示期间发现作为中标候选人的投标人提供了虚假资料，招标人有权取消其中标资格并没收其投标担保；若在合同实施期间发现投标人提供了投标人提供了虚假资料，招标人有权从工程支付款或履约保证金中扣除不超过合同总价10%的金额作为违约金。同时招标人将投标人上述弄虚作假行为上报省级交通主管部门，作为不良记录纳入公路建设市场信用信息管理系统。

2) 当未进行资格预审的

(1) "投标人基本情况表"应附企业法人营业执照副本(全本)的复印件(并加盖单位章)、施工资质证书副本(全本)的复印件(并加盖单位章)、安全生产许可证副本(全本)的复印件(并加盖单位章)、基本账户开户许可证的复印件(并加盖单位章)。

"拟委任的项目经理和项目总工资历表"应附项目经理(以及备选人)和项目总工(以及备选人)的身份证、职称资格证书以及资格审查条件所要求的其他相关证书(如建造师注册证书、安全生产考核合格证书等)的复印件，并应提供其担任类似项目的项目经理和项目总工的相关业绩证明材料复印件，并应附投标人所属社保机构出具的拟委任的项目经理和项目总工参加社保的有效证明材料(并加盖社保机构单位章)。

(2) "近年财务状况表"应附经会计师事务所或审计机构审计的财务会计报表，包括资产负债表、现金流量表、利润表和财务情况说明书的复印件，具体年份要求见投标人须知前附表。

(3) "近年完成的类似项目情况表"应附中标通知书和(或)合同协议书、工程接收证书(工程竣工验收证书)的复印件，具体年份要求见投标人须知前附表。每张表格只填写一个项目，并标明序号。

工程接受证书(工程竣工验收证书)可以是发包人出具的公路工程(标段)交工验收证书或竣工验收委员会出具的公路工程竣工验收鉴定书或质量监督机构对各参建单位签发的工作综合评价等级证书。

(4) "正在施工和新承接的项目情况表"应附中标通知书和(或)合同协议书复印件。每张表格只填写一个项目，并标明序号。

(5) "近年发生的诉讼及仲裁情况"应说明相关情况，并附法院或仲裁机构作出的判决、裁决等有关法律文书复印件，具体年份要求见投标人须知前附表。

(6) 投标人须知前附表规定接受联合体投标的，上述(1)~(5)项规定的表格和资料应包括联合体各方相关情况。

(7) 投标人在投标文件中填报的项目经理(以及备选人)和项目总工(以及备选人)不允许更换。

6. 备选投标方案

除投标人须知前附表另有规定外,投标人不得递交备选投标方案。允许投标人递交备选投标方案的,只有中标人所递交的备选投标方案方可予以考虑。评标委员会认为中标人的备选投标方案优于其按照招标文件要求编制的投标方案的,招标人可以接受该备选投标方案。

应用案例 4-2

某省际通道项目,13人组成的评标委员会于10月1日开始了封闭式评标。

评标开始前,招标人把参加评标人员的移动电话统一封存保管,关闭了市内电话。

评标委员会按照评标程序(符合性审查、商务评议、技术评议、评比打分)对投标文件进行评议。

评标委员会对八家公司所投投标文件的投标书、投标保证金、法人授权书、资格证明文件、技术文件、投标分项报价表等各个方面进行符合性审查时,发现A公司的投标文件未经法人代表签署,也未能提供法人授权书。

评标委员会依照招标文件的要求,对通过符合性审查的投标文件进行商务评议。发现投标人B公司投标文件的竣工工期为"合同签订后150天"(招标文件规定"竣工工期为合同签订后3个月")。

请思考:

评标委员会对A公司、B公司的投标文件应如何处理?

【案例解析】

对A、B公司的投标文件评标委员会应认定为废标。

评标的目的之一是审查投标文件是否对招标文件提出的实质性要求和条件作出响应。投标文件应当对招标文件提出的实质性要求和条件作出响应,这是确认投标文件是否有效的最基本要求。投标书及任何函件是否有法人代表或经授权代理人的签字且盖有单位公章也是响应性评审的标准之一,因此,A公司的投标文件为废标。B公司的投标文件明显没有对招标文件的实质性要求作出响应,也是废标。

4.5.2 投标文件的编制要求

投标文件是投标人参加竞标的标志,它反映了投标人所具备的承揽招标人项目的能力和向招标人所发出的书面报价。投标人对招标项目所拟订的质量、进度以及技术方面的情况在投标文件中都有明确地反映,因此作为投标人应按照相关的要求编制好投标文件,以期在投标竞争中取得项目。国家法律法规对投标文件的编制要求亦有明确的规定,《招标投标法》第27条第一款规定:"投标人应当按照招标文件的要求编制投标文件,投标文件应当对招标文件提出的实质性要求和条件做出响应。"该条规定了编制投标文件的基本要求。

(1) 投标文件应按"投标文件格式"进行编写,如有必要,可以增加附页,作为投标文件的组成部分。其中,投标函附录在满足招标文件实质性要求的基础上,可以提出比招标文件要求更有利于招标人的承诺。

(2) 投标文件应当对招标文件有关工期、投标有效期、质量要求、技术标准和要求、招标范围等实质性内容作出响应。

(3) 投标文件应用不褪色的材料书写或打印,投标函及投标函附录、承诺函、已标价工程量清单(包括工程量清单说明、投标报价说明、计日工说明、其他说明及工程量清单各项表格)、调价函及调价后的工程量清单(如有)的内容应由投标人的法定代表人或其委托代理人逐页签署姓名(本页正文内容已由投标人的法定代表人或其委托代理人签署姓名的可不签署)并逐页加盖投标人单位章(本页正文内容已加盖单位章的除外)。

如果投标文件由委托代理人签署,则投标人需提交附有法定代表人身份证明的授权委托书,授权委托书应按规定的书面方式出具,并由法定代表人和委托代理人亲笔签名,不得使用印章、签名章或其他电子版签名。经公证机关对授权委托书中投标人法定代表人的签名、委托代理人的签名、投标人的单位章的真实性做出有效公证后,原件应装订在投标文件的正本之中。投标人无须再对法定代表人身份证明进行公证。公证书出具的日期应与授权委托书出具的日期同日或在其之后。

如果由投标人的法定代表人亲自签署投标文件,则不需提交授权委托书,但应经公证机关对法定代表人身份证明中法定代表人的签名、投标人的单位章的真实性做出有效公证后,将原件装订在投标文件的正本之中。公证书出具的日期应与法定代表人身份证明出具的日期同日或在其之后。

以联合体形式参与投标的,投标文件由联合体牵头人的法定代表人或其委托代理人按上述规定签署并加盖联合体牵头人单位章。法定代表人授权委托书(如有)须由联合体牵头人按上述规定出具并公证。

投标文件应尽量避免涂改,行间插字或删除。如果出现上述情况,改动之处应加盖单位章或由投标人的法定代表人或其授权的代理人签字确认。

(4) 投标文件正本一份,副本按招标文件要求提供。正本和副本的封面上应清楚地标记"正本"或"副本"的字样。当副本和正本不一致时,以正本为准。

(5) 投标文件的正本与副本应分别装订成册(A4 纸幅),并编制目录、且逐页标注连续页码。投标文件不得采用活页夹装订,否则,招标人对由于投标文件装订松散或没按标准而造成的丢失或其他后果不承担任何责任。

(6) 标书编制完成后,进行打印、复印、装订、签字、盖章、密封等程序,以上所有环节因工作量大,直接影响到标书质量,是标书制作后期十分重要的一环,必须满足招标文件要求,同时要做到工整悦目、包装精美。在此环节需要注意以下几种情况造成的废标。

① 因缺页、签字、密封,特别是保函的缺失或不符造成的废标。
② 技术暗标格式不符,如文字、编排、图件、格式等,特别是不能出现投标单位任何信息或有能让评标人推测出投标方的任何信息而造成的废标。
③ 签字及盖章,如投标书中所有出现单位和代理人的地方,以及每一页均要签字及盖章。
④ 内外包封不同的要求,以及在规定投标截止日期未能及时递交标书造成的废标。

4.5.3 投标文件的密封和标识

投标文件编制完成后,应按要求进行密封和标示,否则招标人不予受理。

1. 单信封形式

(1) 投标文件的正本与副本应分别包装在内层封套里,投标文件电子文件(如需要)以及填写完毕的工程量固化清单电子文件(若采用工程量固化清单形式)应与正本包在同一个内层封套里,然后统一密封在一个外层封套中。内层和外层封套均应加贴封条,内层封套的封口处应加盖投标人单位章。外层封套上不应有任何投标人的识别标志。

(2) 投标文件的内层封套上应清楚地标记"正本"或"副本"字样,内、外层封套上应写明的其他内容见投标人须知前附表中的规定。

2. 采用双信封形式

(1) 本次招标采用双信封形式,投标文件第一个信封(商务及技术文件)以及第二个信封(投标报价和工程量清单)应单独密封包装。第一个信封(商务及技术文件)的正本与副本应分别包装在相应的内层封套里,然后统一密封在一个外层封套中。第二个信封(投标报价和工程量清单)的正本与副本应分别包装在相应的内层封套里,投标文件电子文件(如需要)以及填写完毕的工程量固化清单电子文件(若采用工程量固化清单形式)应与第二个信封(投标报价和工程量清单)正本包在同一个内层封套里,然后统一密封在一个外层封套中。内层和外层封套均应加贴封条,内层封套的封口处应加盖投标人单位章。外层封套上不应有任何投标人的识别标志。

(2) 投标文件的内层封套上应清楚地标记"正本"或"副本"字样,投标文件第一个信封(商务及技术文件)以及第二个信封(投标报价和工程量清单)封套上应写明的其他内容见投标人须知前附表中的规定。

4.5.4 投标文件的递交

对于投标文件的递交,应注意以下几点。

1. 递交时间

招标文件中会明确投标文件递交的时间,投标人应在规定的投标截止时间前递交投标文件。逾期送达的,招标人不予受理。

2. 递交方式

投标人递交投标文件的方式可以是直接送达,也可以通过邮寄的形式送达。邮寄方式送达应以招标人实际收到时间为准,而不是以"邮戳日期"为准。

3. 递交地点

投标人应严格按招标人规定的地点递交。采用邮寄形式递交的,务必写清地址,投标人因为递交地点发生错误而不能及时递交的,将被招标人拒绝接受。

4. 文件签收

投标文件按规定递交后,招标人应向投标人出具签收凭证,并对投标文件进行妥善保存,在开标前任何单位和个人不得开启投标文件。除招标人另有规定外,投标人所递交的投标文件不予退还。

5. 特殊情况

招标人如果决定延后投标截止时间，应在投标人须知前附表规定的时间前，以书面形式通知所有投标人延后投标截止时间。在此情况下，招标人和投标人的权利和义务相应延后至新的投标截止时间。

4.5.5 投标文件的修改与撤回

投标文件的修改是指投标人对投标文件中遗漏和不足的部分进行增补，对已有的内容进行修订。投标文件的撤回是指投标人收回全部投标文件，或放弃投标，或重新递交新的投标文件。

投标文件的修改与撤回应注意以下几点。

(1) 在规定的投标截止时间前，投标人可以修改或撤回已递交的投标文件，但应以书面形式通知招标人。

(2) 投标人修改或撤回已递交投标文件的书面通知应按照要求签字或盖章。招标人收到书面通知后，向投标人出具签收凭证。

(3) 修改的内容为投标文件的组成部分。修改的投标文件应按照规定进行编制、密封、标记和递交，并标明"修改"字样。

4.5.6 投标有效期

投标有效期是指招标文件中规定的一个适当的有效期限，以保证招标人有足够的时间完成评标和与中标人签订合同，在此期限内投标文件对投标人具有法律约束力。投标有效期从招标文件规定的提交投标文件的截止之日起计算。

(1) 投标有效期的延长。出现特殊情况需要延长投标有效期的，招标人应在原投标有效期结束之前，以书面形式通知所有投标人延长投标有效期。投标人同意延长的，应相应延长其投标保证金的有效期，投标人拒绝延长的，其投标失效，但投标人有权收回其投标保证金。

(2) 投标有效期内的要求。投标人在投标有效期内，不得撤销或修改其投标文件，投标文件中的承诺也不应随有效期的延长而发生改变。

4.5.7 开标

1. 开标时间和地点

招标人在规定的投标截止时间(开标时间)和投标人须知前附表规定的地点公开开标，并邀请所有投标人的法定代表人或其委托代理人准时参加。

投标人若未派法定代表人或委托代理人出席开标活动，视为该投标人默认开标结果。

若采用双信封形式，采用以下条款。

(1) 招标人在规定的投标截止时间(开标时间)和投标人须知前附表规定的地点对收到的投标文件第一个信封(商务及技术文件)公开开标，并邀请所有投标人的法定代表人或其委托代理人准时参加。

(2) 招标人在投标人须知前附表规定的时间和地点对投标文件第二个信封(投标报价和工程量清单)进行开标，并邀请所有投标人的法定代表人或其委托代理人准时参加。

(3) 投标人若未派法定代表人或委托代理人出席开标活动，视为该投标人默认开标结果。

2. 开标程序

1) 开标的一般程序

主持人按下列程序进行开标。

(1) 宣布开标纪律。

(2) 公布在投标截止时间前递交投标文件的投标人名称，并点名确认投标人是否派人到场。

(3) 宣布开标人、唱标人、记录人、监标人等有关人员姓名。

(4) 按照投标人须知前附表规定检查投标文件的密封情况。

(5) 按照投标人须知前附表的规定确定并宣布投标文件开标顺序。

(6) 设有标底的，公布标底。

(7) 按照宣布的开标顺序当众开标，公布投标人名称、标段名称、投标保证金的递交情况、投标报价、质量目标、工期及其他内容，并记录在案。

(8) 投标人代表、招标人代表、监标人、记录人等有关人员在开标记录上签字确认。

(9) 开标会议结束。

开标过程中，若招标人发现投标文件出现以下任一情况，经监标人确认后当场宣布为废标。

(1) 未在投标函上填写投标总价。

(2) 投标报价或调整函中的报价超出招标人公布的投标控制价上限(如有)。

若招标人宣读的内容与投标文件不符时，投标人有权在开标现场提出异议，经监标人当场核查确认之后，可重新宣读其投标文件。若投标人现场未提出异议，则认为投标人已确认招标人宣读的内容。

2) 双信封开标程序

若采用双信封形式，采用以下程序。

主持人按下列程序对投标文件第一个信封(商务及技术文件)进行开标。

(1) 宣布开标纪律。

(2) 公布在投标截止时间前递交投标文件的投标人名称，并点名确认投标人是否派人到场。

(3) 宣布开标人、唱标人、记录人、监标人等有关人员姓名。

(4) 按照投标人须知前附表规定检查投标文件的密封情况。

(5) 按照投标人须知前附表的规定确定并宣布投标文件开标顺序。

(6) 按照宣布的开标顺序当众开标，公布投标人名称、标段名称、投标保证金的递交情况、质量目标、工期及其他内容，并记录在案。

(7) 投标人代表、招标人代表、监标人、记录人等有关人员在开标记录上签字确认。

(8) 开标会议结束。

若招标人宣读的内容与投标文件不符时，投标人有权在开标现场提出异议，经监标人当场核查确认之后，可重新宣读其投标文件。若投标人现场未提出异议，则认为投标人已确认招标人宣读的内容。

投标文件第二个信封(投标报价和工程量清单)不予开封，并交监标人密封保存。

招标人将按照前面规定的时间和地点对投标文件第二个信封(投标报价和工程量清单)进行开标。主持人按下列程序进行开标。

(1) 宣布开标纪律。

(2) 当中拆开投标文件第一个信封(商务及技术文件)评审结果的密封袋，宣布通过投标文件第一个信封(商务及技术文件)评审的投标人名单，并点名确认投标人是否派人到场。

(3) 宣布开标人、唱标人、记录人、监标人等有关人员姓名。

(4) 按照投标人须知前附表规定检查投标文件情况。

(5) 按照投标人须知前附表的规定确定并宣布投标文件开标顺序。

(6) 设有标底的，公布标底。

(7) 按照宣布的开标顺序当众开标，开标人在拆封投标文件第二个信封(投标报价和工程量清单)外层封套后，按照内层封套上写明的投标人名称公布通过投标文件第一个信封(商务及技术文件)评审的投标文件第二个信封(投标报价和工程量清单)的投标人名称、标段名称及其他内容，并记录在案，将未通过投标文件第一个信封(商务及技术文件)评审的投标文件第二个信封(投标报价和工程量清单)退还给投标人。

(8) 投标人代表、招标人代表、监标人、记录人等有关人员在开标记录上签字确认。

(9) 开标会议结束。

第二个信封(投标报价和工程量清单)开标过程中，若招标人发现投标文件出现以下任一情况，经监标人确认并当场宣布为废标。

(1) 未在投标函上填写投标总价。

(2) 投标报价或调价函中的报价超出招标人公布的投标控制价上限(如有)。

若招标人宣读的内容与投标文件不符时，投标人有权在开标现场提出异议，经监标人当场核查确认之后，可重新宣读其投标文件。若投标人现场未提出异议，则认为投标人已确认招标人宣读的内容。

4.5.8 评标

1. 评标委员会

评标由招标人依法组建的评标委员会负责。评标委员会由招标人或其委托的招标代理机构熟悉相关业务的代表，以及有关技术、经济等方面的专家组成。评标委员会成员人数以及技术、经济等方面专家的确定方式见投标人须知前附表。

评标委员会成员有下列情形之一的，应当回避。

(1) 招标人或投标人的主要负责人的近亲属。

(2) 项目主管部门或者行政监督部门的人员。

(3) 与投标人有经济利益关系，可能影响对投标公正评审的。

(4) 曾因在招标、评标以及其他与招标投标有关活动中从事违法行为而受过行政处罚或刑事处罚的。

知识链接

《公路工程施工招标投标管理办法》规定：国道主干线和国家高速公路网建设项目，评标委员会专家从交通运输部设立的评标专家库中随机抽取，其他公路建设项目的评标委员会专家从省级人民政府交通运输主管部门设立的评标专家库中随机抽取。

2．评标原则

评标活动遵循公平、公正、科学和择优的原则。

3．评标

评标委员会按照"评标办法"规定的方法、评审因素、标准和程序对投标文件进行评审。《公路工程标准文件》"评标办法"没有规定的方法、评审因素和标准，不作为评标依据。

公路工程施工招标的评标方法可以使用合理低价法、最低评标价法、综合评估法和双信封评标法以及法律、法规允许的其他评标方法。

1) 合理低价法

是指对通过初步评审和详细评审的投标人，不对其施工组织设计、财务能力、技术能力、业绩及信誉进行评分，而是按招标文件规定的方法对投标文件进行评分，并按照得分由高到低的顺序排列，推荐前3名投标人为中标候选人的评标方法。

2) 最低投标价法

是指按由低到高顺序对评标价不低于成本价的投标文件进行初步评审和详细评审，推荐通过初步评审和详细评审且评标价最低的前3名投标人为中标候选人的评标方法。

3) 综合评估法

是指对所有通过初步评审和详细评审的投标人的评标价、财务能力、技术能力、管理水平以及业绩与信誉进行综合评分，按综合评分由高到低排序，并推荐前3名投标人为中标候选人的评标方法。

4) 双信封评标法

是指投标人将投标报价和工程量清单单独密封在一个报价信封中，其他商务和技术文件密封在另外一个信封中，分两次开标的评标方法。第一次开商务和技术文件信封，对商务和技术文件进行初步评审和详细评审，确定通过商务和技术评审的投标人名单。第二次再开通过商务和技术评审投标人的投标报价和工程量清单信封，当场宣读其报价，再按照招标文件规定的评标办法进行评标，推荐中标候选人。对未通过商务和技术评审的投标人，其报价信封将不予开封，当场退还给投标人。

公路工程施工招标评标，一般应当使用合理低价法。使用世界银行、亚洲开发银行等国际金融组织贷款的项目和工程规模较小、技术含量较低的工程，可使用最低评标价法。

评标委员会完成评标工作后，应当向招标人提出书面评标报告。评标报告应当由所有评标委员会委员签字。

评标报告应当载明以下内容。

(1) 评标委员会的成员名单。

(2) 开标记录情况。

(3) 评标采用的标准和方法。

(4) 对投标人的评价。
(5) 符合要求的投标人情况。
(6) 推荐的中标候选人。
(7) 需要说明的其他事项。

4.5.9 中标

评标委员会推荐的中标候选人应当限定在 1 至 3 人，并标明排列顺序。招标人应当根据评标委员会提出的书面评标报告确定排名第一的中标候选人为中标人。排名第一的中标候选人放弃中标、因不可抗力不能履行合同，或者在招标文件规定的期限内未能提交履约担保的，招标人可以确定排名第二的中标候选人为中标人。排名第二的中标候选人因前款规定的原因也不能签订合同的，招标人可以确定排名第三的中标候选人为中标人。

招标人可以授权评标委员会直接确定中标人。

招标人应当将评标结果在招标项目所在地省级交通主管部门政府网站上公示，接受社会监督。公示时间不少于 7 日。

招标人确定中标人后，应当向中标人发出中标通知书，并同时将中标结果通知所有未中标的投标人。

招标人应当自确定中标人之日起 15 日内，将评标报告向《招标投标法》第 22 条规定的备案机关进行备案。

招标人和中标人应当自中标通知书发出之日起 30 日内订立书面公路工程施工合同。公路工程施工合同应当按照招标文件、中标人的投标文件、中标通知书订立。

应用案例 4-3

某招标工程，经研究考察确定邀请 5 家具备资质等级的施工企业参加投标。各投标企业按技术、经济标（双信封）分别装订报送。经招标领导小组研究评标原则如下。

(1) 技术标占总分的 30%。
(2) 经济标占总分的 70%（其中报价占 30%，工期占 20%，企业信誉占 10%，施工经验占 10%）。
(3) 各单项评分满分均为 100 分，计算中小数点后取一位。
(4) 报价评分原则是：以标底的 1±3% 范围之内为有效标，超过该范围的认为废标，报价低于标底 3% 的为 100 分，标价每上升 1% 扣 10 分。
(5) 工期评分原则是：以定额工期为准，提前 15% 为 100 分，每延后 5% 加 10 分，超过规定工期为废标。
(6) 企业信誉评分原则是：以企业近三年工程优良率为准，100% 为满分。如国家级获奖工程，每项加 20 分，如有省市奖优良工程每项加 10 分；项目班子施工经验评分原则是以近三年来承建类似工程占承建总工程的百分比计算，100% 为 100 分。

下面是 5 家投标单位投标报表情况。

(1) 技术方案标：经专家对各家所报方案，针对总平面布置、施工组织、施工技术方法及工期、质量、安全、文明施工措施，机具设备配置、新技术、新工艺、新材料推广应用等项综合评定打分为：A 单位 95 分；B 单位 87 分；C 单位 93 分；D 单位 85 分；E 单位 95 分。

(2) 经济标各项投标见表 4-3。

表 4-3 经济标各项汇总表

项目投标单位	报价/万元	工期/月	企业信誉近三年优良工程率及获奖工程	项目班子施工经验（承建类似工程百分比）
A	5970	36	50%，获省优工程一项	30%
B	5880	37	40%	30%
C	5850	34	55%，获鲁班奖工程一项	40%
D	6150	38	40%	50%
E	6090	35	50%	20%
标底	6000	40		

思考：
试对各投标单位按评标原则进行评分，以最高分为中标单位，确定中标单位。

【案例解析】

(1) 计算各投标单位相对报价及得分，见表 4-4。

表 4-4 各投标单位相对报价及得分表

项目 \ 投标单位	A	B	C	D	E
标底	6000	6000	6000	6000	6000
报价	5970	5880	5850	6150	6090
相对报价	99.5%	98%	97.5%	102.5%	101.5%
得分	75	90	95	45	55

(2) 计算各投标单位工期提前率及得分，见表 4-5。

表 4-5 投标单位工期提前率及得分表

投标单位	A	B	C	D	E
定额工期/月	40	40	40	40	40
投标工期/月	36	37	34	38	35
工期提前率	10%	7.5%	15%	5%	12.5
得分	90	85	100	80	95

(3) 计算各投标单位企业信誉得分，见表 4-6。

表 4-6 各投标单位企业信誉得分表

项目 \ 投标单位	A	B	C	D	E
工期保障及获奖	50%，省优奖	40%	55%，鲁班奖	40%	50%
得分	60	40	75	40	50

(4) 计算各投标单位各项得分及总分,见表4-7。

表4-7 各投标单位各项得分及总分表

投标单位	A	B	C	D	E
技术标综合得分	28.5	26.1	27.9	25.5	24
报价综合得分	22.5	27	28.5	13.5	16.5
工期综合得分	18	17	20	16	19
企业信誉综合得分	6	4	7.5	4	5
施工经验综合评分	3	3	4	5	2
综合评分	78	77.1	87.9	64	66.5

(5) 因为 C 单位综合评分得分最高,故 C 单位中标。

学习情境小结

公路工程施工招投标是公路工程任务承揽中非常重要的一部分。在施工招标工作中,对与大型工程的招标人应合理划分标段,明确公路工程施工招标过程中相关组织机构的组成及职责,编制详细合理的资格审查文件和招标文件。

另外,要想有效地进行工程投标,重要的是要认真完成工程施工投标的各项准备工作,包括成立投标机构,查证投标信息进行投标决策,调查与工程项目有关的情况,取得投标资格,分析招标文件,勘察现场,参加标前会议,核实工程量,编制施工组织设计。同时,投标文件的编制也要重视。投标文件涉及的内容多,必须认真仔细,标书编制完成后,还要进行打印、复印、装订、签字、盖章、密封等程序,以上所有环节因工作量大,直接影响到标书质量,是标书制作后期十分重要的一环,必须满足招标文件的各项要求,同时要做到工整悦目、包装精美。最后在投标截止日期前将标书递交至指定地点并签字确认。

思考与练习

一、单选题

1. 受招标人的委托,代为从事招标活动的中介组织是(　　)。
　　A. 建设单位　　B. 施工单位　　C. 招标代理　　D. 设计单位
2. 《公路工程施工招标投标管理办法》规定:投资总额在(　　)万元人民币以上的公路工程施工项目、施工单项合同估算价在(　　)万元人民币以上的公路工程施工项目以及法律、行政法规规定应当招标的其他公路工程施工项目必须进行招标。
　　A. 1 000　50　　B. 1 000　100　　C. 2 000　100　　D. 3 000　200
3. 招标文件的澄清将在投标人须知前附表规定的投标截止时间(　　)天前以书面形式发给所有购买招标文件的投标人。

　　　　A．15　　　　　　B．10　　　　　　C．20　　　　　　D．5

4．招标人应按规定的时间和地点向经审查合格的(　　)发售招标文件及有关资料，并收取一定数量的投标保证金。

　　　　A．投标人　　　　B．代理人　　　　C．银行　　　　　D．中标人

5．编制工程施工招标标底时，分部分项工程量的单价为全费用单价。全费用单价综合计算完成分部分项工程所发生的直接费、间接费、利润、税金。工程量清单计价法的单价主要采用此种方法，被称为(　　)。

　　　　A．工料单价法　　B．综合单价法　　C．定额法　　　　D．其他方法

6．联合体牵头人所承担的工程量必须超过总工程量的(　　)。

　　　　A．40%　　　　　B．50%　　　　　C．60%　　　　　D．70%

7．下列选项中一定不是投标保证金形式的是(　　)。

　　　　A．电汇　　　　　B．银行保函　　　C．欠条　　　　　D．现金

8．有关招标文件的递交，说法错误的是(　　)。

　　A．投标人应在规定的投标截止时间前递交投标文件

　　B．邮寄方式递交投标文件只要"邮戳日期"在投标截止日期前就可以

　　C．邮寄方式递交投标文件应以招标人实际收到时间为准

　　D．可以送达，也可以邮寄方式递交

9．收到投标单位提出的问题后，招标单位应通过(　　)方式通知所有投标单位。

　　　　A．电话　　　　　B．口头　　　　　C．短信　　　　　D．书面

二、多选题

1．建设工程施工招标的条件有(　　)。

　　A．招标人已经依法成立

　　B．初步设计及概算应当履行审批手续的，已经批准

　　C．招标范围、招标方式和招标组织形式等应当履行核准手续的，已经核准

　　D．有相应资金或资金来源已经落实

　　E．有招标所需的设计图纸及技术资料

2．编制工程施工招标标底的主要依据包括(　　)。

　　A．招标文件　　　　　　B．市场价格信息　　　　C．投标文件

　　D．工程施工图纸、编制标底价格前的施工图纸设计交底

　　E．工程建设地点的现场地质、水文以及地上情况的有关资料，施工组织设计或施工方案等

3．双信封形式的投标文件，第二个信封包含的内容为(　　)。

　　A．投标函及投标函附录

　　B．已标价工程量清单

　　C．调价函及调价后工程量清单（如有）

　　D．联合体协议书

　　E．承诺函

4. 关于投标有效期，下列说法正确的是(   )。
   A. 投标有效期可以递交投标文件
   B. 投标有效期从招标文件规定的提交投标文件的截止之日起计算
   C. 投标有效期内，投标文件对投标人具有法律约束力
   D. 招标人可以延长投标有效期，但必须以书面形式通知所有投标人
   E. 投标人同意延长投标有效期的，应相应延长其投标保证金的有效期，投标人拒绝延长的，其投标失效，但投标人有权收回其投标保证金
5. 下列关于施工联合体投标的表述正确的有(   )。
   A. 联合体各方必须签订联合体协议书
   B. 联合体成员数量不受限制
   C. 联合体牵头人所承担的工程量必须超过总工程量的50%
   D. 联合体非牵头人在履行合同过程中负有连带的和各自法律责任
   E. 按照资质等级较低的单位确定联合体资质等级
6. 在规定的投标截止时间前，投标人可以做的工作有(   )。
   A. 可以修改投标文件   B. 可以撤回投标文件
   C. 可以放弃投标   D. 可以增补投标文件
   E. 撤回投标文件后还可以重新提交新的投标文件
7. 在投标有效期内，下列表述正确的是(   )。
   A. 可以修改投标文件   B. 不可以撤回投标文件
   C. 可以放弃投标   D. 不可以增补投标文件
   E. 投标文件对投标人具有法律约束力

三、简答题

1. 简述公路工程招标文件的主要内容。
2. 简述我国施工招标过程中，标底的编制方法的具体内容。
3. 简述我国施工招标中编制标底的主要依据。

四、案例分析

某省一级公路，由于地理位置险要，地质条件复杂，施工工艺先进，施工条件困难，对施工单位的施工设备和同类工程施工经验要求非常高，而且对工期的要求也比较紧迫，基于本公路工程的实际情况，业主决定仅邀请3家国有一级施工资质企业参加投标。

该项目进行施工招标，招标人编制了完整详细的招标文件，其招标文件的内容如下：①成立准备工作小组；②发出投标邀请书；③编制招标文件；④编制标底；⑤发放招标文件；⑥招标答疑；⑦组织现场勘探；⑧开标；⑨确定中标单位；⑩签订承发包合同；⑪发出中标通知书。

问题：

1. 如果将上述招标工作内容的顺序作为招标工作先后顺序是否妥当？如果不妥，确定合理的顺序。
2. 工程建设项目施工招标文件的内容？

学习情境 5

公路工程投标报价

能力目标

通过本学习情境内容的学习,要求学生了解投标报价的基本概念、投标价的组成;熟悉投标报价编制的程序和内容;掌握投标报价的策略和技巧;能进行简单的标后分析与总结。

能力要求

知识目标	知识要点	权重
了解投标报价的基本概念	投标报价的原则与依据、投标价的组成	10%
熟悉投标报价编制的程序和内容	投标报价编制的程序、投标报价编制的内容	20%
掌握投标报价编制方法	确定报价考虑的因素;工程直接费、待摊费用的计算	25%
掌握投标报价的决策、策略和技巧	公路工程报价决策、策略;公路工程报价技巧	25%
熟悉公路工程标后分析与总结	标后分析和总结的必要性、原则、内容	20%

引例

在某公路工程施工公开招标中，有A、B、C、D、E、F、G、H等施工单位报名投标，经招标代理机构资格预审合格，但建设单位以A单位是外地单位为由不同意其参加投标。

评标时发现，B单位的投标报价明显低于其他单位报价且未能说明理由；D单位投标报价大写金额小于小写金额；F单位投标文件提供的施工方法为其自创，且未按原方案给出报价；H单位投标文件中某分项工程的报价有个别漏项；其他单位投标文件均符合招标文件要求。

看过本案例后，你觉得A单位是否有资格参加投标？为什么？B、D、F、H四家单位的标书是否为有效标？

项目导入

投标价(中标价)的高低是投标人能否中标和中标后能否盈利最重要的因素，也是招标人能否控制工程造价，避免工程结算超预算的基础。因此，投标报价是整个招投标过程中最重要的核心环节之一。影响投标报价的因素很多，既有自身的因素，也有业主、竞争对手、项目、环境等各方面的因素。因此，仔细研究招标文件和招标人真实意图，认真进行现场调研，充分收集报价相关的资料，掌握报价的方法、策略、技巧相当重要。

任务5.1　投标报价的基本理论

知识目标

(1) 了解投标报价与概预算的联系和区别。
(2) 熟悉投标报价的原则与依据。
(3) 掌握投标报价的构成。

工作任务

准确地了解关于投标报价的相关概念。

5.1.1　投标报价(标价)与概预算的关系

1. 联系

1) 编制方法相同

为了使报价与业主的概、预算、标底具有可比性，目前我国大部分投标人(施工企业)仍然按照《公路基本建设概、预算编制办法》来编制报价。

2) 使用同一本定额和同一个价格信息

由于受评标方法的制约，一方面，投标人要想中标必须把报价的重点放在估计招标人标底和分析竞争对手的报价上，因此，投标人就不得不使用招标人编制标底使用的定额和价格信息；另一方面，由于很少采用最低评标法，投标人在报价时不需要进行成本核算，从而也没有编制企业定额的压力和动力，因此，投标人在报价时别无选择。

3) 都是工程造价的表现形式

概、预算反映的是工程的投资费用，投标价(中标价)反映的是工程的合同价、承包价。两者是从不同角度反映工程造价的。

2. 区别

1) 两者反映工程造价的方式不同

概、预算是计划经济的产物，反映工程的计划价格。标价是市场竞争形成的价格，反映工程的市场价格。

2) 两者价格形成的机制不同

概、预算形成主要受价值规律的影响，不随投标人数量、市场竞争状况的变化而变化。标价的形成不仅受价值规律的影响，而且受供求关系的影响，一般来说，投标人多，价格就低。

3) 两者反映的成本内涵不同

概、预算反映的是过去先进平均成本。标价反映的是当前平均先进成本，甚至是当前个别先进成本。

4) 两者的编制依据和费用范围不同

概、预算是根据设计文件、概、预算定额和编制办法来确定工程造价，而标价则根据招标文件的要求来编制。同时概、预算反映整个建设期间的费用，而(施工投标)标价仅反映施工阶段的费用。

5) 两者的性质不同

概、预算的编制具有法令性，而标价的编制则具有自主性。

5.1.2 投标报价的原则与依据

1. 投标报价的原则

1) 确保报价入围的原则

为了控制工程造价，防止投标人人为抬高报价和不计成本抢标，我国目前大多数公路工程招标项目都规定了投标人报价的有效范围或最高限价、下限价。因此，投标人在报价时，首先必须要确保报价范围。

2) 有利于提高中标概率原则

投标人花费大量的人力、物力、财力参加投标，目的就是为了中标，如果一旦投标失败，所有的投标成本就成为收不回来的"沉没成本"。因此，投标人在确保报价范围的前提下，应重点研究有利于提高中标概率的报价区间，尽可能报出一个很有竞争力的报价。

3) 有利可图的原则

投标人之所以想中标，归根结底是希望通过中标项目获取近期或远期利益(利润)。因此，投标人在决定最终投标报价时，必须在中标概率大小和有利可图之间慎重权衡，不能一味地为了提高中标概率而不计成本地降低报价。

2. 投标报价的编制依据

1) 招标文件

招标文件是编制投标报价的重要资料。因为，投标本身就是实质性响应招标文件的过程。因此，投标人在编制报价前，必须仔细阅读招标文件，全面了解并理解投标人在合同中的权利、责任、义务、利益，深入分析投标过程及中标后项目实施过程中投标人应当承担或可能面临的各种风险，发现招标文件中的漏洞和疏忽，特别是图纸工程量与清单工程量可能存在的差异，为制定合适报价策略、确定合理报价提供依据。实践证明，吃透招标文件，对投标人的成功中标将起到"事半功倍"的作用；对招标文件囫囵吞枣、一知半解，即使侥幸中标，也会"事倍功半"。

2) 现场考察收集的资料

现场考察是投标人全面了解投标项目现场施工环境及施工风险的重要途径，是投标人编制恰当报价和搞好施工组织设计的前提，同时，招标人通常也在招标文件中明示：投标人的报价是在充分考虑现场情况下的报价。因此，投标人在现场考察过程中必须全面、细致地了解工程所在地的政治、经济、法律、地理及施工条件等情况，认真、准确收集工程所在地与投标报价相关的各种原始资料和数据。

3) 施工组织设计

施工组织设计不仅影响工程的实施，在综合评分法下还影响投标人的综合得分，而且直接影响清单项目的报价。不同的施工方案、施工顺序和施工组织所需的工程费用不一样，有时甚至相差很大。因此，投标人必须坚持合理、先进、科学、经济、易行的原则编制施工组织设计。同时，不能仅仅把施工组织设计作为投标文件的一个组成部分和得分手段，应该把施工组织设计作为项目施工组织管理的"章程"。

4) 投标人自身的资料

(1) 投标人近5年已完工程的成本分析资料和中标项目的报价资料，特别是类似项目的。

(2) 投标人能投入到拟投标项目的各种资源(人员、设备、财力等)状况。

(3) 投标人的企业定额。

(4) 投标人对投标项目收集、加工、整理、分析的资料，以及投标人投标报价的策略和技巧。

5) 投标人竞争对手的信息和资料

(1) 竞争对手的数量、实力以及与业主的关系。

(2) 竞争对手目前的经营状况。通常情况下，如果竞争对手急于想中标，往往报价低些；如果竞争对手任务多、实力强，报价就高些。

(3) 竞争对手投标常用策略、习惯、行为特点等。

(4) 竞争对手过去报价的资料，特别是与投标人同时竞标时的报价资料，用来分析竞争对手报价的特点及报价高于或低于投标人的概率。

6) 其他资料

(1) 招标文件所规定的各种标准、技术规范等。

(2) 现行的各种《公路工程施工定额》、《公路工程预算定额》、《公路基本建设概、预算编制办法》及地方政府颁发的有关收费标准和定额。

(3) 国家和地方相关部门颁布的相关价格指数和材料价格信息等。

5.1.3 投标价的构成

1. 投标价的概念

1) 概念

招标文件所述的招标工程中所投合同段的全部工程的投标价,并以投标人在工程量清单中所提出的单价或总额价为依据。

2) 投标价的外延

投标人没有报价的清单项目,视为已包含在工程量清单其他细目的单价或总额价中,业主不予支付;多报的细目、单价、合价或总额价业主也不予接受,严重者将视为重大偏差而废标。

3) 投标价的内涵

除非合同另有规定,投标人已报价的清单项目已包含了为实施和完成合同工程所需的劳务、材料、机械、质检(自检)、安装、缺陷修复、管理、保险(工程一切险、第三方责任险)、税费、利润等,以及合同明示或暗示的所有责任、义务和一般风险。

当然,投标报价的具体内涵和外延要根据具体招标文件工程量清单编制说明来进行界定。

2. 内部标价的构成

所谓内部标价,是指投标人根据设计图纸和技术规范,参照有关定额,按照费用类别,但不是按照工程量清单格式计算的所投标项目的建筑安装工程费。包括直接费、待摊费、分包费和暂定金额与计日工。

各项费用构成如图 5.1 所示。

3. 外部标价的构成

外部(对外)标价,即工程量清单报价,是将所投工程的全部费用(内部标价),按照工程量清单的格式计算的标价。它是在内部标价计算的基础上,经过分析、组合、分配后对外做出的最终报价。

$$总标价=\sum(工程量清单分项工程单价\times 分项工程量)+暂定金额+计日工$$

$$工程量清单分项工程单价=分项工程直接费\times 待摊费用系数$$

$$平均待摊费用分摊系数=\frac{\sum(分项工程直接费)+待摊费}{\sum(分项工程直接费)}\approx 1.15\sim 1.36 \quad (5.1)$$

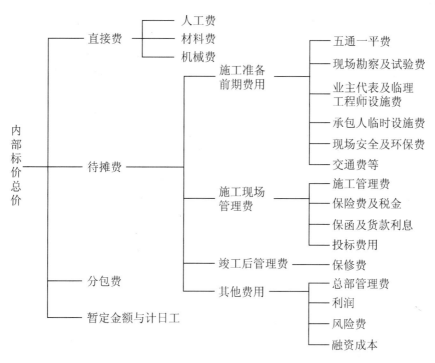

图 5.1 内部标价构成图

任务 5.2 投标报价编制的程序和内容

知识目标

(1) 了解投标报价编制的程序。
(2) 熟悉投标报价的内容。

工作任务

准确地认识关于投标报价编制的程序和内容。

5.2.1 投标报价编制的程序

1. 研究并吃透招标文件

招标文件作为合同文件的一个重要组成部分,对招投标文件责任、义务、利益、风险均做出了明确的规定。其中很多条款影响并左右着投标人的报价,比如投标须知中的评标办法;通、专用条款中保留金的比例,中期支付的比例和时间,开工预付款的比例、支付条件和时间等规定。总之,招标文件要求投标人承担的责任、义务、风险越多(大),投标人的报价就应越高。因此,投标人在编制报价前,必须认真研究招标文件,全面准确理解投标人应该承担的责任、义务和风险。

2. 现场考察

现场考察是收集报价和施工组织设计第一手资料的重要途径，投标人应高度重视。在考察前仔细阅读招标文件和图纸，拟定现场考察提纲和疑点，设计好调查表格，做到有的放矢。在考察过程中应认真仔细、全面详尽收集资料。考察后再对着招标文件进行逐一核对，有疑虑的在必要时可再次进行重点补充调查。现场考察的具体内容如下。

(1) 地质和气候条件。地质与设计文件是否相符；项目所在地水文情况；通常情况下的气候条件。

(2) 工程施工条件。材料供应情况和价格水平；交通运输条件；通信与电力供应状况；劳动力素质、供应情况及工资水平；机械设备租赁情况及价格水平等。

(3) 经济方面。当地的经济发展水平和通货膨胀情况，汇率水平及变化等。

(4) 政治和人文环境方面。项目所在地(国)政府的管理和服务水平；政局和社会稳定情况；当地人文背景、法律环境、历史传统、风俗习惯等。在国外投标时这一点特别重要。

(5) 其他方面。医疗、环保、安全、治安情况等。

3. 核实工程数量

尽管招标人提供的工程量清单中列明了项目涉及的工程细目及工程数量。但由于种种原因，清单工程量与图纸工程量、图纸工程量与实际工程量往往存在不一致的地方，有时甚至出入较大。因此，投标人必须根据图纸和掌握的现场资料，认真仔细地核实每一个工程细目的工程量。

1) 核实工程量的目的

(1) 促进投标人对技术规范中的计量支付规则做进一步的研究、理解，为分解工程量清单和套用定额做准备。

(2) 有助于投标人全面掌握各分项工程的数量和计量单位，便于更好地分析定额和确定报价。

(3) 有助于投标人发现工程量清单中的错漏，为制定报价策略和技巧提供依据。

2) 核实工程量的工作内容

(1) 全面掌握所投工程项目的工程量种类。

(2) 统筹兼顾，掌握重点。工程量清单的每一个细目工程量，投标人都应认真核实，但对容易产生错漏或对标价影响较大的项目应重点核实。如对于路基工程，核实的重点是工程量计算方法和数量是否合理、准确，土石方划分是否恰当，借方运距是否合理，挖填是否平衡，工程细目是否存在漏项等。

(3) 计算附属工作量。对于分部分项工程施工产生的附属工作量，应根据技术规范计算其消耗量，它一般与所采用的施工方案(施工方法)有关。

(4) 对技术规范与定额的计量单位不一致的工程细目，按规定进行换算。

3) 分解工程量

清单工程细目与定额细目一般没有一一对应，一个清单项目往往包含若干定额细目。因此，在运用定额法计算工程量清单细目的直接费时，必须先根据技术规范和工程量计价规则的规定进行分解。特别应注意搞清楚每个工序的工作内容分摊到哪些工程细目中去，如灌注桩工作平台制作、埋护筒应分摊到钻孔灌注桩工程细目中去。

4. 确定施工方案

施工方案是指对工程项目所做的总体设想的安排。它是投标报价的前提条件，也是招标单位评标时要考虑的重要因素之一。施工方案通常由投标单位的技术负责人主持制定，主要考虑施工方法、主要施工机具的配置、各工种劳动力安排及现场施工人员的平衡、施工进度、质量控制及安全措施等。投标人制定的施工方案应技术先进、经济合理、能保证工期和质量。

施工方案的编制步骤如下。
(1) 确定各单位工程或分部工程的施工次序。
(2) 确定各单位工程或分部工程施工过程施工方式、方法及适合、使用的施工机具。
(3) 编制施工进度计划。
(4) 制定施工组织与技术方案。

5. 确定报价策略和技巧

影响投标人报价的因素有很多，并且大多具有不确定性，甚至瞬息万变。怎样才能做到"以不变应万变"，出奇制胜呢？制定正确的报价策略和技巧是切实可行之策。因为，正确的报价策略有利于提高投标人的中标概率，而恰到好处的报价技巧有助于投标人中标后获取更多利益。

6. 确定费用和费率，计算工程量清单各细目单价与合价

根据选用的工程量清单细目的计算方法，确定工程直接费和间接费率、利润率、税金和其他风险费用等。对计算出来的全部工程费用按工程量清单细目进行分析、组合、分配，形成清单细目的综合单价，然后乘以清单数量得出各清单细目的合价，最后按"章"汇总形成各章的合计数。

7. 汇总计算标价

计算计日工单价表，汇总各章金额，计算总标价，即基础报价。

8. 总标价的重分配（不平衡报价）

在保持总报价不变的前提下，根据报价所确定的技巧和有关资料，对工程量清单各细目的单价进行有针对性的调整，即标价重分配或不平衡报价，以利于中标后谋取更多利益。

9. 利用调价函确定最终标价

报价是投标人的核心机密，其影响因素是动态的、随时变化的，只有到最后一刻，投标人的报价才能"盖棺定论"。因此，投标人必须按规定要求准备多份调价函，供最终确定报价之用。

应用案例 5-1

投标报价调整示例

某路基工程土方挖方投标人基础报价为 6.3 元/立方米，通过对图纸的复核和现场考察掌握的资

料，投标人发现该工程的挖方的结算工程量要大于清单工程量，因此，拟对其报价调整为 7.3 元/立方米，在递交标书前，投标人根据掌握的信息，拟对报价下调 5%，则该挖方的最终报价为 6.9 元/立方米(如图 5.2 所示)。

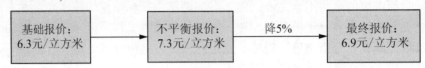

图 5.2　投标报价调整示意图

5.2.2　投标报价编制的内容

1. 编制内容

(1) 工程量清单 100 章至 800 章清单项目的投标价(具体视招标文件的要求而定)。
(2) (专项)暂定金额计算表。
(3) 计日工单价表。
(4) 主要清单项目单价分析表。
(5) 价格调整计算公式权重系数表和材料价格基期指数表(格式详见《公路工程标准文件》投标文件第四卷)。
(6) 合同用款估算表(格式见表 5-1)。
(7) 临时用地计划表(格式见表 5-2)。

表 5-1　合同用款估算表

从开工月算起的时间/月	投标人的估算			
	分　期		累　计	
	金额/元	%	金额/元	%
第一次开工预付款				
1~3				
4~6				
7~9				
10~12				
13~15				
……				
……				
缺陷责任期				
小计		100.00		
投标价：				
说　明				

注：1. 投标人可按附表一的工程进度估算并填写本表。
　　2. 用款额按所报单价和总额价估算，不包括价格调整和暂列金额、暂估价，但应考虑开工预付款的扣回、质量保证金的扣留以及签发付款证书后到实际支付的时间间隔。

表 5-2 临时占地计划表

用途	面积/m²					需要时间 ____年____月至____年____月	用地位置		
	菜地	水田	旱地	果园	荒地		桩号	左侧/m	右侧/m
一、临时工程									
1. 便道									
2. 便桥									
3. ……									
……									
二、生产及生活临时设施									
1. 临时住房									
2. 办公等公用房屋									
3. 料场									
4. 预制场									
……									
租用面积合计									

2．编制注意事项

(1) 在编制工程量清单报价时，投标人应将投标须知、合同条款、技术规范及图纸等文件组合起来查阅与理解，不能孤立地片面理解。

(2) 不论是否有工程数量，均应按招标文件工程量清单编制说明的要求进行报价，否则，中标后没有报价的细目即使实际做了也有可能得不到计量支付。

(3) 计日工计价表若无数量，单价可高报一些。

(4) 单价分析表必须合情合理，有依有据，对不平衡报价项目的单价进行分析时，"人工费"、"机械使用费"等弹性项目可报高一些，"材料费"等刚性项目则报低(接近实际)一些。

(5) 合同用款计划表必须在考虑投标报价总金额、施工组织设计安排、投标人资金情况、类似项目的经验和招标人对资金使用的要求等综合因素后实事求是的合理估计，该表在国际工程投标中很重要，是招标人考虑投标人报价资金时间价值和筹集项目建设资金的重要依据，但目前国内招标人和投标人都不重视该表的编制和评价。

(6) 填制调价公式权重系数表和材料基期价格指数表，首先必理解合同通用条款和其他相关条款的含义；其次必通过现场调查和分析经济形势，掌握大量有效的价格信息；最后根据项目费用的实际构成和施工期可能产生的影响大小合理，确定价格调整公式各因素的权重。目前国内施工期在 2 年以内的项目一般不考虑调价因素，国标招标和国内世行贷款项目均明确要求投标人填制此表。

(7) 在编制临时用地计划表时，投标人首先必须理解合同通用条款及专用条款中的相应规定，了解临时用地的成本、成本承担者和当地政府用地政策等信息；其次要坚持合理估计、按需使用、遵守法规的原则。由于临时用地需要支付使用费、补偿及恢复费等，所以投标人在编制时，既不能过多，也不能过少。同时，该表也是招标人评标的一个参考因素。

3. 工程量清单编制示例

一个完整的工程量清单由编制说明、工程细目、专项暂定金额汇总表、计日工明细表、工程量清单汇总表 5 部分组成。

(1) 工程量清单编制说明，见《公路工程标准文件》。

(2) 工程细目。工程细目是按技术规范的章节顺序，将各细目的工程数量置于表中。格式见表 5-3、表 5-4、表 5-5。单价和合价栏由投标人在投标时填写，其余各栏由招标人编写招标文件时填写确定。技术规范每一节的最后部分就与这一节工作内容的计量和支付的相关规定，投标人报价和申请计量支付时必须仔细阅读。

表 5-3　清单　第 100 章　总则(部分示例)

细目号	项目名称	单位	数量	单价/元	合价/元
101-1	保险费				
-a	建筑工程一切险	总额	1	297 826	297 826
-b	第三方责任险	总额	1	6 000	6 000
102-1	竣工文件	总额	1	80 000	80 000
…					

清单　第 100 章合计　人民币 1 164 352.00

表 5-4　清单　第 200 章　路基(部分示例)

细目号	项目名称	单位	数量	单价/元	合价/元
202-1	清理与掘除				
-a	清理现场	m²	321 804.0	0.8	257 443
-b	砍伐树木	棵	59 788.0	7	418 516
203-1	路基挖方				
-a	挖土方	m³	32 769.4	6.8	222 831
203-2	改河、改渠改路挖方				
-a	开挖土方	m³	29 550.0	7.8	230 490
…					

清单　第 200 章合计　人民币 5 863 241.0

表 5-5　清单　第 400 章　桥梁、涵洞(部分示例)

细目号	项目名称	单位	数量	单价/元	合价/元
401-2	地质钻探及取样试验(专项暂定金)				
-a	70nn 直径	暂定金总额	1	110 000	110 000
-b	110nn 直径	暂定金总额	1	140 000	140 000
403-1	基础钢筋(包括灌注桩、承台等)				
-a	光圆钢筋(R235)	kg	298 451.6	5.2	1 551 948
-b	带肋钢筋(HRB335)	kg	1 848 769.1	5.8	10 722 861
403-2	下部结构钢筋				
-a	光圆钢筋(R235)	kg	346 848.6	5.6	1 937 872
-b	带肋钢筋(HRB335)	kg	1 414 990.8	6.3	8 914 442
403-3	上部结构钢筋				
-a	光圆钢筋(B235)	kg	1 031 067.6	5.3	5 464 658

续表

细目号	项目名称	单位	数量	单价/元	合价/元
-b	带肋钢筋(HRB335)	kg	4 647 411.8	5.9	27 419 725
……					
	清单 第400章合计 人民币 78 632 415.00				

(3) 暂定金额的计算。工程量清单中的暂定金额一般有专项暂定金额、不可预见费、计日工3个部分。其计算规则详见《公路工程标准文件》。计日工计算示例见表5-6、表5-7、表5-8、表5-9,专项暂定金额的计算见表5-3。

表5-6 计日工劳务单价表(示例)

细目号	名称	估计数量/h	单价/(元·h^{-1})	合价/元
101	班长	600	6	3 600
102	普通工	600	4	2 400
103	焊工	600	5	3 000
……				
计日工劳务(结转计日工汇总表)				100 000

表5-7 计日工材料单价表(示例)

细目号	名称	单位	估计数量	单价/元	合价/元
201	水泥	T	10	380	3 800
202	钢筋	T	10	4 000	40 000
……					
计日工材料小计(结转计日工汇总表)					400 000

表5-8 计日工施工机械单价表(示例)

细目号	名称	估计数量/h	租价/(元·h^{-1})	合价/元
301	装载机			
301-3	2.5m^{3}以上	100	220	22 000
302	推土机			
302-2	90-180kW	120	260	31 200
……				
计日工施工机械小计(结转计日汇总表)				220 000

表5-9 计日工汇总表

名称	
计日工:	
(1) 劳务	100 000
(2) 材料	400 000
(3) 施工机械	220 000
计日工合计(结转至工程量清单汇总表)	720 000

(4) 工程量清单汇总表(见表5-10)。工程量清单汇总表是将各章的工程细目表及计日工明细表进行汇总,再加上一定比例或数量的不可预见费而得出的项目总报价。该报价与投标书中填写的投标总价应一致。

表 5-10 工程量清单汇总表

序 号	章 号	项目名称	金额/元
1	100	总则	1 164 352
2	200	路基	5 863 241
3	300	路面	
4	400	桥梁、涵洞	78 632 415
5	500	隧道	
6	600	安全设施及预埋管线	
7	700	绿化及环境保护	
8	800	房建工程	
9		第 100 章至 800 章清单合计	85 660 008
10		已包含在清单中的专项暂定金额小计	250 000
11		清单合计减去专项暂定金额(即 9-10)	85 410 008
12		计日工合计	720 000
13		不可预见费(暂定金额：11×7%)	5 978 701
14		投标价(9+12+13)	92 358 509

4．其他报价文件的编制示例

(1) 单价分析表的编制。

单价分析表既是投标人进行保本分析和确定最终报价的重要参考因素，还是招标人评价投标人报价合理性的参考资料。因此，科学、合理、准确地编制单价分析表十分重要。单价分析表一般分为单价项目构成分析表和单价费用构成分析表，现通过表 5-11 和表 5-12 进行说明。需要注意的是单价分析表是以投标人的基础报价进行标价重新分配后的单价为基准进行分析的，仅对重要的或有较大影响的工程细目单价才进行分析。

表 5-11 单价项目构成分析表

项目号		203-1-a(路基挖方)	……
项目说明	综合单价(元/m^3)=(1)+(2)+…+(n)	6.8	
工序 1(1)	挖掘机挖土	2.45	
工序 2(2)	自卸汽车运土(500m 以内)	2.55	
工序 3(3)	推土机推平	0.8	
工序 4(4)	人工土方	0.5	
工序 5(5)	整修边坡	0.5	
工序 6(6)	……		

表 5-12 单价费用构成分析表(示例)

项 目	计算说明	203-1-a(路基挖方)/(元/m^3)	……
人工费(1)		0.86	
材料费(2)		0.26	
机械使用费(3)		4.56	
工料机合计(4)	(4)=(1)+(2)+(3)	5.67	

续表

项　目	计算说明	203-1-a(路基挖方)/(元/m³)	……
综合待摊费(5)	(5)=(4)+20%	1.13	
综合单价(6)	(6)=(4)+(5)	6.8	
说　明			

(2) 合同用款计划表编制示例(见表 5-13)。

表 5-13　合同用款估算表(示例)

从开工月算起的时间/月	投标人的估算			
	分　期		累　计	
	金额/元	百分率/%	金额/元	百分率/%
第一次开工预付款	9 235 851	10.81	9 235 851	10.81
1～3	2 678 651	3.14	11 914 502	13.95
4～6	6 786 382	7.95	18 700 884	21.9
7～9	18 379 821	21.52	37 080 705	43.41
10～12	22 378 531	26.2	59 459 236	69.62
13～15	13 783 125	16.14	73 242 361	85.75
16～18	7 897 147	9.25	81 139 508	95
缺陷责任期	4 270 500	5	85 410 008	100
小计	85 410 008	100.00		
	投标价：85 410 008+6 948 701(暂定金额)=92 358 509 元			
说明	用款额根据投标报价单价和总额价、施工组织设计进度安排、投标人的实际情况以及招标文件的有关规定进行估算，并且已考虑了开工预付款的扣回、保留金的扣除以及支付时差和投标人。			

说明：

①投标人可按施工组织建议书中的表 7 的工程进度估算并填写本表，如果投标书中报有工期的选择方案，投标人应按选择方案填写本表。如果投标书中报有技术性的选择方案，投标人则应按基本技术方案和技术性选择方案分别填写本表。

②用款额按所报单价和总额价估算，不包括价格调整和暂定金额，但应考虑开工预付款的扣回、保留金的扣留以及签发支付证书后到实际支付的时间间隔。

(3) 临时用地计划表和价格调整系数表(详见《公路工程标准文件》)。

任务 5.3　投标报价编制的方法

知识目标

(1) 了解确定报价应重点考虑的因素。
(2) 熟悉工程直接费和待摊费用的计算方法。
(3) 掌握报价的分析与评估的方法。

工作任务

准确地了解关于投标报价的策略与技巧的相关概念。

尽管工程量清单各细目单价的计算有多种方法，如定额法、工序法、综合单价法、实物法(又称实测法)、系数法，但由于受经济体制和行政管理体制的影响，在公路工程招投标过程中，投标人之间的竞争不单纯是靠实力，在投标报价前投标人不需要经过认真仔细的成本核算和计算切合实际的保本价，而投标人一般也没有完整、科学的企业定额。因此，定额法仍是目前最常用的投标报价的计算方法。

5.3.1 确定报价应重点考虑的因素

目前，我国公路工程大部分招标项目都采用综合评分法或合理低标法评标、定标。在这类评标办法下，谁最接近于评标基准价(通常是复合标底下浮5%)，谁就最有希望中标，中标人往往是报价居中者而不是报价最低者。因此，这就要求投标人在报价时应花更多的时间和精力研究招标人标底的计算依据和竞争对手可能的报价水平。具体来讲，投标人在确定报价应着重考虑以下几点。

1. 确定材料单价数据应重点考虑的因素

(1) 建设项目设计单位(编制设计文件)概算所使用的单价。
(2) 现场调查材料价格数据。
(3) 招标人编制标底人员可能采用或习惯采用的价格。
(4) 招标文件规定的价格。

2. 确定机械台班单价应重点考虑的因素

(1) 招标人招标文件的特殊规定。
(2) 工程所在地当地补充编制办法对台班计算的规定。
(3) 当地养路费、车船使用费规定。
(4) 考虑机械设备的选型与标底编制尽可能一致。

3. 确定取费标准应重点考虑的因素

(1) 工程所在地当地补充编制办法的取费规定。
(2) 招标文件的特殊规定等。

4. 确定取土、弃土运距应重点考虑的因素

(1) 招标文件或标前会议、补遗书、指定运距。
(2) 通过其他渠道从招标人那里探寻取得的信息。
(3) 根据施工图和实际现场情况判断。

5. 确定取土坑、弃土坑占地费或买价应重点考虑的因素

(1) 按招标文件或标前会议纪要计算。
(2) 目前当地其他工程实际执行情况。

(3) 通过其他渠道从招标人处探寻取得的信息。

6. 确定关键项目的施工方法、施工方案应重点考虑的因素

(1) 招标人员习惯采用的方法。

(2) 通过其他渠道探听的招标人意图。

7. 了解招标人真实意图应重点考虑的因素

(1) 编制标底人员的组成。如果以现场经验丰富的人为主编制，标底往往考虑实际因素多，否则，可能按规则办事。

(2) 招标人对工程造价管理的实际意图和指导思想。搞清楚招标人是完美主义还是实用主义。

8. 根据评、定标办法吃透招标文件

如果招标人采用的无标底评标或最低标评标法，投标人在这种情况报价应主要吃透招标文件中投标人须知、工程量清单编制说明、技术规范的要求、计量支付的规定等条文中明示或暗示的投标人应承担的责任、义务和风险。

5.3.2 工程直接费的计算方法

直接费是施工过程中直接耗费的构成工程实体和有助于工程实体形成的工、料、机费用，是工程建安成本的重要部分，也是标价构成中的主要部分。直接费的计算方法主要有定额单价分析法、工序单价分析法、总价法、综合法等。

1. 定额单价分析法

(1) 分析、分解清单项目。因为工程量清单的每一个细目中一般包含若干定额细目，所以在套用定额计算工程直接费之前，应根据清单项目划分(计价规则)和实际工作内容进行工程量清单项目的分析、分解，然后再按分解出的项目选用合适的定额。

工程量清单项目分解(见表5-14)。

表5-14 工程量清单项目分解表(示例)

清单编号	项目名称	单位	清单数量	分解细目(选定额用)	单位	定额数量
202-1-a	清理现场	m^2	74 043	推土机推除草皮 90kW	m^2	24 850
				推土机推除表土 90kW	m^3	13 700
				履带压路要压实 75kW	m^2	69 140
204-1-a	换填土	m^3	609 339	10m^3内挖掘机挖装普通土	m^3	508 657
				8T自卸车运输 0.5km	m^3	94 641
				8T自卸车运输 2km	m^3	317 335
				8T自卸车运输 3km	m^3	191 322
				高速18T振动压路机碾压	m^3	635 883
				取土资源费	m^3	482 113

续表

清单编号	项目名称	单位	清单数量	分解细目(选定额用)	单位	定额数量
308-1-a	8cm 细粒式沥青混凝土	m²	543 783	沥青混凝土拌和(240t/h 内)	m³	46 827
				15T 以内自卸车运输沥青混合料(10km)	m³	46 827
				机械摊铺(60t/h)		1
				拌和设备生产能力(150t/h 内)	m³	46 827
403-1-a	基础钢筋-光圆钢筋(I 级)	kg	27 890	灌注桩钢筋	kg	21 997
				承台钢筋	kg	1 651
				桥台基础钢筋	kg	1 627
				桥墩基础钢筋	kg	2 615

(2) 计算各清单项目工、料、机消耗。根据分解的清单项目的定额子目，选用合适的定额计算出每个清单项目的工程直接费。计算时应注意以下几点。

① 当出现多个材料价格信息时，应选择最接近工程实际和有可行的供货渠道的材料价格作为计算材料费的材料价格。

② 有业主指定材料价格或业主指导价时，按指定或指导价计算材料费。

③ 应根据不同评标方法调整报价预算采用的材料价格，如综合评估法、合理低标法或其他有业主标底的评标方法，在编制工、料、机单价时应考虑招标人编制标底时可能采用的单价资料和单价水平。

④ 如果业主不考虑调价因素，必须充分估计项目实施过程中的物价上涨因素。

⑤ 了解自有机械的使用成本，掌握租赁机械的价格、方式和难易程度、使用成本，合理确定机械使用费的单价。

⑥ 根据自身近期劳动用工成本和当地市场状况、社会经济发展水平和趋势，合理确定人工成本。

(3) 汇总工程量清单项目直接费。将各工程量各细目(分项工程)的直接费汇总，得出清单工程的直接费合计。

定额单价分析法计算的直接费，一般是直接套定额计算的。其优点是计算方法较规范，便于运用预算软件计算，但由于每个分项工程独立计算，没有考虑规模效益(工程量大小)、施工统筹、工程实际情况等因素，往往造成各分项工程脱离实际，有些项目费用过高，有些则过低。

为了克服定额单价分析法的不足，可采用工序单价分析法计算工程直接费。

2. 工序单价分析法

工序单价分析法(作业法)是根据施工进度计划，计算每道工序(每项工程)需要配置的人工工日、材料消耗量、机械台班数量，然后乘以相应的单价计算出工序直接费，即分项工程直接费的方法，其计算步骤如下。

(1) 工、料、机、单价分析，人工费、材料费单价的分析与定额法相同。

(2) 编制实施性施工计划。

(3) 确定工序单价。

工序单价法由于按进度计划配置机械和人员，因而计算的单价比较切合实际。但实际施工时并非按分项工程工序组织施工，而是划分若干工区或专业作业队进行施工。例如公路土建项目一般分为土石方工程队、桥梁施工队、通道施工队、排水工程施工队等，通常由这些施工队按工作范围配备各自的机械设备和人员。这种情况下，按工序单价分析法计算直接费与实际往往不一致。

3．总价控制法

总价控制法是根据施工组织安排和进度安排计算工程实际总直接费的方法。其计算步骤如下：

(1) 根据施工组织方案划分专业施工队。
(2) 按施工队工作范围配备人员和机械。
(3) 确定各机械使用的起止时间，计算机械费(闲置费和运转费分别计算)。
(4) 按进度计划确定人员总需求，并计算人工费。
(5) 计算材料费。
(6) 计算工程总直接费。

计算出直接费总额后，按一定的方法分摊到各清单项目中去。分摊的方法有 2 种：一种是先按专业施工队分摊，逐步缩小，最后分摊到各细目；另一种方法是利用当地已有报价或掌握的市场价格，经适当调整后试分摊，把分摊后的差额再次调整，直至分摊完。分摊后，利用定额单价或工序单价法对主要项目计算校核。

为了检验报价与实际的吻合程度，在计算工程直接费时，可先用定额法或工序法计算，再按总价法计算，然后进行对比和调整，以确定最后报价。

5.3.3 待摊费用的计算

待摊费用是为取得、实施和完成工程项目所发生的除工程直接费以外的其他费用，它通常不能直接归集于某个工程细目，需要分摊在相关的分部工程单价中，以最后形成工程清单报价的综合单价。包括：施工准备费、施工现场管理费用、缺陷修复费用、总部分摊的管理费用、其他费用等。

1．待摊费用每个分项的计算必须考虑评标方法的影响

如果是综合评标法等有标底的评标方法，其取费就必须考虑招标人标底可能的取费标准；如果是采用最低评标法等无标底评标法，就必须根据企业的实际成本水平和工程项目的具体情况来决定。

2．全面考虑，符合实际

由于待摊费用涉及的费用子项很多，在具体计算时，必须周全考虑，不能漏项，也不能重项。

3．结合投标策略、经营战略

待摊费用的计算还必须结合投标人投标策略、经营战略来综合考虑。如投标人决定采用低价策略，那么有些间接固定费用就不必考虑。

待摊费用计算出来后，投标人应按式(5.1)分摊至工程量清单细目。

5.3.4 投标报价的分析与评估

根据工程直接费和待摊费用的分摊系数计算出工程量清单项目的综合单价(基础报价单价)后，应根据招标人的指导思想、投标人及竞争对手过去类似项目报价数据、项目实际情况、未来宏观经济形势、施工期物价指数的趋势等因素对主要工程细目综合单价的经济合理性、成本补偿性进行分析、评估，然后决定最终报价。

1. 标价的宏观分析

主要依据实践积累的经验数据，运用类比方法，从宏观的角度初步判断报价的合理性。

(1) 按工程类别和费用类别分别统计汇总标价数据，并计算比例指标。

(2) 分析比例指标是否在正常的范围内，如路基、路面的比例，人工费、材料费、机械使用费的比例，这些数据通常有一个正常取值范围，如有异常，应找出原因，并考虑调整相应基价、定额和分摊系数。

(3) 参照类似工程的经验，对工程项目工、料、机消耗进行合理性分析。

(4) 对分析中明显有违常理的情况，从施工方案、组织管理等方面进行调整，并修正报价。

2. 标价的动态分析

主要针对某些可能影响标价的现实因素发生变化后，测算其对投标人报价的影响程度，特别是对总体盈利的影响。

(1) 工期延误的影响。在实际施工中，工期延误经常发生。如果延误的原因是承包人引起的，不仅要增加误工费用，还可能导致业主索赔；如果是非承包人原因，可能得到的赔偿金额也不确定。因此，在投标报价时，投标人必须对此进行测算，以修正计划利润率。

(2) 通货膨胀的影响。在施工期，物价的波动和工资费用的上涨是难免的。如果招标人考虑了调价因素，并给出了计算公式，投标人必须考虑哪些因素影响大，哪些因素影响小，然后恰当地确定调价影响因素的权重；如果招标人不允许调价，投标人必须根据经济形势做出合理的判断。

3. 标价的盈亏分析

对经过宏观和动态分析后，对不合理的报价进行了修正，形成了基础标价，再经盈亏分析，提出可能的低标价和高标价方案，供决策时选择。

(1) 盈余分析。盈余分析是按标价构成项目，利用因素分析法来分析标价各个方面的盈利潜力，计算基础报价还有多少降价空间，即所谓的"挖潜盈余"，然后通过压缩盈利空间来适当降低报价。主要从以下几方面来进行。

① 定额与效率，工、料、机定额标准及工效水平。

② 价格分析，即对工、料、机价格进行分析。

③ 费用分析，即对各项间接费用和其他费用的费率进行分析。

事实上，各种挖潜的因素不可能全部实现，因此，在确定降价空间时，应乘以一定的修正系数(一般取 0.5~0.7)，最后确定可行的低报价(下限价)。

低报价=基础报价－(挖潜盈余×修正系数)   (5.2)

(2) 亏损分析。主要针对项目实施过程中可能出现的各种风险因素，把这些可能的损失和增加的费用进行量化。主要考虑以下因素。

① 工、料、机价格可能的非正常波动。
② 异常的自然条件、灾害。
③ 出现质量、安全问题。
④ 管理不善或管理失控造成的问题。
⑤ 业主或监理方面不可控的不利因素。

不利因素产生的亏损额，同样应乘以一定的修正系数(一般也取 0.5～0.7)，最后确定高报价(上限价)。

高报价=基础报价+(估计亏损×修正系数)   (5.3)

任务5.4 投标报价的决策、策略与技巧

知识目标

(1) 了解投标报价的策略。
(2) 熟悉投标报价的技巧。
(3) 掌握投标报价策略和技巧的适用条件。

工作任务

准确地了解关于投标报价的策略与技巧的相关概念。

工程投标策略与技巧是投标人经营决策的组成部分，指导投标全过程。影响投标策略的因素十分复杂，加之投标策略与投标人的经济效益紧密相关，所以必须做到及时、迅速、果断。投标时，根据经营状况和经营目标，既要考虑自身的优势和劣势，也要考虑竞争的激烈程度，还要分析投标项目的整体特点，按照工程的类别、施工条件等确定投标策略与技巧。

5.4.1 投标决策

1. 投标决策的概述

投标人通过投标取得项目，是市场经济条件下的必然趋势。但是，作为投标人来讲，并不是每标必投，因为投标人要想在投标中获胜，既要中标得到承包工程，又要从承包工程中盈利，就需要研究投标决策的问题。所谓投标决策，包括三方面内容：其一，针对项目招标决定投标或不投标；其二，倘若去投标，是投什么性质的标；其三，投标中如何采用"以长制短、以优胜劣"的策略和技巧。投标决策的正确与否，关系到能否中标和中标后的效益，关系到施工企业的发展前景和职工的经济利益。因此，施工企业的决策班子必须充分认识到投标决策的重要意义，把这一工作摆在企业的重要议事日程上。

2. 投标决策的分类

(1) 按阶段划分。投标决策按阶段划分，可分为投标前期决策、投标中期决策和投标后期决策。

(2) 按方法划分。投标决策运用的方法分为定性策略与定量方法。

3. 投标的前期决策

(1) 决策内容。解决投不投的问题。

(2) 决策时机。一般应该在购买资格预审文件前完成，最迟应于资审文件报送前完成。

(3) 决策依据。招标公告、调查分析资料。

(4) 决策结论。投(或联合投)或不投及不投的原因。

(5) 通常应放弃竞标的项目。

① 超过投标人能力范围的项目。

② 投标人无力承担的项目。

③ 会造成较大亏损或风险较大的项目。

(6) 通常应重点选择的项目。

① 重点工程项目。

② 有施工经验的项目。

③ 本地工程项目。

④ 通用机械设备施工项目。

⑤ 项目管理法规健全项目。

⑥ 征地拆迁完成好的项目。

⑦ 业主、监理管理水平高的项目。

⑧ 与当地政府关系好的项目。

⑨ 符合投标人经营战略和现实需要的项目。

4. 投标的中期决策

(1) 决策内容。解决投什么、怎么投的问题。实际就是解决重点投哪一个标段和怎么样使报价符合前述投标报价"三原则"的问题。

(2) 决策时机。资格预审文件完成后至投标文件报送前。

(3) 决策的结论。

① 宏观结论：投风险标或投保险标，即确定投标报价的方向。

② 微观结论：投盈利标、投保本标或投亏损标，即确定报价的具体策略。

5. 投标的后期决策

(1) 决策内容。解决怎么补救和总结的问题。这一阶段的决策内容必须根据开标结果，具体情况具体分析。中标优势明显，应采取措施巩固优势；中标形势不明朗，竞争激烈，应采取措施争取机会(包括利用澄清的机会)；中标无望，应认真总结经验教训。

(2) 决策时机。开标后至定标情况明朗或定标后。

(3) 决策的结论。

① 拟定合法的、有利于中标的补救措施。

② 撰写客观、有理有据的总结分析报告。

6. 投标决策的影响因素

"知己知彼，百战不殆"。工程投标决策就是知己知彼的研究。这个"己"就是影响投标决策的主观因素，"彼"就是影响投标决策的客观因素。

1) 影响投标决策的主观因素

(1) 技术方面的实力。

① 有精通本行业的估算师、建筑师、工程师、会计师和管理专家组成的组织机构。

② 有工程项目设计、施工专业特长，能解决技术难度大和各类工程施工中的技术难题的能力。

③ 有国内外与招标项目同类型工程的施工经验。

第四，有一定技术实力的合作伙伴，如实力强的分包商、合营伙伴和代理人。

(2) 经济方面的实力。

① 具有垫付资金的能力。这主要是考虑预付款是多少，在什么条件下拿到预付款等问题。同时应注意，国际上有的发包人要求"带资承包工程"、"实物支付工程"，根本没有预付款。所谓"带资承包工程"，是指工程由承包人筹资兴建，从建设中期或建成后某一时期开始，发包人分批偿还承包人的投资及利息，但有时这种利率低于银行贷款利息。承包这种工程时，承包人需投入大部分工程项目建设投资，而不止是一般承包所需的少量流动资金。所谓"实物支付工程"，是指有的发包方用该国滞销的农产品、矿产品折价支付工程款，而承包人推销上述物资而谋求利润将存在一定难度。因此，遇上这种项目必须慎重对待。

② 具有一定的固定资产和机具设备及其投入所需的资金。大型施工机械的投入，不可能一次摊销。因此，新增施工机械将会占用一定资金。另外，为完成项目必须要有一批周转材料，如模板、脚手架等，这也是占用资金的组成部分。

③ 具有一定的资金周转用来支付施工用款。因为对已完成的工程量需要监理工程师确认后并经过一定手续、一定时间后才能将工程款拨入。

④ 具有承包国际工程所需的外汇。

⑤ 具有支付各种担保的能力。

⑥ 具有支付各种纳税和保险金的能力。

⑦ 具有承担不可抗力所带来的风险。

⑧ 承担国际工程时，具有重金聘请有丰富经验或有较高地位的代理人的酬金以及其他"佣金"的支付能力。

(3) 管理方面的实力。

建筑承包市场属于买方市场，承包工程的合同价格由作为买方的发包方起支配作用。承包人为打开承包工程的局面，应以低报价甚至零利润取胜。为此，承包人必须在成本控制上下工夫，向管理要效益。如缩短工期，进行定额管理，辅以奖罚办法，减少管理人员，工人一专多能，节约材料，采用先进的施工方法不断提高技术水平，特别是要有"重质量、重合同"的意识，并有相应的切实可行的措施。

(4) 信誉方面的实力。

承包人一定要有良好的信誉，这是投标中标的一条重要标准。要建立良好的信誉，就必须遵守法律和行政法规，或按国际惯例办事。同时，认真履约，保证工程的施工安全、工期和质量。

2) 影响投标决策的客观因素

(1) 发包人和监理工程师的情况。

发包人的合法地位、支付能力、履约能力，以及监理工程师处理问题的公正性、合理性等，也是投标决策的影响因素。

(2) 投标竞争对手和竞争形势的分析。

是否投标，应注意竞争对手的实力、优势及投标环境的优劣情况。另外，竞争对手在建设工程也十分重要。如果对手的在建设工程即将完工，可能急于获得新承包项目心切，投标报价不会很高；如果对手在建设工程规模大、时间长，如仍参加投标，则投标报价可能很高。从总的竞争形势来看，大型工程的承包公司技术水平高，善于管理大型复杂工程，其适应性强，可以承包大型工程；中小型的工程由中小型工程公司或当地的工程公司承包可能性大。因为，当地中小型公司在当地有自己熟悉的材料、劳动力供应渠道；管理人员相对比较少；有自己惯用的特殊施工方法等优势。

(3) 法律、法规情况。

我国的法律、法规具有统一或基本统一的特点，其法制环境基本相同，因此，对于国内工程承包，自然适用本国的法律和法规；但如果是国际工程承包，则有一个法律适用问题。

(4) 投标风险问题。

在国内承包工程，风险相对要小一些，在国际承包工程则风险要大得多。投标与否，要考虑的因素很多，需要投标人广泛、深入地调查研究，系统地积累资料，并作出全面的分析，才能使投标作出正确决策。

决定投标与否，更重要的是它的效益性。投标人应对承包工程的成本、利润进行预测和分析，以供投标决策之用。

7. 投标决策的原则

正确地选择投标项目，是企业经营决策大事，是否选择恰当，将直接影响到承包商的生存和发展，因此每个企业都应认真研究这个问题，坚持正确的原则。

1) 充分论证的原则

选择的投标项目是否可取，首先要从本企业的实际情况出发，实事求是、量力而行，而不是中标项目越多越好，应以保证均衡施工和连续施工为前提，防止战线太长，不能确保重点。同时，应根据本企业的施工力量、机械设备、技术力量、施工经验等方面的条件，考虑招标项目是否有可实现的利润，本企业能否保证工期和质量的要求。其次要着重考虑能否发挥本企业的特点和特长、技术优势和装备优势，做到扬长避短，选择适合于发挥本企业优势的项目，避开本企业缺乏经验的项目。再次要根据竞争对手的技术经济情报和市场投标报价动向，考虑该项目是否有一定竞争取胜的把握和机会，反之，不宜勉强投标，更不宜陪标，以免有损于本企业的声誉，而影响未来的投标机会。最后要对项目的可靠性进行论证，包括了解建设项目是否已正式批准，资金来源是否可靠，主要材料和设备供应是否落实，设计文件完成的阶段情况等；认真研究业主的资信条件及合同条件有无重大风险性等方面，以避免参加不可靠的项目竞争，造成不应有的损失。

2) 短期利益和长期利益相结合的原则

投标人在进行投标决策时,不仅要考虑竞标项目能否给自己带来短期利益,也要考虑该项目是否符合自己长期经营战略,是否能带来长期利益,然后进行综合权衡,做出最恰当选择。

5.4.2 工程投标策略

投标策略是投标人在工程项目激烈竞争的环境下,为了企业的生存与发展而可能采用的措施。投标策略运用是否恰当,对投标人是否中标并获得利润影响很大。在公路工程中常用的投标报价策略有:高价赢利策略、保本微利策略和低价亏损策略。

1. 高价赢利策略

高价赢利策略是以实现较大利润为目标,采用较高的投标报价的策略。这种策略通常在下列情况时使用。

1) 施工条件较差的工程

如场地狭窄、地处沿海、高原、沼泽、无电力和水源的地区、市区等地的工程。

2) 专业要求较高的工程

如技术密集、难度较大的工程项目,本施工企业有这方面的特长和良好的声誉,参与竞争的对手很少。

3) 总价较低的小型工程

如工程规模比较小、总价比较低、施工期比较短的项目,本企业中标无所谓、不中标无影响,可以采用这种策略。

4) 需要特别设备的工程

如工程施工中需要特别设备,本企业具备这个特种条件,而其他施工企业又无这种设备时,可以采用这种策略。

5) 质量要求苛刻、工期要求紧张的工程

如工程质量要求特别高,竣工日期要求特别紧,必须采取相应的技术措施和增加必要的投入时,可以采用这种策略。

6) 其他特殊情况的工程

如竞争对手比较少的工程,资金支付条件不理想的工程,给投标伙伴陪标的工程等。

2. 保本微利策略

保本微利策略是指在报价过程中以开拓市场为目标,在精确计算工程成本的基础上,以减少投标报价的利润甚至不考虑利润为竞争手段,充分估计其他竞争对手的报价目标,以有竞争力的报价达到中标的目的。这种策略通常在下列情况时使用。

(1) 工程投标项目风险小,施工工艺简单,工程量比较大,一般施工企业均可以做。如大量的土石方工程等。

(2) 本施工企业在某地区承包多项工程,现面临着这个地区的工程断档,有大量的设备处置费用,可利用保本微利策略承包工程。

(3) 该工程项目本身的前景看好,根据本施工企业的技术水平可创造良好的业绩,为企业的今后发展具有重大影响。

(4) 该工程项目分期实施，本施工企业能确保工程质量优良，有能得到续签其他项目的可能性，采用这种策略先争取中标，后再争取发展。

(5) 该工程项目参与竞争的对手很多，都具有较强的竞争实力，可采用这种策略。

(6) 先以保本微利策略争取工程中标，然后再将非关键工程以更低价格分包给某些业承包商，最终达到施工企业的经济效益。

(7) 投标人面临生存危机，经营状况不景气，为了保住施工地盘或急于解决本企业工程断档问题，可采用这种策略承包工程，以便维持日常的费用。

(8) 投标人为了参加市场竞争，试图打入一个新的地区，开拓新的工程施工类型，并想在这个地区占据一定的位置时，也可以采用这种策略。

3．低价亏损策略

低价亏损策略是指在报价中不考虑施工企业的利润，而且还考虑一定的亏损后作出的报价策略。这种投标策略在报价中不考虑遇到风险的费用，实质上这是一种冒险行为。如果风险不发生，则意味着承包商的报价成功；如果一旦风险发生，则意味着承包商要承担发生的风险和损失。这种策略通常在下列情况时使用。

(1) 经过收集来的信息确认，业主肯定按照最低报价确定中标单位，承包商又急于打入该市场创建新的领域和业绩。

(2) 市场竞争非常激烈，施工企业为在某地区站稳脚跟，不让别的施工企业挤进来，以"低价投标、略微亏损、维持日常"的策略承揽工程，这样可使施工企业趋于稳定。

(3) 对于某些分期建设的工程，第一期采用低价中标策略，如果工程完成得好，就可能获得业主的信任，以便继续承包后期工程，从而补偿第一期工程的低价损失。

(4) 一些施工企业在某些时期内，任务不饱满或者根本没有任务，以克服生存危机为目标而争取中标，只要能暂时维持生存渡过难关，就会有东山再起的希望。

5.4.3 工程投标报价技巧

投标报价技巧是工程投标报价中操作的技术和窍门，是实现中标目标不可缺少的艺术。投标单位仅有了投标取胜的实力还不行，还必须有将这种实力变成投标实现的技巧。投标技巧的作用在于：一是使实力较强的投标单位取得满意的投标成果；二是使实力一般的投标单位争得投标报价的主动地位；三是当投标报价出现某些失误时可以得到某些弥补。因此，对于投标单位来讲，必须十分重视投标报价技巧的研究和使用。

在公路工程投标报价中常用的投标技巧有：不平衡报价法、增加建议方案法、突然降价法、先亏后盈法、优惠取胜法、以人为本法、保本从长计议法、联合保标法、辅助手段法等，下面重点介绍其中几种方法。

1．不平衡报价法

不平衡报价法也称为不平衡单价法，是投标报价中最常用的一种方法，它是相对于通常的平衡报价及正常报价而言的。这种报价法是指在不影响总报价水平的前提下，将某些项目的单价定得比正常水平低些，而将另一些项目的单价定得比正常水平高些，在保证报价的竞争力前提下，能够尽早地取得支付款，增加企业的流动资金，从而缩小投资风险，以期最终获得较好的经济效益。

通常采用的不平衡报价法，主要有下列两种情况。

(1) 提高前期施工项目的单价，降低后期施工项目的单价。

为了将初期投入的资金尽早回收，以减少资金占用时间和贷款利息，而将待摊人单价中的各项费用多摊入早期施工的项目(如基础工程、土方工程等)中，使这些项目的单价适当提高，而后期的项目单价适当降低。这种方法可以使承包商在工程的前期得到更多的工程款，从而有利于资金的周转，有利于减少贷款利息的支出，对于单价合同及总价合同都适用。在具体运用时应注意以下几点。

① 应当通过对施工工艺和施工方案进行深入、透彻地分析后，准确把握项目施工的前后顺序，并还要注意施工的连续性。

② 应通过对招标文件工程量清单的复核，选择预计工程量不会发生重大变化的项目进行这种不平衡报价。因为如果前期施工项目在工程施工中，由于业主或其他方面的原因而大幅度减少了工程量，而后期施工项目的工程量大幅度增加时，则有可能使承包商达不到预期的收益，甚至造成亏损。

③ 用这种方法进行不平衡报价时，单价的调整幅度不宜过大，如果调整幅度过大，与正常价格水平偏离过多，容易被招标人误认为"不合理报价"，从而降低中标机会，甚至被当作废标处理。工程实践证明，一般认为控制在 4%～8%较为适宜。即前期施工项目的单价提高幅度为 4%～8%，后期施工项目的单价降低幅度为 4%～8%。

(2) 按照工程量的变化趋势调整单价。

这种不平衡报价法适用于单价合同，这种合同形式中的招标文件中，都列有比较详细的工程量清单，而工程款则是按实际完成的工程量计算的。由于工程设计深度或设计单位等方面的原因，招标文件所附的工程量清单的数值往往不准确。投标人如果通过工程量清单的复核，发现有分部、分项工程的预计工程量出现过多或过少的情况，就可以按工程量的变化趋势调整单价。

对于那些招标文件的工程量清单中工程量偏小，而在工程实施过程中工程量预计增加的项目适当提高其单价；对于在工程实施过程中工程量预计增加的项目适当降低其单价。这样经过调整后，投标总报价维持不变，但在之后的工程实施过程中，承包商将会得到更多的工程支付款，即竣工结算的金额将超过清单的总价，这样就获得更多的利润。

在具体运用时应注意以下几点。

① 应当通过工程量的仔细复核，在对工程量的变化趋势确有把握时，才能使用这种不平衡报价法。

② 采用这种不平衡报价法时，对进行项目的单价调整幅度不宜过大，一般应控制在±10%以内。即对预计在工程实施过程中，工程量将增加的项目单价提价幅度不超过 10%；同样，对预计在工程实施过程中，工程量将减少的项目单价降低幅度不超过 10%。如果调整幅度过大，招标文件通常不会被接受。

③ 对预计在工程实施过程中，工程量将增加很多的工程项目，如果单价提价幅度较大，则其总价必然增加很大，所以其单价提价幅度要非常慎重，一般要控制在5%左右。

2．增加建议方案法

在有些招标文件中规定，可以提出项目的建议方案，即可以修改原设计方案，提出投标人的方案。投标人要充分抓住机会，组织一批有经验的设计和施工工程师，对原招标文件的设计和施工方案进行仔细研究，提出更加合理的设计方案，以此吸引招标人，促成自己的建议方案而中标。

增加建议方案法与原设计方案相比，一定要达到可以降低工程造价、或提前竣工投入使用、或使工程设计更加合理的目的，以便使招标人引起重视并采纳。

> **特别提示**
>
> 当采用增加建议方案法时，要特别注意以下几个方面。
> (1) 建议方案一定要比较成熟，或过去有这方面的实践经验，实施时有成功的把握；千万不要因为急于中标而提出一些没有把握的建议方案，否则会引起后患。
> (2) 当采用增加建议方案法时，对建议方案不要写得太具体，要注意保留方案的关键技术，防止招标人将此建议方案交给其他承包商。
> (3) 对于原招标方案一定要报价，以供招标人进行比较，从而更加显示建议方案的优点。

3. 突然降价法

在工程投标过程中，各投标人之间往往通过各种渠道、各种手段相互刺探对方的报价，这是很正常的一种竞争现象。在这种情况下，尽可能做到想保密就密不透风，想放出信息就能及时传递到对手，并让对手认为是可靠的信息。然后采用"突然降价法"，令竞争对手猝不及防，以提高投标报价的竞争力。

突然降价法是用降低系数的方法调整报价，降低系数是指投标人在进行投标报价时，预先考虑的一个未来可能降低报价比率，如果考虑在报价方面增加竞争力有必要时，则应在投标截止日期以前，在投递投标文件补充文件内写明降低报价的最终决定。

采用突然降价法的好处如下。

(1) 可以根据最后获得的信息，在递交投标文件的最后时刻，提出自己采用突然降价法的竞争价格，给竞争对手以措手不及，从而会提高自己中标的概率。

(2) 在最后审查已编制的投标文件时，如果发现某些个别失误或计算错误，可以采用调整系数来进行弥补，而不必全部重新计算和修改。

(3) 在采用突然降价法时，降低投标价格的范围较小，主要可从降低计划利润和降低经营管理费两方面入手。

(4) 由于最终的降低价格方案是由少数人在最后时刻决定的，这样可以避免自己真实的报价向外泄露，提高了投标报价的保密性。

> **特别提示**
>
> 采用突然降价法时，一定要在准备投标报价的过程中考虑好降价的幅度，在临近投标截止日期前，根据情报信息进行分析判断，最后做出是否降价的决策。

4. 先亏后盈法

先亏后盈法也称为拼命法。投标人为了打进某地区的建筑市场或领域，依靠自身的雄厚资本实力，或有信誉很好的单位或财团作后盾，采取一种不惜代价、只求中标的低价投标手段。工程实践证明，这种报价方法是一种冒险的办法，适用于企业综合实力较强、进入市场后发展前景良好的情况。

采用先亏后盈法的投标人，必须具有较好的资信条件和较强的综合实力，要加强对企业形象的宣传，否则即使投标报价很低，招标人不一定相信而定其为中标人。如果在投标中遇到其他投标人也采用这种方法，最好采取退让的策略，千万不可硬拼。

5. 保本从长计议法

保本从长计议法也称为无利润报价法。这种方法是指在报价过程中以开拓市场为目标，在精确计算成本的基础上，以减少投标报价的利润甚至不考虑利润为竞争手段，充分估计各竞争对手的报价目标，以较强低报价竞争力达到中标的目的。中标后维持本单位的正常运转，对于今后的发展从长计议。这种办法一般是处于以下条件时采用。

(1) 采用保本从长计议法有可能中标后，可将大部分非主体工程分包给索价较低的分包商，从差价中可取得一些利润。

(2) 对于分期建设的工程项目，先以低报价获得首期工程，而后以质量和信誉赢得机会，创造第二期工程中标的优势，并在以后的实施中获得利润。

(3) 在较长的时间内，施工企业没有在建的工程项目，如果再不中标承建工程，就很难维持企业的生存。采用保本从长计议法虽然无利可图，可以有一定的管理费维持企业的正常运转，可设法渡过暂时的困难。

6. 优惠取胜法

优惠取胜法就是投标人根据本企业的实力和承担能力，向招标人提出缩短工期、提高质量、代购主要建材，提出新技术、新工艺和设计方案，提供物资、设备、仪器(交通车辆、生活设施等)，减免预付款、延期付款和垫付工资等方面的承诺，以此优惠条件吸引招标人，并取得招标人的赞许和确认，争取顺利中标。

> **特别提示**
>
> 当采用优惠取胜法时，要特别注意以下几个方面。
>
> (1) 要认真研究招标文件中的内容，分析工程的结构特点、施工条件、资金情况、工期和质量要求等，摸清招标人的需求和心理，针对招标人的迫切要求提出优惠条件。
>
> (2) 提出的优惠条件，一定要符合本企业的实力和承担能力，不得以虚假、欺骗和不符合实际的手段，对招标人提出优惠条件。

7. 辅助手段法

为了在工程投标中提高中标率，除了要提高企业素质，增强企业实力，发挥自身优势外，还可以根据实际情况采取一些必要的辅助手段，以提高中标的可能性。目前，在公路工程投标中常采用的争取中标的辅助手段有搞好投标公关工作、聘请当地的代理人、联合起来进行投标等。

1) 搞好投标公关工作

在工程项目投标活动中，各投标人之间的竞争不仅是工程质量的竞争、技术的竞争、价格的竞争和服务的竞争，而且还包括企业知名度的竞争、信誉的竞争、形象的竞争和公共关系的竞争。后者作为一种自我宣传的手段，能够增强企业的整体竞争能力，树立企业的良好形象，提高企业的知名度，为企业创造和谐融洽的舆论环境，非常有利于投标和中标。

投标人要在宣传自己的技术实力、特长、质量、工期、业绩、成本控制能力的同时，还要尽可能地调动力量搞好投标公关工作，与招标人进行交流和感情沟通，这也是一项非常重要投标策略。一方面，动员本单位内部员工寻找与招标人的感情沟通渠道，由投标班子统一组织协调，积极发挥非正式沟通的作用，通过"说真话、讲实情"的交流，在比较小的范围内充满感情色彩地将本企业的优势、特点介绍给招标人；另一方面，组织、策划本单位与招标单位之间领导层的会晤、礼节性的拜访，实现信息双向交流与反馈，使招标人了解本企业的历史与现状、全貌与特长，逐渐在本企业与招标人之间培养信任感、认同感，赢得赞誉、理解、推荐和支持，为本企业中标营造良好的外部环境和舆论氛围。

2) 聘请当地的代理人

在公路工程投标中，如果拟建工程地区比较生疏，对各方面的情况很不了解，聘请工程项目或招标人所在地有一定社会活动能力、声誉比较好、威信比较高的代理人，是一种争取中标的有效辅助手段。

聘请当地的有关人士代表本企业参与投标，既可以为投标人提供及时准确的信息，又可以起到联络、参谋、顾问的作用，可以帮助投标人中标。

3) 联合起来进行投标

当企业本身实力不强或某些方面不够时，联合几家具有不同优势的施工企业联合投标，以达到取长补短、提高竞争实力的目的。联合投标应根据本企业和拟投标工程的实际，选择相应联合方式。

通常的联合方式如下。

(1) 与工程项目所在地施工企业联合，这样不仅可以有利于打破"地区保护"的障碍，也有利于企业与招标人的联系，还可以享受到当地施工企业的优惠待遇。

(2) 与具有不同专业特长和优势的施工企业联合，以联合企业的长处弥补本企业的不足，这样既有利于投标中标，又有利于中标后合同的实施。

应用案例 5-2

某工程设计已完成，施工图纸具备，施工现场已完成"三通一平"工作，已具备开工条件。在投标阶段中，发生了如下事项。

A 单位为不影响中标，又能在中标后取得较好收益，在不改变总报价基础上对工程内部各项目报价进行了调整，提出了正式报价，增加了所得工程款的现值。

B 单位在对招标文件进行估算后，认为工程价款按季度支付不利于资金周转，决定在按招标文件要求报价之外，另建议业主将付款条件改为预付款降到 5%，工程款按月支付。

C 单位首先对原招标文件进行了报价，又在认真分析原招标文件的设计和施工方案的基础上提出了一种新方案(缩短了工期，且可操作性好)，并进行了相应报价。

思考：

在投标期间，A、B、C 3 家投标单位各采用了哪些报价技巧？

【案例解析】

A、B、C 3 家投标单位分别采用了不平衡报价法、多方案报价法和增加建议方案法。

5.4.4 投标的不正当行为

招标和投标制度作为工程承包发包的主要形式,在国际国内的工程项目建设中已广泛运用。它通过市场竞争机制,遵循公平、公开、公正和诚信的原则,有助于发包单位择优选定设计单位、施工单位、材料设备供应单位。实践证明,招标投标制度是比较成熟而且科学合理的工程承包发包方式,也是保证建设工程质量、加快工程建设进度、获取理想经济效益的必要手段。

但是,由于建筑市场发育尚未健全,运作程序还有不规范之处,再加上管理体制的束缚以及经验不足等原因,导致建筑工程招标和投标在具体操作中还存在着不少问题,其中不正当竞争行为便是工程招标投标中的一大弊病。

在《中华人民共和国招标投标法》(简称《招标投标法》)和《工程建设项目施工招标投标办法》等有关法律法规中,对于不正当竞争均有明确规定。

> **知识链接**
>
> 不正当竞争行为是伴随着商品经济竞争的产生而出现的不当行为,我国《反不正当竞争法》中将不正当竞争行为定义为:经营者损害其他经营者的合法权益,扰乱社会经济秩序的行为。公路工程招投标中的不正当竞争行为主要表现为集体投标和串标行为。

1. 工程招投标不正当竞争的表现

1) 投标人相互串通投标报价

《招标投标法》第 32 条规定:"投标人不得相互串通投标报价,不得排挤其他投标人的公平竞争,损害招标人或者其他投标人的合法权益。"

《工程建设项目施工招标投标办法》第 46 条规定,下列行为属于投标人串通投标报价:①投标人之间相互约定抬高或降低投标报价;②投标人之间相互约定,在招标项目中分别以高、中、低价位报价;③投标人先进行内部竞价,内定中标人,然后再参加投标;④投标人之间其他串通投标报价行为。

2) 投标人与招标人串通投标

《招标投标法》第 32 条规定:"投标人不得与招标人串通投标,损害国家利益、社会公共利益或者他人的合法权益"。

《工程建设项目施工招标投标办法》第 47 条规定,下列行为属于投标人与招标人串通投标报价:①招标人在开标前开启投标文件,并将投标情况告知其他投标人,或者协助投标人撤换投标文件,随意更改报价;②招标人向投标人泄露标底;③招标人与投标人商定,在投标时压低或抬高标价,中标后再给投标人或招标人额外补偿;④招标人预先内定中标人;⑤其他串通投标行为。

3) 投标人以行贿手段谋取中标

《招标投标法》第 32 条规定:"禁止投标人以向招标人或者评标委员会成员行贿的手段谋取中标。"

投标人以行贿的手段谋取中标,是严重违背《招标投标法》基本原则的违法行为,对其他投标人是极不公平的。投标人以行贿手段谋取中标的法律后果是中标无效,有关责任人和单位应当承担相应的行政责任或刑事责任，给他人造成经济损失的，还应当承担相应的民事赔偿责任。

4) 以低于成本的报价竞标

《招标投标法》第 33 条规定："投标人不得以低于成本的报价竞标"。所谓"成本"，指投标人的个别成本，该成本一般应根据投标人的企业定额测定。《反不正当竞争法》第 11 条规定："经营者不得以排挤竞争对手为目的，以低于成本的价格销售商品"。这个规定与《招标投标法》的实质是一致的。

工程实践证明，低于成本竞标中标是一种恶性竞争，不仅违背招标投标公开、公正和公平的原则，也很容易造成中标单位在施工中偷工减料，对于公路工程质量造成严重影响。因此，投标人以低于成本的报价竞标的手段是法律上所禁止的。

5) 以其他方式弄虚作假竞标

《招标投标法》第 33 条规定："投标人不得以他人名义投标或者以其他方式弄虚作假，骗取中标"。根据《工程建设项目施工招标投标办法》第 48 条规定，以他人名义投标是指投标人挂靠其他施工单位，或从其他单位通过转让或租借的方式获取资格或资质证书，或者由其他单位及法定代表人在自己编制的投标文件上加盖印章或签字等行为。

《招标投标法》规定，投标人应当具备承担招标项目的能力；国家有关规定对投标人资格条件或者招标文件对投标人资格条件有规定的，投标人应当具备规定的资格条件。投标人如果不具备承担招标项目的能力或者没有资格条件的投标人的名义投标以骗取中标的，即属违法。

在工程施工招标和投标中，骗取中标的方法主要表现为：不具备资格条件的供应商、承包商，骗取、借用他人的营业执照或者以"挂靠"的办法，以他人的名义投标；伪造其资格证明材料、业绩证明，提供虚假的投标担保等。

应用案例 5-3

某学校对学生宿舍楼进行招标。由于该学校与一家建筑公司有长期的业务往来，此次仍然希望这家建筑公司中标。于是双方达成默契，在招标时，该学校要求该建筑公司在投标报价时尽量压低投标报价，以确保中标，在签合同时，再将工程款提高，果然在开标时，该公司的报价为最低价，经评委审议，最终推荐此公司为中标候选人。学校向该公司发中标通知书。在签合同前，该公司以材料涨价为由，将原投标报价提高了 10%，结果提高后的工程造价高于开标时所有投标人的报价，与招标学校签订了施工合同。

问题：

该项目是否涉嫌不正当竞争。如果是不正当竞争，属于不正当竞争中的哪一种情形。

【案例解析】

该项目涉嫌不正当竞争。它属于不正当竞争中投标人与招标人串通投标的情形。

2. 工程招投标中不正当竞争行为的防止

1) 加快立法进度，加大执法力度，加强法制宣传

工程招标和投标是一个竞争过程，应当有严格的规范和规程，以保证它是公开进行的、

公平合理的。《招标投标法》就是实行招投标的具体规范，它作为招投标领域的基本法，起到了规范招投标的奠基作用，使招投标管理部门有法可依、招投标活动有法可循。

在《招标投标法》实施过程中，根据出现的一些问题和实际操作的需要，原国家发展计划委员会相继颁布了《评标专家和评标专家库管理暂行办法》及《工程建设项目施工招标投标办法》。其中，《工程建设项目施工招标投标办法》是国家发展和改革委员会同原建设部、铁道部、原交通部、原信息产业部、水利部和原中国民用航空总局等6部门联合发布的。

此外，我国还有《建筑法》、《反不正当竞争法》、《民法》等法律可资参照。在有法可依的前提下，按照我国的法律原则，还应做到执法必严、违法必究。具体来说如下所述。

(1) 加大宣传教育力度，建立思想防线，使人不想违法。要大力开展关于招标投标方面法规的宣传，教育招标投标双方及代理中介组织、行政监督机关工作人员自觉学法、自觉用法、自觉守法。

(2) 加大执法监督力度，并在监督机制上设立防线，使人不能违法。

(3) 加大打击力度，强化惩戒手段，使人不敢违法。各级检察机关应充分履行惩治犯罪的职能，努力提高对招标投标活动中违法行为的侦查水平和公诉水平，通过加快立法、加大执法力度，狠狠打击建设工程招标投标过程中的不正当竞争者，该绳之以法的，绝不心慈手软、姑息迁就。

2) 发挥招标投标管理机构的宏观管理职能

《招标投标法》第7条中规定："招标和投标活动当事人应当接受依法实施的监督"。对招标和投标活动进行监督管理的主要任务之一，就是保护正当竞争，加强招标投标活动的监督管理。同时，依法查处招标和投标活动中包括不正当竞争在内的所有违法行为。

在建设项目报建、建设单位资质审查，以及对开标、评标过程监督的过程中，招标和投标管理机构应该充分发挥其宏观职能。只有认真规范工程招标投标活动，才能真正保证工程建设效益，杜绝不正当竞争行为的发生。

3) 规范招标和投标程序，杜绝串标行为的发生

在招标和投标的整个程序中，最能有效杜绝不正当竞争行为的两个关键环节，应该是资格审查和评标。

(1) 认真进行资格预审。

资格预审主要是审查有兴趣投标的法人或者其他组织，是否具有圆满履行合同的能力。招标单位对投标单位进行资格审查，可以同时审查投标单位的业绩信誉、投标单位之间是否存在关联关系等。

所谓关联关系，可以借助《企业会计准则——关联方关系及其交易的披露》中对关联关系的定义：在企业财务和经营决策中，如果一方有能力直接或间接控制、共同控制另一方或对另一方施加重大影响，本准则将其视为关联方。如果两方或多方同受一方控制，也将其视为关联方。主要包括直接或间接地控制其他企业或受其他企业控制，以及同受某一企业控制的两个或多个企业(例如，母公司、子公司、受同一公司控制的子公司之间)；合营企业；联营企业；主要投资者个人、关键管理人员或与其关系密切的家庭成员；受主要投资者个人、关键管理人员或与其关系密切的家庭成员直接控制的其他企业。对于有关联关系的单位同时投标的，招标单位可以采取相应措施，比如只允许其中一家单位进行投标，或是在进行评标的过程中，对于存在关联关系的单位的评标得分一律乘以一个小于1的系数。通过对这种利益相关单位的限制，可以对投标者之间的串通投标行为进行有效防止。

(2) 按照规定严格评标。

在招标文件中已经对评标的相关事宜进行了规定，比如规定了工程计价类别等，这为评标过程中各单位投标价格的比较提供了统一的口径，使得投标文件具有价格上的可比性。同时，在开标的过程中，明确宣布了评标的原则和方法，且公开唱标。有了这样一个过程，就能在一旦出现评标结果明显不合理的情况时，提出质疑的单位可以有理有据地判明是否存在着内定中标者等行为存在。对有标底评标的，要求标底绝对保密，以此可以防止招标人有意泄露标底等行为的发生。为了保证评标的公开、公正和最终获得最佳的投标，《招标投标法》同时还规定，"依法必须进行招标的项目，其评标委员会由招标人的代表和有关技术、经济等方面的专家组成"。

对评标方法的不断完善，也是防止不正当竞争行为的必要条件。目前，建筑市场应用的评标方法一般有百分制法、两阶段法、合理低价法等。由于投标报价是主要的竞争内容，一些投标者往往会片面压低标价，这就容易造成过度低价竞标的恶性循环，也可能造成相互串通的高价竞标。所以投标应以合理低价中标为好，因为合理低价不仅考虑到了投标报价的问题，还发挥了评标委员会的作用，评标人员可以对投标人提出的各项降低费用的办法及保证质量、缩短工期方面的组织管理措施是否可行，做出认真的审核和判断。由此可见，评标时应综合考虑技术标和商务标，尤其应以技术标为核心，不应片面追求低价。这些方法对于避免标底泄露、防止过度低价中标，也能起到一定的作用。

只有把好评标的关，严格做到评标方法合理，评标规则完善，才能真正维护招标和投标双方的合法权益。同时，以上提出的避免招标和投标过程中不正当竞争行为的方法应该付诸实践。在完善法律法规的同时加强执法队伍的建设，在实际操作中不断完善评标方法和规则，这样相互促进就能取得更好的效果。

实行工程招标投标的目的，是为了市场竞争的公平、公开、公正。不正当竞争行为的存在，显然违背了这一目的。因此必须对其表现形式有深刻的认识，并在招标投标实施过程中，遵循法律法规的规定，加强政府监督管理的职能，同时规范招标程序，建立有效的监控机制，以防止工程招标投标活动中不正当竞争行为的发生。

任务 5.5　标后分析与总结

知识目标

(1) 了解标后分析与总结的必要性。
(2) 熟悉标后分析与总结的原则。
(3) 掌握标后分析与总结的内容。

工作任务

准确地了解关于标后分析与总结的相关概念。

投标单位在按照规定投标后，并不是招标投标工作的结束，而还有很多工作需要去做，就是不仅要扎实做好评标中、定标后的有关工作，而且还要做好投标后的总结工作，以便为中标进行准备和今后招投标打下良好的基础。

1. 标后分析与总结的必要性

1) 提高中标概率的需要

在竞标项目开标后，很多投标人往往认为投标工作就此结束了，已编制的投标资料可以不管不问了，只要耐心地等待最后评判定标就行了。实际上，这种想法是不行的，尽管投标资料已不能再做实质性修改，但是仍然可以通过对投标资料的"精(深)加工"来提高中标概率。如根据投标文件精心准备可能面对的澄清资料，根据投标报价(特别是报价偏低时)认真进行成本分析，详细论证报价的可行性等。

2) 提高经营管理水平和效率的需要

围棋比赛中有一项经常性的工作叫"复盘"，其作用就是通过回头看来总结竞赛双方的得和失，探讨改进的途径和方法。投标工作同样应如此，中标了并不意味着没有失误，落标了也并不意味着一无是处。因此，认真进行标后的分析和总结十分重要，这有利于少犯错误和不犯同样的错误，从而提高经营管理的水平和效率。

2. 标后分析与总结的原则

1) 不单纯以数字高低论得失

既然投标是施工企业承揽工程施工业务的主要方式，就应当从是否符合投标人的发展战略和投标策略来进行综合考量，而不能单纯以中标价高低、中标概率大小等数字指标来衡量成功与失败。

2) 要有科学的评价指标、标准和方法

标后评价应根据投标人实际情况，参照同行先进水平，制定切实可行的评价标准和方法。举例来说，由于对于决策和施工管理水平的评价往往需要通过实践加以验证，因此，对于中标项目的标后评价可以采取 3 步走的办法，对项目投标和项目实施进行全面客观评价，即中标以后的初步评价；项目实施过程中的"回头看"；工程完成后的最终评价。

3) 坚持权威性和广泛性相结合

标后的分析和评价应由投标人决策层、投标执行层、施工现场执行层等多层次的代表组成评估小组，客观公正地做出评价，实事求是地做出结论。只有这样，投标人才能真正通过标后的分析和总结，得出成功的经验和失败的教训，找出存在的差距和改进的方法，从而有效促进其业务的开拓和项目管理水平的提高，为其发展创造良好的条件。

3. 标后分析与总结的内容

1) 投标文件再审核

从开标到定标的这一段时期内，投标人除了密切关注评标动态外，还必须对投标文件进行再审核，以找出存在的细微偏差和分析招标人或评标委员会可能提出的质疑，然后根据这些情况整理成澄清资料，以备需要时之用。

《招标投标法》第 39 条规定："评标委员会可以要求投标人对投标文件中含义不明确的内容作必要的澄清或者说明"。在工程项目评标阶段，招标人可根据实际需要，随时要求投标人对投标文件中的细微偏差进行必要的澄清，或者补充某些资料，如单价分析或专项费用的内容等。但是对投标文件的澄清、补正或者说明不得超出投标文件的范围或者改变投标文件的实质性内容。

投标人的澄清或者补正内容将作为投标文件的组成部分。投标人拒不按照要求对投标文件进行澄清或者补正的，招标人将否决其投标，并没收其投标担保。

除招标人要求投标人澄清或者补正外，招标人不接受投标人主动提出的澄清。

2) 投标报价的纵横对比分析

在施工投标中，投标报价的高低是决定中标与否最重要的因素。报出一个符合投标报价"三原则"的价格，永远是投标人追求的目标。一个很有竞争力的报价，取决于投标人丰富的经验、对信息的准确把握和判断、对竞争对手的充分了解等综合因素，而要想具备这些能力，认真对每一次投标活动进行投标报价的纵横向分析是必不可少的工作。

投标报价纵横向分析的内容主要如下。

(1) 纵向分析自己近期同类或相似项目报价，总结自己报价的得和失。

(2) 横向分析竞争对手在同类或相似项目上的报价，总结其报价的规律，为投标报价决策的定量分析提供资料。

(3) 进行投标报价的详细评估，形成成本构成分析资料，为报价澄清和项目实施后的管理和控制提供依据。

(4) 项目实施完成后，将实际结果与投标报价进行对比分析，进一步总结自身投标报价的得和失。

3) 论证投标策略得失

对于投标策略的得失，如果项目落标了，落标后就可以进行分析和总结，主要弄清楚失败的原因；如果项目中标了，则应该等到项目实施完成后才能"盖棺定论"。判断中标项目投标策略的得失，一看项目是否符合企业发展的需要；二看项目是否切合企业的实际情况。前者要求投标决策的正确，即所选的投标项目和确定的投标策略(包括报价水平和降低成本措施)是正确的；后者要求施工组织方案是切实可行，报价符合本企业的成本、管理水平和目标利润率。

当然，标后分析与总结的内容还有很多，投标人可以根据实际情况灵活处理。

知识链接

定标后的主要工作

定标也称为授予合同，是采购机构决定中标人的行为。在定标后投标人主要应做好如下工作：接受中标工作、提交履约担保、签订合同协议。

1. 接受中标工作

在工程项目评标结束并经批准后，招标人将在投标文件有效期截止日期前，向中标单位发出中标通知书，并同时将中标结果通知所有未中标的投标人，确认其投标已被接受。中标通知书实质上就是招标人对其选中的投标人的承诺；是招标人同意某投标人的要约的意思表示。

中标通知书对招标人和中标人具有法律效力。投标人在收到中标通知书后，应立即以书面的形式回复招标人，表示是否接受中标。

2. 提交履约担保

履约保证金是指招标人要求投标人在接到中标通知书后提交的保证履行合同各项义务的担

保。一旦中标人不履行合同义务,该项担保用于赔偿招标人因此所受的损失。《招标投标法》规定,招标文件要求中标人提交履约保证金的,中标人应当提交。

《招标投标法》第46条规定:"招标文件要求中标人提交履约保证金的,中标人应当提交"。中标人在收到中标通知书后28天内,并在签订合同协议书之前,应按合同条款规定的履约担保形式和额度,向业主(招标人)提交一份履约担保。出具履约保函的银行必须具有相应的担保能力,所需费用由中标人自行承担。联合体的履约担保由联合体主办人出具或联合体共同出具。

3. 签订合同协议

中标人在收到中标通知书后28天内,或投标人须知资料表另行规定的天数内,应与业主(招标人)签订合同协议书。签订合同协议应依据《中华人民共和国合同法》等有关法律法规和招标文件、中标人的投标文件以及中标通知书。招标人与中标人不得通过合同谈判改变原招标文件、投标文件的实质性内容,或含有与国家现行的法律法规相抵触的内容。

在签订合同协议书时,签约双方应出示法定代表人证书或其代理人的授权书。合同协议书经双方法定代表人或其授权代理人签署并加盖公章后生效。业主和中标人在签订合同协议书的同时,需按照本招标文件规定的格式和要求,再签订廉政合同及安全生产合同,明确双方在廉政建设和安全生产方面的权利和义务以及应承担的违约责任。

如果中标人未能按规定提交履约担保(含按规定增加的银行汇票),招标人则可宣布其中标无效,并没收其投标担保。在此情况下,招标人可将合同授予下一个中标候选人,或者按规定重新组织招标。

学习情境小结

本学习情境主要讲述投标报价的概念、报价编制的依据、程序和编制方法、报价的评估、报价的策略和技巧、标后的分析与总结等内容。现将主要内容概括如下。

(1) 投标报价是整个投标过程中最重要的核心环节。投标报价与概预算编制既有区别,又有联系。投标报价形成的是工程的市场价格,概预算形成的是工程的计划价格或政府调控价格。公路工程投标报价是全费用价格(综合单价),因此,必须理解报价的内涵和外延,在依据充分、程序正确的前提下,全面、完整、符合实际的报价。

(2) 由于影响投标报价的因素很多,因此运用恰当的策略和技巧是竞标成败的关键之一。投标的策略有定性分析策略和定量分析策略,本章主要介绍了五因素分析法和复合标底评标法下最优报价分析;报价的具体技巧有很多种,既有提高中标概率,又有提高经营效益的方法,本章重点介绍了不平衡报价技巧。

(3) 俗话说:"失败是成功之母"。失败之所以会成为成功之母,是因为吸取了其中的经验和教训。标后的总结和分析主要通过总结投标的得与失,找出其中的规律,总结经验,吸取教训,用于指导投标人以后的投标实践。

通过本学习情境的学习,要了解投标报价与概预算的关联、工程量清单计算的依据、程序和内容,标价的评估和标后总结等;熟悉和掌握报价编制的方法、投标报价的策略与技巧。

思考与练习

一、单选题

1. ( )是投标人全面了解投标项目现场施工环境及施工风险的重要途径,是投标人编制恰当报价和搞好施工组织设计的前提。
   A. 招标文件　　　B. 技术标准　　　C. 现场考察　　　D. 当地法规

2. 关于招标文件中提供的工程量清单,下列说法中不正确的是( )。
   A. 工程数量以"吨"为单位的,保留小数点后3位
   B. 分部分项工程量清单应包括项目编码、项目名称、计量单位和工程数量4个部分
   C. 其他项目清单招标人部分包括预留金、材料购置费等
   D. 其他项目清单招标人部分包括总承包服务费、零星工作费等

3. 若投标单位在编制投标报价时,工程量清单中某些项目未填写单价和合价,则( )。
   A. 该标书视为废标
   B. 该标书将被退回投标单位重新编写
   C. 此部分价款将不予支付,并认为此项费用已包括在其他单价和合价中
   D. 此部分单价及合价将按照其他投标单位的平均投标价计算

4. 一个项目总报价确定后,通过调整内部各个项目的报价,以期既不提高总价,不影响中标,又能在结算时得到更理想的经济效益的报价方法是( )。
   A. 多方案报价法　　　　　　　　B. 不平衡报价法
   C. 增加建议方案法　　　　　　　D. 不同特点报价法

5. 下列选项中,不属于公路工程投标中常采用的争取中标的辅助手段的是( )。
   A. 搞好投标公关工作　　　　　　B. 聘请当地的代理人
   C. 联合起来进行投标　　　　　　D. 超低报价

二、多选题

1. 下列选项中,属于投标报价的原则的有( )。
   A. 确保报价入围的原则　　　　　B. 有利于提高中标概率原则
   C. 有利可图的原则　　　　　　　D. 不低于成本的原则
   E. 以上都不是

2. 下列选项中,属于标价编制的程序中现场考察的具体内容的是( )。
   A. 地质和气候条件　　　　　　　B. 工程施工条件
   C. 经济方面　　　　　　　　　　D. 政治和人文环境方面
   E. 医疗、环保、安全、治安情况等

3. 下列选项中,属于工程量清单组成部分的有( )。
   A. 编制说明　　　　　　　　　　B. 专项暂定金额汇总表

  C. 计日工明细表   D. 工程量清单汇总表
  E. 工程细目

4. 在工程报价技巧中有一种方法是突然降价法，采用突然降价法的好处有( )。
  A. 可以根据最后获得的信息，在递交投标文件的最后时刻，提出自己采用突然降价法的竞争价格，给竞争对手以措手不及，从而会提高自己中标的概率
  B. 在最后审查已编制的投标文件时，如果发现某些个别失误或计算错误，可以采用调整系数来进行弥补，而不必全部重新计算和修改
  C. 在采用突然降价法时，降低投标价格的范围较小，主要可从降低计划利润和降低经营管理费两方面入手
  D. 由于最终的降低价格方案是由少数人在最后时刻决定的，这样可以避免自己真实的报价向外泄露，提高了投标报价的保密性
  E. 如果中标，在签订合同时可采用不平衡报价法调整工程表内的各项单价，以期取得理想的经济效益

三、简答题

1. 简述投标报价与概预算的联系和区别。
2. 简述投标价的构成。
3. 简述标价编制的程序。
4. 简述标价编制的注意事项。
5. 简述高价赢利策略的适用情形。
6. 简述标后分析和总结的内容。

学习情境 6

公路工程合同管理

能力目标

通过本学习情境的学习,要求学生熟悉《建设工程施工合同(示范文本)》的内容,工程合同的签订与履行程序;掌握公路工程勘察设计合同的管理;公路工程监理合同的管理;公路工程施工合同的管理;掌握工程合同变更管理;熟悉施工合同管理的任务与主要工作。

能力要求

知识目标	知识要点	权重
熟悉《建设工程施工合同(示范文本)》的内容及工程合同的签订与履行程序	《建设工程施工合同(示范文本)》的组成;合同文件的解释顺序;工程合同的签订与履行程序	10%
掌握工程监理合同及公路工程勘察设计合同的管理	工程勘察设计合同的签订与履行;勘察设计合同的管理;监理合同的构成及解释顺序;监理人的权利、义务和责任;委托人的权利、义务和责任;监理合同的生效、变更与终止	40%
掌握公路工程施工合同的管理	公路工程施工合同发包人与承包人的义务;施工合同管理的任务与主要工作;合同监督	25%
掌握工程合同变更管理	工程变更的概念;工程变更的内容;工程变更的管理	15%
了解合同纠纷的解决	常见合同纠纷;合同纠纷的处理	10%

引例

某项工程建设项目,在施工图设计没有完成前,业主通过招标选择了一家总承包单位承担该工程的施工任务。由于设计工作尚未完成,承包范围内待实施的工程虽然性质明确,但是工程量还难以确定,双方商定拟采用总价合同形式签订施工合同,以减少双方的风险。施工合同签订前,业主委托了一家监理单位拟协助业主签订施工合同和进行施工阶段监理。监理工程师查看了业主(甲方)和施工单位(乙方)草拟的施工合同条件,发现合同中有以下条款。

(1) 乙方按监理工程师批准的施工组织设计(或施工方案)组织施工,乙方不应承担因此引起的工期延误和费用增加的责任。

(2) 甲方向乙方提供施工场地的工程地质和地下主要管网线路资料,供乙方参考使用。

(3) 乙方不能将工程转包,但允许分包,也允许分包单位将分包的工程再次分包给其他施工单位。

(4) 监理工程师应当对乙方提交的施工组织设计进行审批或提出修改意见。

(5) 无论监理工程师是否参加隐蔽工程的验收,当其提出对已经隐蔽的工程重新检验的要求时,乙方应按要求进行剥露,并在检验合格后重新进行覆盖或者修复。如果检验合格,甲方承担由此发生的经济支出,赔偿乙方的损失并相应顺延工期;如果检验不合格,乙方则应承担发生的费用,工期不予顺延。

(6) 乙方按协议条款约定时间应向监理工程师提交实际完成工程量的报告。监理工程师接到报告7天内按乙方提供的实际完成的工程量报告核实工程量(计量),并在计量前24小时通知乙方。

思考:

(1) 业主与施工单位选择的总价合同形式是否恰当?为什么?

(2) 请逐条指出以上合同条款中的不妥之处,应如何改正?

(3) 若检验工程质量不合格,你认为影响工程质量应从哪些主要因素进行分析?

项目导入

公路工程合同是承发包双方为实现工程目标、明确相互责任、权利、义务关系的协议;是承包人进行工程建设,发包人支付价款,控制工程项目质量、进度、投资,进而保证工程建设活动顺利进行的重要法律文件。有效的合同管理是促进参与公路工程建设各方全面履行合同约定的义务,确保建设目标(质量、投资、工期)的重要手段。

任务 6.1 合同及合同管理概述

知识目标

(1) 熟悉合同文件的解释顺序。

(2) 熟悉工程合同的签订与履行程序。

(3) 了解《建设工程施工合同(示范文本)》的组成。

工作任务

准确地了解工程合同的签订与履行程序。

6.1.1 合同及建设工程合同

合同是指具有平等民事主体资格的当事人，为了达到一定目的，经过自愿、平等、协商一致而设立、变更、终止民事权利和义务关系而达成的协议。

合同有广义和狭义之分。广义的合同是指两个以上的民事主体之间，设立、变更、终止民事权利义务关系的协议。广义的合同除了民法中的债权合同之外，还包括物权合同、身份合同，以及行政法中的行政合同和劳动法中的劳动合同等。狭义的合同是指债权合同，即两个以上的民事主体之间设立、变更、终止债权债务关系的协议。我国《合同法》中所称的合同，是指狭义上的合同。

《合同法》规定，建设工程合同是承包人进行工程建设，发包人支付价款的合同。

建设工程合同实质上是一种特殊的承揽合同。《合同法》第十六章"建设工程合同"中规定，"本章没有规定的，适用承揽合同的有关规定。"建设工程合同可分为建设工程勘察合同、建设工程设计合同和建设工程施工合同3种。

建设工程施工合同是建设工程合同中的重要部分，是指承包人根据发包人的委托，完成建设工程项目的施工工作，发包人接收工作成果并支付报酬的合同。施工合同的内容包括工程范围、建设工期、中间交工工程的开工和竣工时间、工程质量、工程造价、技术资料交付时间、材料和设备供应责任、拨款和结算、竣工验收、质量保修范围和质量保修期、双方相互协作等条款。

> **知识链接**
>
> 建设工程按照自然属性可分为建筑工程、土木工程和机电工程3类。涵盖房屋建筑工程、铁路工程、公路工程、水利工程、市政工程、煤炭矿山工程、水运工程、海洋工程、民航工程、商业与物质工程、农业工程、林业工程、粮食工程、石油天然气工程、海洋石油工程、火电工程、水电工程、核工业工程、建材工程、冶金工程、有色金属工程、石化工程、化工工程、医药工程、机械工程、航天与航空工程、兵器与船舶工程、轻工工程、纺织工程、电子与通信工程和广播电影电视工程等。

6.1.2 《建设工程施工合同(示范文本)》简介

为了规范和指导合同当事人双方的行为，解决施工合同中存在的合同文本不规范、条款不完备等问题，国家建设部和国家工商行政管理局根据最新颁布和实施的工程建设有关法律、法规，结合我国建设工程施工的实际情况，并借鉴国际上通用的土木工程施工合同的经验和做法，于1999年12月24日在《建设工程施工合同(示范文本)》(GF—1991—0201)的基础上颁发了新版《建设工程施工合同(示范文本)》(GF—1999—0201)。该文本适用于土木工程，包括各类公用建筑、民用住宅、工业厂房、交通设施及线路、管道的施工和设备安装。

《建设工程施工合同(示范文本)》(GF—1999—0201)由协议书、通用条款和专用条款3部分组成，并附有3个附件，即"承包人承揽工程项目一览表"、"发包人供应材料设备一览表"和"工程质量保修书"。

1. 协议书

协议书是《建设工程施工合同示范文本》中的总纲领性文件,虽然文字量不大,但规定了合同当事人双方最主要的权利和义务,规定了组成合同的文件及合同当事人对履行合同义务的承诺,并且合同当事人在这份文件上签字盖章,因此具有很高的法律效力,在所有施工合同文件组成中具有最优的解释效力。协议书主要包括以下 10 个方面i内容。

(1) 工程概况:工程名称、工程地点、工程内容、群体工程承包人承揽工程项目一览表、工程立项批准文号、资金来源等。

(2) 工程承包范围。

(3) 合同工期:开工日期、竣工日期、合同工期总日历天数。

(4) 质量标准。

(5) 合同价款:分别用大小写表示。

(6) 组成合同的文件。

(7) 本协议中的有关词语含义与通用条款中分别赋予它们的定义相同。

(8) 承包人向发包人承诺按照合同约定进行施工、竣工并在质量保修期内承担工程质量保修责任。

(9) 发包人向承包人承诺按照合同约定的期限和方式支付合同价款及其他应当支付的款项。

(10) 合同生效:合同订立时间、合同订立地点、双方约定生效时间。

2. 通用条款

通用条款是根据《中华人民共和国合同法》、《中华人民共和国建筑法》和《建设工程承包合同管理办法》等法律、法规对承发包双方的权利和义务作出的规定,除双方协商一致对其中的某些条款进行了修改、补充或取消,双方都必须履行。

通用条款具有很强的通用性,它是将建设工程承包合同中共性的一些内容抽象出来编写的一份完整的合同文件,基本适用于各类建设工程。通用条款由 11 部分 47 条组成,以下为通用条款的 11 个部分。

(1) 词语定义及合同文件。

(2) 双方一般权利和义务。

(3) 施工组织设计和工期。

(4) 质量与检验。

(5) 施工安全。

(6) 合同价款与支付。

(7) 材料设备供应。

(8) 工程变更。

(9) 竣工验收与结算。

(10) 违约、索赔和争议。

(11) 其他。

3. 专用条款

考虑到建设工程的内容各不相同,工期、造价等也随之变动,承发包人的能力、施工现场的环境和条件等也各不相同，需要专用条款对通用条款进行必要的补充与修改。专用条款的条款号与通用条款一致，也有47条，由当事人根据工程的具体情况予以明确或者对通用条款进行修改。

6.1.3 合同文件及解释顺序

合同文件(或称合同)，包括合同协议书、中标通知书、投标函及投标函附录、专用合同条款、通用合同条款、技术标准和要求、图纸、已标价工程量清单，以及其他合同文件。

合同文件应能相互解释，互为说明。除专用条款另有约定外，组成本合同的文件及优先解释顺序如下。

(1) 本合同协议书。
(2) 中标通知书。
(3) 投标书及其附件。
(4) 本合同专用条款。
(5) 本合同通用条款。
(6) 标准、规范及有关技术文件。
(7) 图纸：指由发包人提供或由承包人提供并经发包人批准，满足承包人施工需要的所有图纸。
(8) 工程量清单。
(9) 工程报价单或预算书。

在合同履行中，发包人承包人有关工程的洽商、变更等书面协议或文件视为本合同的组成部分。

当合同文件内容含糊不清或不相一致时，在不影响工程正常进行的情况下，由发包人承包人协商解决。双方也可以提请负责监理的工程师做出解释。双方协商不成或不同意负责监理的工程师做出解释时，按有关争议的约定处理。

合同文件使用汉语语言文字书写、解释和说明。如专用条款约定使用两种以上(含两种)语言文字时，汉语应为解释和说明本合同的标准语言文字。在少数民族地区，双方可以约定使用少数民族语言文字书写和解释、说明本合同。

6.1.4 工程合同的谈判与签订

1. 合同谈判前的审查

由于一般建设工程项目标的规模大、金额高、履行时间长、技术复杂等，可能导致合同条款存在完备性不足的问题。因此，中标后，发包人和承包人在不背离原合同实质性内容的原则下，必须进行合同谈判，将双方在招投标过程中达成的协议具体化，最终订立一份对双方均有法律约束力的合同。

合同的审查是一项技术性很强的工作，它要求合同的管理者对合同的条款以及与合同相关的法律法规有全面的了解。土木工程合同的审查内容主要包括以下方面。

(1) 合同效力的审查与分析。

合同的全部或部分无效会给合同当事人带来不必要的损失，因此，合同效力的审查分析是最基本也是最重要的工作。合同效力的审查主要包括合同当事人资格的审查、工程项目合法性的审查、合同订立过程的审查以及合同内容合法性的审查几个方面。

(2) 合同完备性的审查。

合同完备性的审查包括合同文件完备性审查、合同条款完备性审查。

(3) 合同条款的公正性审查。

合同条款的公正性审查包括：工作范围、权利和责任、工期和施工进度计划、工程质量、工程款及支付问题、违约责任。

合同审查后，对上述分析结果可以用合同审查表进行归纳整理，运用合同审查表可以系统地针对合同文本中存在的问题提出相应的对策。

2．工程合同的谈判

合同谈判是业主与承包商面对面的直接较量，谈判的结果关系到合同条款的订立是否于己有利。因此，进行合同谈判前，业主和承包商都要做足准备工作，为合同谈判的成功奠定基础。

1) 合同谈判的准备工作

(1) 思想准备。合同谈判是一项艰苦复杂的工作，要有充分的思想准备。首先必须确定自己的谈判目标，同时还要分析揣测对方谈判的意图，从而有针对性地进行准备并采取相应的谈判策略。在明确谈判目标后，必须确立己方谈判的基本立场和原则，哪些问题必须坚持，哪些问题可以做出合理让步一定要心中有数。还要考虑谈判有无失败的可能，争执不下的问题如何解决等，做到既能保证合同谈判能够顺利进行，又保证能够获得于己有利的合同条款。

(2) 组织准备。在明确谈判目标并做好应付复杂局面的思想准备后，就必须着手组织一个精明强干、经验丰富的谈判班子。一个合格的谈判小组应由有实质性谈判经验的技术人员、财务人员、法律人员等组成，谈判组长应由思维敏捷、思路清晰、具备高度组织能力与应变能力，熟悉业务并有着丰富经验的谈判专家担任。

(3) 资料准备。谈判必须有理有据，因此，谈判前要收集整理各种基础资料和背景材料，包括对方的资信状况、履约能力、项目的资金来源、之前达成的意向书、会议纪要等。

(4) 背景材料的分析。在获得上述基础资料及背景材料后，必须对这些资料进行分析，包括对自己情况的详细分析，对对方的合法性、谈判意图、谈判人员的基本情况的分析等。

(5) 谈判方案的准备。在确立己方的谈判目标及认真分析己方和对手的情况的基础上，拟定谈判提纲。同时，要根据谈判目标，准备几个不同的谈判方案，当对方不易接受某一方案时，就可以改换另一种方案。

(6) 会议具体事务的安排准备。会议事务的准备包括三个方面：选择谈判时间、谈判地点以及谈判议程的安排。

2) 合同谈判的程序

(1) 一般讨论。在谈判开始阶段应广泛交换意见，各方提出自己的设想方案，探讨各种可能性，在双方相互了解基本观点之后，再逐项进行仔细的讨论。

(2) 技术谈判。在一般讨论之后，就进入了技术谈判阶段。技术谈判主要对原合同中技术方面的条款进行讨论，包括工程范围、技术规范、标准、施工条件、施工方案、施工进度、质量检查、竣工验收等。

(3) 商务谈判。主要对原合同中商务方面的条款进行讨论，包括工程合同价款、支付条件、支付方式、预付款、履约保证金、货币风险的防范等。技术条款与商务条款往往密不可分，在进行谈判时，不能将两者分割开来。

(4) 合同拟定。谈判进行到一定阶段后，在双方都已表明了观点，对原则问题双方意见基本一致的情况下，相互之间就可以交换书面意见或合同稿。然后，以书面意见或合同稿为基础，逐条逐项审查讨论合同条款。先审查一致性问题，后审查讨论不一致的问题，对双方不能确定、不能达成一致意见的问题，再请示上级审定，下次谈判继续讨论，直至双方对新形成的合同条款一致同意并形成合同草案为止。

3) 合同谈判的策略和技巧

谈判是通过不断讨论、争执、让步确定各方权利、义务的过程，实质上是双方各自说服对方和被对方说服的过程。它直接关系到谈判桌上各方最终利益的得失。因此，必须注重谈判的策略和技巧。以下介绍几种常见的谈判策略和技巧。

(1) 掌握谈判议程并合理分配各议题时间。

工程合同谈判一般会涉及诸多需要讨论的事项，而各事项的重要程度并不相同，谈判各方对同一事项的关注程度也不一定相同。成功的谈判者善于掌握谈判的进程，在充满合作气氛的阶段，商讨自己所关注的议题，从而抓住时机，达成有利于己方的协议。同时，谈判者应合理分配谈判时间，对于各议题的商讨时间应得当，不要过于拘泥于细节性问题，这样可以缩短谈判时间，降低交易成本。

(2) 高起点战略。

谈判的过程是各方妥协的过程，通过谈判，各方都或多或少会放弃部分利益以求得项目的进展。而有经验的谈判者在谈判之初会有意识向对方提出苛刻的谈判条件，这样对方会过高估计本方的谈判底线，从而在谈判中做出更多让步。

(3) 注意谈判氛围。

谈判各方往往存在利益冲突，要兵不血刃即获得谈判成功是不现实的。但有经验的谈判者会在各方分歧严重、谈判气氛激烈时采取润滑措施，舒缓压力。在我国最常见的方式是饭桌式谈判。通过宴请，联络对方感情，拉近双方的心理距离，进而在和谐的氛围中重新回到议题。

(4) 拖延与休会。

遇到障碍，陷入僵局时，拖延与休会可以使明智的谈判者有时间冷静思考，在客观分析形势后提出替代方案。经过一段时间的冷处理后，各方都可以进一步考虑整个项目的意义，进而弥合分歧，将谈判从低谷引向高潮。

(5) 避实就虚。

谈判各方都有自己的优势和弱点。谈判者应在充分分析形势的情况下，做出正确判断，抓住对方弱点，猛烈攻击，迫其就范，做出妥协。而对己方的弱点，则要尽量注意回避。

(6) 对等让步。

当己方准备对某些条件做出让步时，可以要求对方在其他方面也应做出相应的让步。要争取把对方的让步作为自己让步的前提和条件。同时应分析对方让步与己方做出的让步是否均衡。在未分析研究对方可能做出的让步之前轻易表态让步是不可取的。

(7) 分配谈判角色。

谈判时应利用本谈判组成员各自不同的性格特征各自扮演不同的角色。有的唱红脸，积极进攻；有的唱白脸，和颜悦色。这样软硬兼施，可以事半功倍。

(8) 善于抓住实质性问题。

任何一项谈判都有其主要目标和主要内容。在整个项目的谈判过程中，要始终注意抓住主要的实质性问题(如工作范围、合同价格、工期、支付条件、验收及违约责任等)来谈，不要为一些鸡毛蒜皮的小事争论不休，而把大的问题放在一边。同时也要防止对方转移视线，回避主要问题，或避实就虚，在主要问题上打马虎眼，而故意在无关紧要的问题上兜圈子。

在进行合同谈判时要注意礼貌及自己的行为举止，态度要友好。对对方提出的不同意见，要耐心，不能急躁，不要说空话、大话，保证谈判能够顺利进行下去。

3．工程合同的签订

经过合同谈判，双方对新形成的合同条款一致同意并形成合同草案后，即进入合同签订阶段，这是确立承发包双方权利义务关系的最后一步工作。一个符合法律规定的合同一经签订，即对合同当事人产生法律约束力。因此，无论发包人还是承包人，都应当抓住最后的机会，对合同草案再进行认真的审查，以最大限度地维护自己的合法权益。

6.1.5 公路工程合同管理概述

1．公路工程合同管理的目的

(1) 促进公路建设市场的规范和发展。我国公路建设通过改革合同的订立方式采用招投标制，通过规范合同订立的内容采用《公路工程标准施工招标文件》(2009年)作为合同文件通用化、标准化的示范文本，保证了我国公路工程合同订立的合法性、全面性、准确性和完整性，从而对我国公路建设市场的形成和发展起到了积极的推动作用。但目前我国公路建设市场仍然存在很多不规范的地方，这些现象主要源于人们合同意识淡薄，法制观念不强，不重视合同管理。因此，必须认真从以下方面做好合同管理工作，以促进我国公路建设市场的规范、健康发展。

① 规范公路建设市场主体和监管部门的行为。
② 完善市场价格的形成机制。
③ 健全市场交易方式，形成开放、有序的公路建设市场。
④ 切实提高合同的履约率和履约质量。

(2) 促进公路建设市场主体建立现代企业制度。公路建设市场主体包括业主、承包商和监理等中介咨询服务单位，他们之间的法律地位是平等的，而维系他们之间关系的桥梁和纽带是合同，能否认真签订合同，全面、适当履行合同，正确对待变更与索赔，既是工程项目能否顺利实施和完成的前提，又反映了项目法人责任制的落实程度、承包商法人治理的完善程度，也就是说，建设市场主体是否建立健全以"产权清晰、权责明确、政企分开、管理科学"为特征的现代企业制度是公路工程合同落到实处的关键。

(3) 形成以合同管理为核心的项目管理体系，全面实现项目管理的各项目标。公路工程合同体系严密，内容全面，既有合同双方责、权、利、义的描述；又有施工规范、计量规则、变更办法、索赔程序等具体的操作性很强的规定。因此，通过加强合同管理，提高合同履约质量，可以使业主实现"四控""两管"(质量、进度、投资、安全控制和合同、信息管理)；使承包商实现经营目标和经营战略；使监理促进业主和承包商目标的实现。

2. 公路工程合同管理的原则

1) 依法管理的原则

依法管理的原则是公路工程合同管理的基本原则。要求管理者树立法制观念，强化合同意识，根据现行相关法律法规、《技术规范》等开展合同管理工作，做到有法必依、执法必严、违法必究。

2) 全面管理的原则

公路工程合同从横向来看是一个体系，从纵向来看是一个系统。因此，合同管理必须实行全面管理的原则，做到"全员"、"全方位"、"全过程"管理。所谓"全员"管理，就是将合同责任分解，落实到每一个相关人员；所谓"全方位"管理，就是针对公路工程合同是一个体系的特点，实行全方面管理，防止疏漏；所谓"全过程"管理，就是通过加强基础管理和过程控制，使合同管理各个环节都能得到有效控制。

3) 实现共赢的原则

公路工程合同体系设计的关联方很多，要想顺利地实施合同任务和履行合同义务，合同各方必须在为己方利益着想的同时也考虑他方利益，加强管理和控制，认真履行合同。

4) 注重效益的原则

合同管理注重效益的原则是指在合同管理的过程中应遵循经济规律，注重通过合同管理来实现预期的经济目标。

3. 公路工程合同管理的方法

(1) 健全法规，规范市场市场经济是法制经济，也是信用经济。合同是联系法制和信用的重要纽带，法制和信用则是合同具有生命力的基础。因此，公路工程合同管理应首先建立、健全法律体系，特别是项目法人责任制、招投标制度，完善合同管理制度，维护法律法规的统一性、严肃性和程序性。其次，要规范公路建设市场，减少政府管制，增加透明度，加大违法惩处力度，促使公路建设市场全面实现从"无形到有形、隐蔽到公开、无序到有序"的转变，形成统一、开放、竞争、有序的市场。

(2) 推行合同管理目标责任制，形成正向激励，将合同管理的预期结果和最终目标数字化和责任化，促使各级管理人员相互配合，协同一致，通过提高管理水平和效率来实现合同目标，从而获得合同利益。同时，有关监管部门还可以通过开展"重合同，守信用"等活动来激励履约、守约单位，通过建立合同信息管理系统，对不守信的单位采取公开曝光或列入"黑名单"等惩罚措施。

(3) 借鉴国际通行做法，规范并推行合同示范文本制度，土木工程采用合同范本制度，是国际上通行做法。目前已形成了很完善的运行规则和很成熟的国际惯例。如国际咨询工程师联合会(FIDIC)根据不同管理模式、不同项目条件出台的多个合同条件已被整个国际工程界广泛接受，我国公路建设领域结合实际情况出台了《公路工程施工合同》(交公路发[2009]221号)和《公路工程施工监理合同范本》(交公路发[1997]567号)。推行合同范本制度，有助于规范合同订立程序、内容，维护合同当事人的利益，对我国公路建设产生了积极的促进作用。但目前我国公路领域推行合同范本制度还不同程度地存在"重形式,轻实质"的现象,因此,必须进一步借鉴国际通行做法,规范合同范本,积极推行合同范本制度。

(4) 建立合同管理机构,健全合同管理制度公路工程合同的管理包括两个层次:政府监管部门的宏观管理和合同主体的微观管理。政府监管部门应设立专门的合同管理机构,承担合同管理的服务和监督功能,行使登记、审查、审计等监管工作,维护市场秩序,保护合同当事人的合法权益。合同主体应通过建立合同管理机构、配置专业合同管理人员、健全合同管理制度来加强管理。

4. 公路工程合同体系

公路工程建设是一个很复杂的过程。首先,其建设程序复杂,从规划、可行性研究、立项、勘察设计、概预算编制、招投标、工程施工、竣工验收、运行到后评价,往往要经历几年、十几年,甚至几十年;其次,公路工程设计的项目类别繁多,有道路工程、桥隧工程、通涵工程、交通工程、机电工程、通讯管网工程、建筑工程、景观工程等。一个公路工程的建设涉及许多不同行业的单位,需要投入许多不同专业的人力以及大量的资金,他们之间通过合同形成了不同的经济关系,从而形成了复杂的合同体系。公路工程合同体系如图6.1所示。

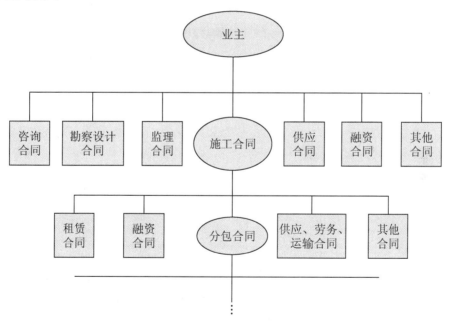

图6.1 公路工程合同体系

任务 6.2 工程监理合同的管理

知识目标

(1) 了解监理合同的构成及解释顺序。

(2) 熟悉监理人、委托人的权利、义务与责任。
(3) 熟悉监理合同的生效、变更和终止。
(4) 掌握监理合同的管理。

工作任务

准确地理解工程监理合同各方的职责及监理合同管理的方式和内容。

6.2.1 工程监理合同概述

1. 监理合同的构成

监理合同文件一般由监理投标书及中标通知书、建设工程委托监理合同协议书、合同标准条款、合同专用条款以及在实施过程中双方共同签署的合同补充与修正文件 5 部分组成。

1) 监理投标书及中标通知书

中标人的监理投标书是对承担合同指向的监理任务所提出的要约，而中标通知书则是招标人对中标人要约的承诺。它们是对双方都有约束力的法律文件，也是双方签约的基础。

2) 建设工程委托监理合同协议书

建设工程委托监理合同协议书是合同文件的正文，是合同双方签章的部分，是整个监理合同文件的核心。合同协议书将监理合同概括性地总汇，以简练、概括性语言，将合同最重要的内容写入其中，双方一旦达成协议，只要填写很少的字，双方即可签署，使合同成立。

3) 合同标准条款

监理合同的标准条款是参照国际上工程监理的通用合同条款，结合我国建设工程监理的实际情况编制，着重阐明双方一般性的权利和义务，在正常情况下合同双方原则上都应遵守。在签约与履约过程中一般不做变动。

4) 合同专用条款

监理合同专用条款是合同双方根据具体工程项目的特点及其所处的自然和社会环境，对合同条款的一种完善与补充，如工程规模、监理项目、工程造价、监理合同期、监理费用、特殊检测项目及费用、奖励条件等都应在专用条款中写明，由合同双方协商一致后填写。若双方认为需要，可在其中增加约定的补充条款、修正条款以及附加条款。

合同专用条款应是合同通用条款的补充和具体化。只要标准条款需要补充，需要具体化，就会存在相应的专用条件，因此合同专用条款的编号与标准条款的编号是一致的，顺序也是相同的。但由于有的标准条款并不需要专用条款来补充，所以专用条款的编号不会是连续的，也就是说合同的标准条款不需要逐条都有专用条款与之一一对应。

5) 在实施过程中双方共同签署的合同补充与修正文件

在监理实施的过程中，难免有一些情况会发生变化。如果这种变化超出了原合同的约束范围，就有必要在原合同的基础上进行适当补充或修改。合同的任何补充和修改都必须取得合同当事人的协商一致，并经合同双方的法定代表人或其授权代理人签署才能有效。

2. 监理合同的解释顺序

合同的解释顺序是指整个监理合同文件的解释顺序，或者说是合同文件各个组成部分的效力等级。当合同内容出现矛盾时，以解释顺序高的为准。合同的解释顺序是由合同双方在合同协议书中约定的。

合同的解释顺序如下。

(1) 双方共同签署的合同补充与修正文件。

(2) 监理合同协议书。

(3) 监理合同专用条件。

(4) 监理合同标准条件。

(5) 监理中标通知书。

(6) 中标人的监理投标书。

3. 公路工程监理合同的特点

国际土木工程实行监理制是一种非常普及的方法，形成了很完善的合同条件。我国在引进 FIDIC 条款实行公路建设项目管理后，逐步参照国际通行做法实行了工程项目监理制度，并形成了具有中国特色的监理合同条件。其主要特点如下。

1) 制定了一套规范性管理办法

为推行公路工程项目监理制度，我国交通运输部先后制定了《公路工程施工监理规范》(JTG G10—2006)、《公路工程施工监理办法》和《公路工程施工监理招标投标办法》、《公路工程施工监理合同范本》、《公路工程施工监理招标文件范本》等部门规章制度，为监理市场的规范、健康发展创造了制度条件，为我国工程施工和监理服务走向国际市场提供了锻炼的平台。

2) 监理合同的主体资格具有限定性

监理合同的业主方应具有法人资格和相应的经济、技术、管理能力；监理方必须具有法人资格和相适应的资质证书，有一定的经济能力、丰富的管理经验以及一定数量的具有交通运输部监理资格证书的技术人员。

3) 合同订立条件和程序的严肃性

签订监理合同除了要遵守《合同法》的相关规定外，还必须遵守公路工程基本建设程序和招投标的程序及相关规定。

知识链接

公路工程施工监理合同

本协议书由_____(以下简称"业主")为一方，与_____(以下简称"监理单位")为另一方共同订立。

鉴于业主已委托监理单位为_____工程提供监理服务并已接受了监理单位就此提出的项目建议书，为明确双方在合同期间的义务、责任和权利，兹就以下事项达成协议。

一、本协议书中的词句和用语与"公路工程施工监理合同"中通用条件所规定的定义相同。

二、下列文件是本协议书的组成部分，应作为协议书的有效内容予以遵守和执行。

1. 公路工程施工监理中标函或委托函
2. 公路工程施工监理合同通用条件
3. 公路工程施工监理合同专用条件

4. 《公路工程施工监理规范》(JTJ 077—95)
5. 公路工程施工监理招、投标文件
6. 双方签认的补充或修正文件
7. 其他文件
8. 附件：

附件 A——监理服务的形式、范围与内容
附件 B——业主提供的监理工作条件
附件 C——监理服务的费用与支付
其他附件

三、业主在此同意按照本监理合同规定的期限和方式，向监理单位支付根据监理合同规定应支付的费用和提供监理工作条件。

四、监理单位基于业主的上述保证，在此向业主承诺按照本监理合同的规定履行监理服务。

五、本协议书经双方签字盖章后，自＿＿＿＿年＿＿＿月＿＿＿日生效，至＿＿＿＿年＿＿＿月＿＿＿日终止，在按照监理合同的规定结清监理服务费用后自然失效。

六、本协议书正本一式两份，双方各执一份，具有同等法律效力。协议书副本＿＿＿＿份，双方各执＿＿＿＿份。

业主：(盖章)＿＿＿＿＿＿＿　　　　监理单位：(盖章)＿＿＿＿＿＿＿
法定代表人：(签字)＿＿＿＿＿　　　法定代表人：(签字)＿＿＿＿＿
单位地址：＿＿＿＿＿＿＿＿＿　　　单位地址：＿＿＿＿＿＿＿＿＿
邮编：＿＿＿＿＿＿＿＿＿＿＿　　　邮编：＿＿＿＿＿＿＿＿＿＿＿
电话：＿＿＿＿＿＿＿＿＿＿＿　　　电话：＿＿＿＿＿＿＿＿＿＿＿
传真：＿＿＿＿＿＿＿＿＿＿＿　　　传真：＿＿＿＿＿＿＿＿＿＿＿
开户银行：＿＿＿＿＿＿＿＿＿　　　开户银行：＿＿＿＿＿＿＿＿＿
账号：＿＿＿＿＿＿＿＿＿＿＿　　　账号：＿＿＿＿＿＿＿＿＿＿＿

4. 监理合同的履行

监理规范规定监理实行总监理工程师负责制，因此，委托监理合同的履行是由监理单位法定代表人书面授权的总监理工程师全面负责的。

由于监理的对象是建设工程项目，不同阶段的监理合同履行是和该阶段的建设工作相适应的。只要该阶段建设任务没有完成，监理合同就得继续。在监理合同履行中额外的工作、附加工作的补偿应在合同中明确，或通过对合同的补充或修改来确定。

6.2.2 监理人的权利、义务和责任

监理人是指经全国统一考试合格，取得《监理工程师资格证书》，并经注册登记的工程建设监理人员。监理人代表业主监控工程质量，是业主和承包商之间的桥梁。

1. 监理人的权利

1) 监理人在委托人委托的工程范围内，享有以下权利
(1) 选择工程总承包人的建议权。
(2) 选择工程分包人的认可权。
(3) 对工程建设有关事项包括工程规模、设计标准、规划设计、生产工艺设计和使用功能要求，有向委托人的建议权。
(4) 对工程设计中的技术问题，按照安全和优化的原则，向设计人提出建议，如果提出的建议可能会提高工程造价，或延长工期，应当事先征得委托人的同意。当发现工程设

计不符合国家颁布的设计工程质量标准或设计合同约定的质量标准时,监理人应当书面报告委托人并要求设计人更正。

(5) 审批工程施工组织设计和技术方案,按照保质量、保工期和降低成本的原则,向承包人提出建议,并向委托人提出书面报告。

(6) 主持工程建设有关协作单位的组织协调,重要协调事项应当事先向委托人报告。

(7) 征得委托人同意,监理人有权发布开工令、停工令、复工令,但应当事先向委托人报告。如在紧急情况下未能事先报告时,则应在 24 小时内向委托人做出书面报告。

(8) 工程上使用的材料和施工质量的检验权。对于不符合设计要求和合同约定及国家质量标准的材料、构配件、设备,有权通知承包人停止使用。对于不符合规范和质量标准的工序、分部、分项工程和不安全施工作业,有权通知承包人停工整改、返工。承包人得到监理机构复工令后才能复工。

(9) 工程施工进度的检查、监督权,以及工程实际竣工日期提前或超过工程施工合同规定的竣工期限的签认权。

(10) 在工程施工合同约定的工程价格范围内,工程款支付的审核和签认权,以及工程结算的复核确认权与否决权。未经总监理工程师签字确认,委托人不支付工程款。

2) 特别授权

监理人在委托人授权下可对任何承包人合同规定的义务提出变更。如果由此严重影响了工程费用或质量、进度,则这种变更须经委托人事先批准。在紧急情况下未能事先报委托人批准时,监理人所做的变更也应尽快通知委托人。在监理过程中如发现工程承包人员工作不力,监理机构可要求承包人调换有关人员。

3) 调解权

在委托的工程范围内,委托人或承包人对对方的任何意见和要求(包括索赔要求),均必须首先向监理机构提出,由监理机构研究处置意见,再同双方协商确定。当委托人和承包人发生争执时,监理机构应根据自己的职能,以独立的身份判断,公正地进行调解。当双方的争议由政府建设行政主管部门调解或仲裁机构仲裁时,应当提供作证的事实材料。

2. 监理人的义务

(1) 监理人按合同约定派出监理工作需要的监理机构及监理人员。向委托人报送委派的总监理工程师及其监理机构的主要成员名单、监理规划,完成监理合同专用条件中约定的监理工程范围内的监理业务。在履行合同义务期间,应按合同约定定期向委托人报告监理工作。

(2) 监理人在履行本合同的义务期间,应认真勤奋地工作,为委托人提供与其水平相适应的咨询意见,公正维护各方面的合法利益。

(3) 监理人使用委托人提供的设施和物品属于委托人的财产。在监理工作完成或中止时,应将其设施和剩余的物品按合同约定的时间和方式移交委托人。

(4) 在合同期内和合同终止后,未征得有关方同意,不得泄露与本工程、本合同业务有关的保密资料。

3. 监理人的责任

(1) 监理人的责任期即委托监理合同有效期。在监理过程中,如果因工程建设进度的推迟或延误而超过书面约定的日期，双方应进一步约定相应延长的合同期。

(2) 监理人在责任期内，应当履行约定的义务。如果因监理人过失而造成了委托人的经济损失，应当向委托人赔偿。累计赔偿总额不应超过监理报酬总额(除去税金)。

(3) 监理人对承包人违反合同规定的质量和要求完工(交货，交图)时限，不承担责任。因不可抗力导致委托监理合同不能全部或部分履行，监理人不承担责任。但对违反认真工作规定引起的与之有关的事宜，应向委托人承担赔偿责任。

(4) 监理人向委托人提出赔偿要求不能成立时，监理人应当补偿由于该索赔所导致的委托人的各种费用支出。

应用案例 6-1

某工程，合同价为 3 000 万元，工期 1 年，业主委托某监理公司实施施工阶段监理，并与施工单位签订了施工承包合同。

(1) 签订的监理合同中有如下的内容。
① 监理单位是本工程的最高管理者。
② 监理单位应维护业主利益。
③ 业主与监理单位实行合作监理，即业主单位具有监理工程师资格的人参与监理工作。
④ 业主方参与监理人员同时作为业主代表，负责与监理单位联系。
⑤ 上述业主代表可以向承包商下达指令。
⑥ 监理单位仅进行质量控制，而进度与投资控制则由业主负责。
⑦ 由于监理单位的努力，使合同工期提前的，监理单位与业主分享利益。

(2) 业主与承包商签订的施工合同中有如下内容。
① 承包商应根据建设监理合同接受监理。
② 承包商努力使工期提前的，按提前产生的利润的一定比例提成。
③ 该工程所使用的钢筋和水泥由业主供应。

思考：
(1) 监理合同中有何不妥之处？为什么？
(2) 施工合同中有何不妥之处？为什么？

【案例解析】
(1) 监理合同存在以下不妥之处。
① 监理单位虽然是受业主委托就工程的实施对承包商进行全面的监督、管理。但是对某些重大问题还必须由业主做出决定，因此监理单位不是也不可能是工程唯一的最高管理者。
② 监理单位应作为公正的第三方，以批准的项目建设文件，有关的法律、法规以及监理合同和工程建设合同为依据进行监理。因此，监理单位应站在公正立场上行使自己的处理权，要维护业主和被监理单位双方合法权益。
③ 业主单位具有监理工程师资格的人参与监理工作是可行的，但不能称之为合作监理，合作监理是指监理单位之间的合作。
④ 上述业主方参与监理的人，工作时不能作为业主的代表，只能以监理单位名义和人员进行活动。
⑤ 业主代表不可以直接向承包商下达指令，而必须通过监理工程师下达。
⑥ 监理的三大控制目标是相互联系的，只控制一个目标是不切合实际的。
⑦ 监理单位努力使规定的工期提前，业主应按约定给予奖励，但不是利润分成。

(2) 施工合同存在以下不妥之处。
① 承包商应依据施工合同的规定接受监理，而不是按监理合同的规定。

② 承包商使工期提前，可按合同规定得到奖励，但不是按利润比例分成。

6.2.3 委托人的权利、义务和责任

委托人是指委托监理人为自己提供监理服务的。

1. 委托人的权利

(1) 委托人有选定工程总承包人，以及与其订立合同的权利。

(2) 委托人有对工程规模、设计标准、规划设计、生产工艺设计和设计使用功能要求的认定权，以及对工程设计变更的审批权。

(3) 监理人调换总监理工程师需事先经委托人同意。

(4) 委托人有权要求监理人提供监理工作月报及监理业务范围内的专项报告。

(5) 当委托人发现监理人员不按监理合同履行监理职责，或与承包人串通给委托人或工程造成损失的，委托人有权要求监理人更换监理人员，直到解除合同并要求监理人承担相应的赔偿责任或连带赔偿责任。

2. 委托人的义务

(1) 委托人在监理人开展监理业务之前应向监理人支付预付款。

(2) 委托人应当负责工程建设的所有外部关系的协调，为监理工作提供外部条件。如将部分或全部协调工作委托监理人承担,则应在专用条款中明确委托的工作和相应的报酬。

(3) 委托人应当在双方约定的时间内免费向监理人提供与工程有关的为监理工作所需要的工程资料。

(4) 委托人应当在专用条款约定的时间内就监理人书面提交并要求做出决定的一切事宜做出书面决定。

(5) 委托人应当授权一名熟悉工程情况、能在规定时间内做出决定的常驻代表(在专用条款中约定)，负责与监理人联系。更换常驻代表，要提前通知监理人。

(6) 委托人应当将授予监理人的监理权利，以及监理人主要成员的职能分工、监理权限及时书面通知已选定的合同承包人，并在与第三人签订的合同中予以明确。

(7) 委托人应当在不影响监理人开展监理工作的时间内提供如下资料。

① 与本工程合作的原材料、购配件、设备等生产厂家名录。

② 提供与本工程有关的协作单位、配合单位的名录。

(8) 委托人应免费向监理人提供办公用房、通信设施、监理人员工地住房及合同专用条件约定的设施。对监理人自备的设施给予合理的经济补偿(补偿金额：设施在工程使用时间占折旧年限的比例×设施原值+管理费)。

(9) 根据情况需要，如果双方约定，由委托人免费向监理人提供其他人员，应在监理合同专用条件中予以明确。

3. 委托人的责任

(1) 委托人应当履行委托监理合同约定的义务，如有违反则应当承担违约责任，赔偿给监理人造成的经济损失。

(2) 监理人处理委托业务时，因非监理人原因的事由受到损失的，可向委托人要求补偿损失。

(3) 委托人如果向监理人提出赔偿的要求不能成立，则应当补偿由该索赔所引起的监理人的各种费用支出。

6.2.4 监理合同的生效、变更和终止

1. 监理合同的生效

监理合同一般从双方签字之日起生效，也有在合同中规定生效条件的，如在专用条款中规定，合同自通过建设主管部门的审查之日起生效。

2. 监理合同的变更

(1) 在委托监理合同签订后，实际情况发生变化，使得监理人不能全部或部分执行监理业务时，监理人应当立即通知委托人。该监理业务的完成时间应予延长。当恢复执行监理业务时，应当增加不超过 42 日的时间用于恢复执行监理业务，并按双方约定的数量支付监理报酬。

(2) 当事人一方要求变更或解除合同时，应当在 42 日前通知对方，因解除合同使一方受到损失的，除依法可以免除责任的外，应由责任方负责赔偿。变更或解除合同的通知或协议必须采取书面形式，协议未达成之前，原合同依然有效。

3. 监理合同的终止

(1) 监理人向委托人办理完竣工验收或工程移交，承包人和委托人已签订工程保修责任书，监理人收到监理报酬尾款，本合同即终止。保修期间的责任，双方在专用条款中约定。

(2) 监理人在应当获得监理报酬之日起 30 日内仍未收到支付单据，而委托人又未对监理人提出任何书面解释时，或暂停执行监理业务时限超过 6 个月的，监理人可以向委托人发出终止合同的通知，发出通知后 14 日内仍未得到委托人答复，可进一步发出终止合同的通知，如果第二份通知发出后 42 日内仍未得到委托人答复，可终止合同或自行暂停执行全部或部分监理业务，委托人承担违约责任。

(3) 当委托人认为监理人无正当理由而又未履行监理义务时，可向监理人发出指明其未履行监理义务的通知。若委托人发出通知后 21 日内没有收到答复，可在第一个通知发出后 35 日内发出终止委托监理合同的通知，合同即行终止。监理人承担违约责任。

(4) 合同协议的终止并不影响各方面应有的权利和应当承担的责任。

6.2.5 监理合同的管理

在监理合同履行的过程中，合同双方应按以下方式进行管理。

(1) 树立合同意识、履约观念，客观、公正地提供监理服务。

(2) 实行全过程管理。监理工程师可以采用旁站、见证、巡视、测量、试验、抽查、工序控制、指令文件等多种方法来加强过程控制。

(3) 业主应加强对监理工程师的监管，防止监理渎职行为的发生。

任务6.3 公路工程勘察设计合同的管理

知识目标

(1) 掌握公路工程勘察设计合同的订立与履行。
(2) 掌握公路工程勘察设计合同的管理。
(3) 了解公路工程勘察设计合同的主要内容。

工作任务

能够准确地了解公路工程勘察设计合同的管理。

6.3.1 公路工程勘察设计合同的订立与履行

1. 公路工程勘察设计合同的订立

1) 订立的条件
(1) 工程项目的可行性研究报告或项目建议书已获批准。
(2) 已经办理了建设用地规划许可证等手续。
(3) 法律、法规规定的其他条件。
(4) 设计任务书已经批准。
(5) 实行招标的项目,中标通知书已下达。

2) 公路工程勘察设计合同的订立主体

公路工程勘察设计合同的主体一般应是法人。其中,勘察设计方必须具有法人资格和勘察、设计资质,具有相应的经济、技术、设计能力,拥有相应的管理人员和具有执业资格的技术人员。

3) 公路工程勘察设计合同订立的程序

公路工程勘察设计合同订立一般要经过要约邀请(招标或方案竞选)、要约(投标或报方案)和承诺(定标或签订合同)3个阶段。

公路工程勘察设计合同的订立一般采用书面形式,可参照《公路工程勘察设计招标文件范本》签订。

2. 公路工程勘察设计合同的履行

1) 业主的义务

业主的义务是指业主负责提供资料的内容、标准和期限,以及应承担的工作和服务项目。主要包括如下内容。
(1) 按相关规定合理确定设计工作量、设计期限和设计费用并按规定及时支付。
(2) 及时按合同约定提供设计所需的各种技术资料。
(3) 为设计方提供工作便利。
(4) 按合同约定及相关法律法规使用设计成果。

2) 勘察设计人的义务

勘察设计人的义务主要是按合同约定保质、保量、按时完成设计任务,交付设计成果。

3) 违约责任

如果在合同履行过程中,一方违约给另一方造成损害,违约方应当承担赔偿责任。公路工程承担违约责任的方式由双方在合同条件中约定或参照《公路工程勘察设计招标文件范本》。

6.3.2 公路工程勘察设计合同的管理

1. 业主对勘察设计合同的管理

(1) 严格按照基本建设程序和《公路工程勘察设计招标办法》规定的程序确定勘察设计单位,按照《公路工程勘察设计招标文件范本》、招投标文件等规定的内容签订勘察设计合同。

(2) 及时向设计方提供资料。

(3) 按照合同约定监督设计方履约情况,审查设计方案和成果。

(4) 按合同的约定支付设计费用。

2. 设计方对勘察设计合同的管理

(1) 建立合同管理机构,健全合同管理制度。

(2) 加强过程控制,防止违约事件的发生。

(3) 不断提高设计能力、质量和效率。

(4) 加强人员培训,提高合同管理水平。

3. 国家有关机构对勘察设计合同的监督

国家交通行政主管部门对公路工程勘察设计合同的监督主要包括合同订立前批准设计任务书和合同签订后的备案。

6.3.3 公路工程勘察设计合同概述

1. 公路工程勘察设计合同的主要内容

采用招标方式的公路工程勘察设计合同文件的主要内容如下。

(1) 合同书及附件。

(2) 中标通知书。

(3) 投标书及附表。

(4) 勘察设计合同专用条款。

(5) 勘察设计合同通用条款。

(6) 勘察设计技术标准和规范。

(7) 勘察设计工作量及报价单。

(8) 勘察设计工作量计算及报价计算说明。

(9) 项目负责人及项目主要参加人员基本情况。

(10) 勘察设计工作大纲。

上述合同文件的组成内容是一个整体，互为补充和解释，如有模棱两可或相互矛盾之处，以上述所列顺序在前的为准。

2. 公路工程勘察设计合同主要条款

目前，我国公路工程勘察设计合同的主要条款在《公路工程勘察设计招标文件范本》中有规定，这些条款是根据我国现行法律、法规，结合公路工程勘察设计具体情况和实践经验而制定的，其通用条款共有 8 项，内容如下。

(1) 定义和解释。
(2) 发包人的责任和义务。
(3) 设计人的责任和义务。
(4) 勘察设计周期及提交成果。
(5) 违约和赔偿。
(6) 合同的生效、变更与终止。
(7) 费用和支付。
(8) 其他。

任务 6.4 公路工程施工合同的管理

知识目标

(1) 熟悉公路工程施工合同的订立与履行。
(2) 熟悉公路工程施工合同发包人与承包人的义务。
(3) 掌握公路工程施工合同的管理的任务及主要工作。
(4) 了解合同监督。

工作任务

了解公路工程施工合同的管理。

公路工程施工合同即承包合同，是业主与承包商为完成约定的公路工程项目施工，确定双方权利和义务的协议，它是公路工程合同体系中的"核心合同"。因此，无论是订立的要求、程序还是内容都较其他公路工程合同更严格、规范和复杂。

6.4.1 公路工程施工合同的订立与履行

1. 公路工程施工合同的订立

公路工程施工合同的订立有以下条件。
(1) 项目已列入公路建设年度计划。
(2) 施工图设计文件已经完成并经审批同意。

(3) 建设资金已经落实，并经交通主管部门审计。

(4) 征地手续已办理，拆迁基本完成。

(5) 监理单位已依法确定(业主已与监理单位签订委托合同)，招标项目的中标通知书已经下达。

(6) 已办理质量监督手续，已落实保证质量和安全的措施。

2. 订立施工合同的程序和形式

根据法律、法规的要求，公路工程施工合同的订立有直接发包和招标发包两种方式。采用直接发包的，至少要经过要约和承诺两个阶段；采用招标发包的，至少要经过要约邀请(招标)、要约(投标)和承诺(定标)3个阶段。

公路工程施工合同属于双务、有偿和要式合同。因此，合同签订的形式必须是书面形式。合同协议书的格式如下。

合同协议书

_____(发包人名称，以下简称"发包人")为实施_____(项目名称)，已接受_____(承包人名称，以下简称"承包人")对该项目_____标段施工的投标。发包人和承包人共同达成如下协议。

1. 第__标段由K____+____至K____+____，长约____km，公路等级为_____，设计时速为____，___路面，有____立交____处；特大桥____座，计长____m；大中桥___座，计长____m；隧道____座，计长____m以及其他构造物工程等。

2. 下列文件应视为构成合同文件的组成部分。

(1) 本协议书及各种合同附件(含评标期间和合同谈判过程中的澄清文件和补充资料)。

(2) 中标通知书。

(3) 投标函及投标函附录。

(4) 项目专用合同条款。

(5) 公路工程专用合同条款。

(6) 通用合同条款。

(7) 技术规范。

(8) 图纸。

(9) 已标价工程量清单。

(10) 承包人有关人员、设备投入的承诺及投标文件中的施工组织设计。

(11) 其他合同文件。

3. 上述文件互相补充和解释，如有不明确或不一致之处，以合同约定次序在先者为准。

4. 根据工程量清单所列的预计数量和单价或总额价计算的签约合同价：人民币(大写)____元(¥_____)。

5. 承包人项目经理：_____。承包人项目总工：_____。

6. 工程质量符合_____标准。

7. 承包人承诺按合同约定承担工程的实施、完成及缺陷修复。

8. 发包人承诺按合同约定的条件、时间和方式向承包人支付合同价款。

9. 承包人应按照监理人指示开工，工期为_____日历天。

10. 本协议书在承包人提供履约担保后，由双方法定代表人或其委托代理人签署并加盖单位章后生效。全部工程完工后经竣交工验收合格、缺陷责任期满签发缺陷责任终止证书后生效。

11. 本协议书正本二份、副本___份，合同双方各执正本一份，副本___份，当正本与副本的内容不一致时，以正本为准。

12. 合同未尽事宜，双方另行签订补充协议。补充协议是合同的组成部分。

发包人：   (盖单位章)   承包人：   (盖单位章)
法定代表人或其委托代理人：_____(签字)   法定代表人或其委托代理人：_____(签字)
____年___月___日   ____年___月___日

> **特别提示**
>
> 采用招标方式的项目，施工合同应在中标通知书发出28天内或招标文件约定的天数内依据招标文件、投标书等签订。签订时，承包商必须按要求提交履约担保。签订合同的承包商必须是依法中标的单位，合同价必须与中标价一致，不能修改招标文件和投标文件的实质性内容。如果中标单位不在规定时间内签订或拒绝签订合同，其中标无效并没收其投标保证金。

3. 公路工程施工合同的履行

《公路工程标准施工招标文件》(2009年版)对公路工程施工的发包人和承包人在履行合同时的一般义务做了规定。

1) 发包人义务

(1) 遵守法律。

发包人在履行合同过程中应遵守法律，并保证承包人免于承担因发包人违反法律而引起的任何责任。

(2) 发出开工通知。

监理人应在开工日期7天前向承包人发出开工通知。监理人在发出开工通知前应获得发包人同意。工期自监理人发出的开工通知中载明的开工日期起计算。承包人应在开工日期后尽快施工。

(3) 提供施工场地。

发包人应按专用合同条款约定向承包人提供施工场地，以及施工场地内地下管线和地下设施等有关资料，并保证资料的真实、准确、完整。

(4) 协助承包人办理证件和批件。

发包人应协助承包人办理法律规定的有关施工证件和批件。

(5) 组织设计交底。

发包人应根据合同进度计划，组织设计单位向承包人进行设计交底。

(6) 支付合同价款。

发包人应按合同约定向承包人及时支付合同价款。

(7) 组织竣工验收。

发包人应按合同约定及时组织竣工验收。

(8) 其他义务。

发包人应履行合同约定的其他义务。

2) 承包人的一般义务

(1) 遵守法律。

承包人在履行合同过程中应遵守法律,并保证发包人免于承担因承包人违反法律而引起的任何责任。

(2) 依法纳税。

承包人应按有关法律规定纳税,应缴纳的税金包括在合同价格内。

(3) 完成各项承包工作。

承包人应按合同约定以及监理人根据通用合同条款中的指示,实施、完成全部工程,并修补工程中的任何缺陷。除专用合同条款另有约定外,承包人应提供为完成合同工作所需的劳务、材料、施工设备、工程设备和其他物品,并按合同约定负责临时设施的设计、建造、运行、维护、管理和拆除。

(4) 对施工作业和施工方法的完备性负责。

承包人应按合同约定的工作内容和施工进度要求,编制施工组织设计和施工措施计划,并对所有施工作业和施工方法的完备性和安全可靠性负责。

(5) 保证工程施工和人员的安全。

承包人应按通用合同条款约定采取施工安全措施,确保工程及其人员、材料、设备和设施的安全,防止因工程施工造成的人身伤害和财产损失。

(6) 负责施工场地及其周边环境与生态的保护工作。

承包人应按照通用合同条款约定负责施工场地及其周边环境与生态的保护工作。

(7) 避免施工对公众与他人的利益造成损害。

承包人在进行合同约定的各项工作时,不得侵害发包人与他人使用公用道路、水源、市政管网等公共设施的权利,避免对邻近的公共设施产生干扰。承包人占用或使用他人的施工场地,影响他人作业或生活的,应承担相应责任。

(8) 为他人提供方便。

承包人应按监理人的指示为他人在施工场地或附近实施与工程有关的其他各项工作提供可能的条件。除合同另有约定外,提供有关条件的内容和可能发生的费用,由监理人按通用合同条款商定或确定。

(9) 工程的维护和照管。

在工程接收证书颁发前,承包人应负责照管和维护工程。工程接收证书颁发时尚有部分未竣工工程的,承包人还应负责该未竣工工程的照管和维护工作,直至竣工后移交给发包人为止。

(10) 其他义务。

承包人应履行合同约定的其他义务。

6.4.2 公路工程施工合同的管理

1. 公路工程施工合同各方对合同的管理

1) 业主对合同的管理

业主对合同的管理主要体现在施工合同的前期策划和合同签订后的监督方面。

2) 承包商对合同的管理

在合同规定的工期和预算成本范围内完成合同规定的工程施工和保修责任，全面、适当地履行自己的和合同义务，争取盈利。

公路工程合同的复杂性和经济性决定了合同潜在的风险很大，为了规避、化解风险，承包商必须建立完整的合同管理制度，使施工合同的谈判、签订、履行等各环节科学化、规范化、程序化和模块化。

3) 监理单位对合同的管理

负责进行工程的进度控制、质量控制、投资控制以及做好协调工作。

2．工程施工中合同管理的任务

合同签订后，承包商的首要任务是派出工程的项目经理，由他全面负责工程管理工作。项目经理首先必须组建包括合同管理人员在内的项目管理小组，并着手进行施工准备工作。现场的施工准备一经开始，合同管理的工作重点就转移到施工现场，直到工程全部结束。

在整个工程施工过程中，合同管理的主要任务如下。

(1) 给项目经理和项目管理职能人员、各工程小组、所属的分包商在合同关系上以帮助，进行工作上的指导。

(2) 对工程实施进行有力的合同控制，保证承包商正确履行合同，保证整个工程按合同、按计划、有步骤、有秩序地施工，防止工程中的失控现象。

(3) 及时预见和防止合同问题，以及由此引起的各种纠纷。对因干扰事件造成的损失进行索赔，同时又应使承包商免于对干扰事件和合同争执的责任，处于不能被索赔的地位。

(4) 向各级管理人员和业主提供工程合同实施的情况报告，提供用于决策的资料、建议和意见。

6.4.3 合同管理的主要工作

合同管理人员在这一阶段的主要工作有如下几个方面。

(1) 建立合同实施的保证体系，以保证合同实施过程中的一切日常事务性工作有秩序地进行，使工程项目的全部合同事件处于控制中，保证合同目标的实现。

(2) 监督承包商的工程小组和分包商按合同施工，并做好各分合同的协调和管理工作。承包商应以积极合作的态度完成自己的合同责任，努力做好自我监督。同时也应督促和协助业主和工程师完成他们的合同责任，以保证工程顺利进行。

(3) 对合同实施情况进行跟踪；收集合同实施的信息，收集各种工程资料，并进行相应的信息处理；将合同实施情况与合同分析资料进行对比分析，找出其中的偏离，对合同履行情况进行诊断；向项目经理及时通报合同实施情况及问题，提出合同实施方面的意见、建议甚至警告。

(4) 进行合同变更管理。主要包括：参与变更谈判，对合同变更进行事务性处理；落实变更措施，修改变更相关的资料，检查变更措施落实情况。

(5) 日常的索赔和反索赔。包括以下两个方面。

① 与业主之间的索赔和反索赔。

② 与分包商及其他方面之间的索赔和反索赔。

在工程实施中，承包商与业主、总(分)包商、材料供应商、银行等之间都可能有索赔或反索赔。合同管理人员承担着主要的索赔(反索赔)任务，负责日常的索赔(反索赔)处理事务。具体如下：

① 对收到的对方的索赔报告进行审查分析，收集反驳理由和证据，复核索赔值，起草并提出反索赔报告。

② 对由于干扰事件引起的损失，向对方(业主或分包商等)提出索赔要求；收集索赔证据和理由，分析干扰事件的影响，计算索赔值，起草并提出索赔报告。

③ 参加索赔谈判，对索赔(反索赔)中所涉及的问题进行处理。

知识链接

在通常情况下，工程索赔是指承包人在合同实施过程中，对非自身原因造成的工程延期、费用增加而要求发包人给予补偿损失的一种权利要求，可称其为承包人的施工索赔(简称施工索赔)。发包人对属于承包人应承担责任造成的损失而向承包人要求的赔偿主张，称为发包人的反索赔(简称反索赔)。

索赔和反索赔是合同管理人员的主要任务之一，所以，他们必须精通索赔(反索赔)业务。

6.4.4 合同监督

合同责任是通过具体的合同实施工作完成的。合同监督可以保证合同实施按合同和合同分析的结果进行。

合同监督的主要工作如下。

(1) 合同管理人员与项目的其他职能人员一齐落实合同实施计划，为各工程小组、分包商的工作提供必要的保证。如施工现场的安排，人工、材料、机械等计划的落实，工序间的搭接关系的安排和其他一些必要的准备工作。

(2) 在合同范围内协调业主、工程师、项目管理各职能人员、所属的各工程小组和分包商之间的工作关系，解决合同实施中出现的问题，如合同责任界面之间的争执，工程活动之间时间上和空间上的不协调。

(3) 对各工程小组和分包商进行工作指导。

(4) 会同项目管理的有关职能人员检查、监督各工程小组和分包商的合同实施情况，对照合同要求的数量、质量、技术标准和工程进度，发现问题并及时采取对策措施。对他们已完成的工程进行最后的检查核对，对未完成或有缺陷的工程，指令限期采取补救措施，防止影响整个工期。

(5) 按合同要求，会同业主及工程师等对工程所用材料和设备进行开箱检查或验收，看是否符合质量、图纸和技术规范等的要求。进行隐蔽工程和已完工程的检查验收，负责验收文件的起草和验收的组织工作。

(6) 会同估算师对业主提交的工程款账单和分包商提交来的收款账单进行审查和确认。

(7) 合同管理工作一经进入施工现场后，合同的任何变更都应由合同管理人员负责提出；对向分包商的任何指令，向业主的任何文字答复、请示，都须经合同管理人员审查，并记录在案。承包商与业主、与总(分)包商的任何争议的协商和解决都必须有合同管理人员的参与，并对解决结果进行合同和法律方面的审查、分析和评价，这样不仅能保证工程施工一直处于严格的合同控制中，而且使承包商的各项工作更有预见性，更能及早地预计行为的法律后果。

由于在工程实施中的许多文件，如业主和工程师的指令、会谈纪要、备忘录、修正案、附加协议等也是合同的一部分，所以它们也应完备，没有缺陷、错误、矛盾和二义性。它们也应接受合同审查。在实际工程中这方面的问题也特别多。

任务6.5　工程合同变更管理

知识目标

(1) 了解工程变更的概念、性质与起因。
(2) 熟悉工程变更的内容。
(3) 掌握工程合同变更的管理。

工作任务

掌握工程合同变更的管理。

6.5.1　工程变更概述

工程变更一般是指在工程施工过程中，根据合同的约定对施工的程序、工程的数量、质量要求及标准等做出的变更。

1. 工程变更的性质

工程变更是一种特殊的合同变更。合同变更指合同成立以后，履行完毕以前由双方当事人依法对原合同的内容所进行的修改。通常认为工程变更是一种合同变更，但不可忽视工程变更和一般合同变更所存在的差异。一般合同变更的协商发生在履约过程中合同内容变更之时。而工程变更则较为特殊：双方在合同中已经授予工程师进行工程变更的权利，但此时对变更工程的价款最多只能进行原则性的约定；在施工过程中，工程师直接行使合同赋予的权利发出工程变更指令，根据合同约定承包商应该先行实施该指令；此后，双方可对变更工程的价款进行协商。

2. 工程变更的起因

合同内容频繁的变更是工程合同的特点之一。一个工程，合同变更的次数、范围和影响的大小与该工程的招标文件(特别是合同条件)的完备性、技术设计的正确性，以及实施方案和实施计划的科学性直接相关。合同变更一般主要有以下几方面的原因。

(1) 业主新的变更指令，对建筑的新要求。如业主有新的意图，业主修改项目总计划，削减预算等。

(2) 由于设计人员、工程师、承包商事先没能很好地理解业主的意图，或设计错误，导致图纸被修改。

(3) 工程环境的变化。预定的工程条件不准确，要求实施方案或实施计划变更。

(4) 由于产生新的技术和知识，有必要改变原设计、实施方案或实施计划，或由于业主指令及业主责任的原因造成承包商施工方案的改变。

(5) 政府部门对工程新的要求，如国家计划变化、环境保护要求、城市规划变动等。

(6) 由于合同实施出现问题，必须调整合同目标，或修改合同条款。

3. 工程变更的影响

工程变更对合同实施影响很大，主要表现在以下几个方面。

(1) 导致设计图纸、成本计划和支付计划、工期计划、施工方案、技术说明和适用的规范等定义工程目标和工程实施情况的各种文件进行相应的修改和变更。相关的其他计划如材料采购订货计划、劳动力安排、机械使用计划等也应进行相应调整。所以，它不仅引起与承包合同平行的其他合同的变化，而且会引起所属的各个分合同，如供应合同、租赁合同、分包合同的变更。有些重大的变更会打乱整个施工部署。

(2) 引起合同双方、承包商的工程小组之间、总承包商和分包商之间合同责任的变化。

(3) 有些工程变更还会引起已完工程的返工、现场工程施工的停滞、施工秩序被打乱及已购材料出现损失。

> **特别提示**
>
> 按照国际工程中的有关统计，工程变更是索赔的主要起因。由于工程变更对工程施工过程影响较大，会造成工期的拖延和费用的增加，容易引起双方的争执，所以合同双方都应十分慎重地对待工程变更问题。

4. 工程变更的内容

根据我国《建设工程施工合同(示范文本)》的约定，工程变更包括设计变更和工程质量标准等其他实质性内容的变更。其中设计变更包括如下内容。

(1) 更改工程有关部分的标高、基线、位置和尺寸。

(2) 增减合同中约定的工程量。

(3) 改变有关工程的施工时间和顺序。

(4) 其他有关工程变更需要的附加工作。

工程变更只能是在原合同规定的工程范围内的变动，业主和工程师应注意不能使工程变更引起工程性质方面有很大的变动，否则应重新订立合同。从法律角度讲，工程变更也是一种合同变更，合同变更应经合同双方协商一致。根据诚实信用的原则，业主显然不能通过合同的约定而单方面的对合同做出实质性的变更。从工程角度讲，工程性质若发生重大的变更而要求承包商无条件继续施工并不恰当。承包商在投标时并未准备这些工程的施工机械设备，需另行购置或运进机具设备，使承包商有理由要求另签合同，而不能作为原合同的变更，除非合同双方都同意将其作为原合同的变更。承包商认为某项变更指示已超出本合同的范围，或工程师的变更指示的发布没有得到有效的授权时，可以拒绝进行变更工作。

按照国际土木工程合同管理的惯例，一般合同中都有一条专门的变更条款，对有关工程变更的问题做出了具体的规定。FIDIC合同条件下的工程变更范围如下。

(1) 改变合同中所包括的任何工作的数量。

(2) 改变任何工作的质量和性质。如工程师可以根据业主要求，将原定的水泥混凝土路面改为沥青混凝土路面。

(3) 改变工程任何部分的标高、基线、位置和尺寸。如公路工程中要修建的路基工程，工程师可以指示将原设计图纸上原定的边坡坡度，根据实际的地质土壤情况改建成比较平缓的边坡坡度。

(4) 删减任何工作。

(5) 任何永久工程需要的附加工作、工程设备、材料或服务。

(6) 改动工程的施工顺序或时间安排。若某一工段因业主的征地拆迁延误，使承包方无法开工，业主对此事是负有责任的，工程师应和业主及承包商协商，变更一下工程施工顺序，让承包商的施工队伍不要停工，以免对工程进展造成不利影响。但是，工程师不可以改变承包商既定的施工方法，除非工程师可以提出更有效的施工方法予以替代。

6.5.2 合同变更的管理

1. 注意对工程变更条款的合同分析

对工程变更条款的合同分析应特别注意以下几点。

(1) 工程变更不能超过合同规定的工程范围，如果超过这个范围，承包商有权不执行变更或坚持商定价格后再进行变更。

(2) 业主对工程师的认可权必须限制。

(3) 承包商与业主、总(分)包之间的任何书面信件、报告、指令等都应经合同管理人员进行技术和法律方面的审查，这样才能保证任何变更都在控制中。

2. 促成工程师提前作出工程变更

在实际工作中，变更决策时间过长和变更程序太慢会造成很大的损失。常有两种现象：一种现象是施工停止，承包商等待变更指令或变更会谈决议；另一种现象是变更指令不能迅速做出，而现场继续施工，造成更大的返工损失，这就要求变更程序尽量快捷。

如在施工中如发现图纸错误或其他问题，需进行变更，首先应通知工程师，经工程师同意或通过变更程序再进行变更。否则，承包商可能不仅会得不到应有的补偿，而且会给自身带来麻烦。

3. 对工程师发出的工程变更应进行识别

特别在国际工程中，工程变更不能免去承包商的合同责任。对已收到的变更指令，特别对重大的变更指令或在图纸上给出的修改意见，应予以核实。对超出工程师权限范围的变更应要求工程师出具业主的书面批准文件。对涉及双方权利关系的重大变更，必须有业主的书面指令、认可或双方签署的变更协议。

4. 迅速、全面落实变更指令

变更指令做出后，承包商应迅速、全面、系统地落实变更指令。承包商应全面修改相关的各种文件，如有关图纸、规范、施工计划、采购计划等，使它们一直反映和包容最新的变更。

承包商应在相关的各工程小组和分包商的工作中落实变更指令，并提出相应的措施，对新出现的问题进行解释和制定对策，同时又要协调好各方面工作。

合同变更指令应立即在工程实施中贯彻并体现出来。在实际工程中，这方面问题常常很多。由于合同变更与合同签订不一样，没有一个合理的计划期，变更时间紧，难以详细地计划和分析，使责任落实不全面，容易造成计划、安排、协调方面的漏洞，引起混乱，导致损失。而这个损失往往被认为是承包商管理失误造成的，难以得到补偿。因此，承包商应特别注意工程变更的实施。

应用案例6-2

某大型工程项目地质情况复杂，由于工程项目建设任务十分紧迫，要求尽快开工并按时竣工，基础处理工程量难以准确确定。因此，业主根据监理单位的建议，采用单价合同方式与承包方签订了施工合同，对于工程变更、工程计量、合同价款的调整及工程款的支付等都做了规定。

思考：

(1) 在进行施工招标前，业主委托监理方协助业主编制施工合同条款，考虑到本工程的复杂情况，监理方对于有关工程变更的条款做了重点考虑。作为监理工程师，你认为：

① 属于工程变更的事项包括哪些方面的内容？

② 对于工程的变更方面，如果是发包方提出的变更应如何进行管理？如果是承包方提出的变更应如何进行管理？

(2) 在施工过程中，若承包商根据监理工程师的指示就部分工程进行了变更施工，试问变更部分合同价款应根据什么原则进行确定？变更价款的确定应当按什么程序进行？

(3) 若由于发包方提出的工程变更要求而引发承包方的费用索赔和延长工期的要求，但发包方与承包方对该项索赔要求一致，从而形成合同争议，试问应当通过什么方式处理和解决争议？

【案例解析】

(1) 工程变更包括内容和管理两方面的问题。

① 属于工程变更的事项包括如下内容。

a. 工程的高程、基线、位置、尺寸等的改变。

b. 工程的性质、标准的变更。

c. 增加或减少合同约定的工程量。

d. 改变施工顺序或时间。

e. 其他。

② 发包方提出的工程变更应当不迟于变更前的14天书面通知承包方；若属于改变原工程标准或超过原工程规模的变更，还应报原规划管理部门审批，设计变更应由原设计单位修改。

承包方应严格按图施工，不得随意变更设计，若承包商要求对原设计变更，应经监理工程师同意，还需经原规划管理部门和其他有关部门审查批准，并由原设计单位提供变更的图纸和说明。承包方擅自变更设计，要承担由此发生的费用、发包方的损失以及工期延误的一切责任。由承包方提出、经监理工程师同意的设计变更，导致的合同价增减、发包方的损失由发包方承担，工期顺延。

(2) 发包方和承包方提出的工程变更应分别进行管理。

① 发包方提出工程变更后，合同价款的调整按下列原则和方法进行。

a. 合同中已有适用于变更工程单价的，按合同已有的单价计算和变更合同价款。

b. 合同中只有类似于变更工程的单价，可参照它来确定变更价格和变更合同价款。

c. 合同中没有上述单价时，由承包方提出相应价格，经监理工程师确认后执行。

② 对承包方提出的工程变更，确定变更价款的程序如下。

a. 变更发生后的14天内,承包方应提出变更价款报告,经监理工程师确认后,调整合同价。
b. 若变更发生后14天内承包方不提出变更价款报告,则视为该变更不涉及价款变更。
c. 监理工程师收到变更价款报告日起14天内应对其予以确认;若无正当理由不确认时,自收到报告时算起14天后该报告自动生效。

(3) 合同双方发生争议可通过下列途径寻求解决。
① 协商和解。
② 有关部门调解。
③ 按合同约定的仲裁条款或仲裁协调申请仲裁。
④ 向有管辖权的法院起诉。

6.5.3 合同纠纷的解决

建设工程合同纠纷,是指因建设工程合同的生效、解释、履行、变更、终止等行为而引起的建设工程合同当事人的所有争议。

1. 建设工程合同常见纠纷

建设工程合同常见纠纷如下。

(1) 已完工作量纠纷。除合同有约定外,多数承包合同的付款按实际完工量乘以该工程单价计算,虽合同已确定工程量,但实际施工中会有很多变化,如设计变更、工程师签发的变更指令、现场地质、地形条件的变化等均会引起工程量的增减,产成纠纷。

(2) 工程质量纠纷。建设工程承包合同中承包方所用建筑材料不符合质量标准要求,偷工减料,无法生产出合同规定的合格产品,导致施工有严重缺陷造成质量纠纷。

(3) 工期延误责任纠纷。一项工程的工期延误,往往由于错综复杂的原因造成,因此许多合同条件中都规定了工期延误损害赔偿的罚则,但同时也规定承包商对于非自己责任的工期延误免责,甚至对业主方面的原因造成的工期延误有权要求业主赔偿该项目工期延误的损失。但由于工期延误原因多样,要分清各方责任十分困难,对工期延误的责任认定容易产生分歧。

(4) 工程付款纠纷。工程量、质量、工期的纠纷都会导致或直接表现为付款纠纷,在施工过程中业主按进度支付工程款时,会扣除监理工程师未予确认的工程量和认为存在质量问题的已完工程的应付款,使承包商无法接受,造成工程付款纠纷。

(5) 终止合同纠纷。业主认为,当承包商不履约,严重拖延工程并无力改变局面,或承包商破产或严重负债无力偿还致使工程停顿等情形时,业主可宣布终止合同将承包商逐出工地,并要求赔偿损失,甚至通知开具履约保函和预付款保函的银行全额支付保函金额,承包商则否认自己责任,要求取得已完工程的款项。同样,业主不履约,严重拖延应付工程款并已无力支付欠款、破产或严重干扰阻碍承包商工作等,承包商可终止合同,业主则否认上述行为,双方发生终止合同纠纷。

2. 建设工程合同纠纷的处理

《合同法》第128条规定,当事人可以通过和解或者调解解决合同争议。当事人不愿和解、调解或者和解、调解不成的,可以根据仲裁协议向仲裁机构申请仲裁。当事人没有订立仲裁协议或者仲裁协议无效的,可以向人民法院起诉。由此可见,解决建设工程合同纠纷的途径有4种,即和解、调解、仲裁和诉讼。

1) 和解

合同当事人在自愿友好的基础上，通过相互协商解决纠纷，这是建设工程合同产生纠纷后的最佳解决方式，同时也是首选方式。

2) 调解

合同当事人如果不能协商一致，可以要求有关机构调解。如一方或双方是国有企业的，可以要求上级机关进行调解。上级机关应在平等的基础上分清是非进行调解，而不能进行行政干预。当事人还可以要求合同管理机关、仲裁机构、法庭等进行调解。

调解包括民间调解、行政调解、法院调解和仲裁调解4种类型。

民间调解是指在当事人以外的第三人或组织的主持下，通过相互谅解，使纠纷得到解决的方式；行政调解是在有关行政机关的主持下，依据相关法律、行政法规、规章及政策，处理纠纷的方式。民间调解和行政调解所达成的协议都不具有强制约束力。法院调解是在人民法院的主持下，在双方当事人自愿的基础上，以制作调解书的形式解决纠纷的方式；仲裁调解是仲裁庭在做出裁决前进行调解的解决纠纷的方式。法院的调解书和仲裁庭的裁决书经当事人签收后即发生法律效力。

3) 仲裁

仲裁，也称为"公断"，是双方当事人在合同争议发生前或争议发生后达成协议，自愿将争议交给仲裁机构做出裁决，并负有自觉履行义务的一种解决争议的方式。

仲裁是公正、及时解决经济纠纷的重要手段，其具有自愿性、专业性、灵活性、保密性、快捷性、经济性和独立性等特点，越来越多的人从实践中认识到其优点，日益愿意选择仲裁方式解决争议。

> **知识链接**
>
> 根据《仲裁法》规定，平等主体间的合同纠纷和其他财产权益纠纷适用仲裁。同时规定，下列纠纷不能仲裁。
> (1) 婚姻、收养、监护、抚养、继承纠纷。
> (2) 依法应当由行政机关处理的行政争议。
> (3) 劳动争议。
> (4) 农业集体经济组织内部的农业承包合同纠纷。

4) 诉讼

如果合同中没有订立仲裁条款，事后也没有达成仲裁协议，合同当事人可以将合同纠纷起诉到法院，寻求司法解决。

学习情境小结

公路工程合同是一个较为复杂和庞大的体系，公路工程合同管理是指合同相关方以现行法律法规和合同文件为依据，本着公正、公开、公平和诚实信用的原则，运用科学理论和现代科学技术依法进行合同订立、履行、变更、纠纷解决以及审查、监督、控制等一系列行为的总称。通过合同管理业主可以实现"四控""两管"；承包商可以实现经营目标和经营战略；监理可以促进业主和承包商目标的实现；监管部门可以维护市场经济秩序。因此，公路工程合同管理是项目管理的核心。

思考与练习

一、单选题

1. ( )在施工合同文件组成中具有最优的解释效力。
   A. 协议书　　　　　　　　　　B. 通用条款
   C. 专用条款　　　　　　　　　D. 工程质量保修书
2. 委托监理合同的履行是由监理单位法定代表人书面授权的( )全面负责。
   A. 监理工程师　　　　　　　　B. 项目经理
   C. 业主方代表　　　　　　　　D. 总监理工程师
3. ( )是公路工程合同体系中的"核心合同"。
   A. 勘察合同　　　　　　　　　B. 设计合同
   C. 监理合同　　　　　　　　　D. 施工合同
4. 采用招标方式的项目，施工合同应在中标通知书发出( )天内或招标文件约定的天数内依据招标文件、投标书等签订。
   A. 15　　　　B. 28　　　　C. 30　　　　D. 60
5. 解决建设工程合同纠纷的最佳方式是( )。
   A. 和解　　　　B. 调解　　　　C. 仲裁　　　　D. 诉讼
6. 反索赔是( )提出的索赔。
   A. 承包商向业主　　　　　　　B. 承包商向监理工程师
   C. 业主向承包商　　　　　　　D. 业主向监理工程师

二、多选题

1. 合同文件包括( )。
   A. 中标通知书　　　　　　　　B. 专用合同条款
   C. 投标函及投标函附录　　　　D. 已标价工程量清单
   E. 图纸
2. 《建设工程施工合同(示范文本)》主要由( )等组成。
   A. 协议书　　　　　　　　　　B. 招标、投标文件
   C. 施工图纸与工程量清单　　　D. 通用条款
   E. 专用条款
3. 当合同文件内容含糊不清或不相一致时，以下处理方式正确的是( )。
   A. 在不影响工程正常进行的情况下，由发包人承包人协商解决
   B. 双方可以提请负责监理的工程师做出解释
   C. 双方协商不成或不同意负责监理的工程师做出解释
   D. 双方协商不成或不同意负责监理的工程师的解释时，按有关争议的约定处理
   E. 由有关管理单位或仲裁机构解决

4. 以下关于监理合同的生效日期，说法正确的是(　　)。
   A. 监理合同一般从双方签字之日起生效
   B. 工程施工之日起开始生效
   C. 如在专用条款中规定，合同自通过建设主管部门的审查之日起生效
   D. 监理工程师入驻工地现场时生效
   E. 施工合同生效时生效

5. 以下属于公路工程施工合同发包人义务的是(　　)。
   A. 保证工程施工和人员的安全
   B. 组织设计交底
   C. 负责施工场地及其周边环境与生态的保护工作
   D. 组织竣工验收
   E. 对施工作业和施工方法的完备性负责

6. 土木工程合同审查的主要内容包括(　　)。
   A. 合同当事人资格的审查
   B. 合同完备性的审查
   C. 合同条款的公正性审查
   D. 合同项目合法性的审查
   E. 合同订立时间和地点的审查

三、简答题

1. 按解释顺序简述工程施工合同文件的组成。
2. 施工阶段合同管理的主要工作有哪些？
3. 工程设计变更的内容有哪些？

四、案例题

某工程建设项目由3个单项工程组成。项目业主准备将其分为3个独立的合同段，分别由3个承建商实施，并通过公开招标选择施工单位。某工程建设监理单位已通过投标获得了此项目的监理任务。

问题：

1. 监理委托合同与施工合同签订的先后顺序如何？
2. 在招标选择承建商的过程中，监理单位是否有决定权？
3. "承包商要分包某部分工程，则分包商要由监理工程师选择"的说法是否正确？为什么？

附 录

《公路工程标准施工招标文件》（2009 年版）投标人须知

交公路发[2009]221 号　自 2009 年 8 月 1 日起施行

第二章　投标人须知

1. 总则

1.1　项目概况

1.1.1　根据《中华人民共和国招标投标法》等有关法律、法规和规章的规定，本招标项目已具备招标条件，现对本标段施工进行招标。

1.1.2　本招标项目招标人：见投标人须知前附表。

1.1.3　本标段招标代理机构：见投标人须知前附表。

1.1.4　本招标项目名称：见投标人须知前附表。

1.1.5　本标段建设地点：见投标人须知前附表。

1.2　资金来源和落实情况

1.2.1　本招标项目的资金来源：见投标人须知前附表。

1.2.2　本招标项目的出资比例：见投标人须知前附表。

1.2.3　本招标项目的资金落实情况：见投标人须知前附表。

1.3　招标范围、计划工期和质量要求

1.3.1　本次招标范围：见投标人须知前附表。

1.3.2　本标段的计划工期：见投标人须知前附表。

1.3.3　本标段的质量要求：见投标人须知前附表。

1.4　投标人资格要求（适用于已进行资格预审的）

投标人应是收到招标人发出投标邀请书的单位。

1.4　投标人资格要求（适用于未进行资格预审的）

1.4.1　投标人应具备承担本标段施工的资质条件、能力和信誉。

(1) 资质条件：见投标人须知前附表；

(2) 财务要求：见投标人须知前附表；

(3) 业绩要求：见投标人须知前附表；

(4) 信誉要求：见投标人须知前附表；

(5) 项目经理资格：见投标人须知前附表；

(6) 其他要求：见投标人须知前附表。

1.4.2　投标人须知前附表规定接受联合体投标的，除应符合本章第 1.4.1 项和投标人须知前附表的要求外，还应遵守以下规定：

(1) 联合体各方应按招标文件提供的格式签订联合体协议书，明确联合体牵头人和各方权利义务；

(2) 由同一专业的单位组成的联合体，按照资质等级较低的单位确定资质等级；

(3) 联合体各方不得再以自己名义单独或参加其他联合体在同一标段中投标;
(4) 联合体所有成员数量不得超过投标人须知前附表规定的数量;
(5) 联合体牵头人所承担的工程量必须超过总工程量的50%;
(6) 联合体各方应分别按照本招标文件的要求,填写投标文件中的相应表格,并由联合体牵头人负责对联合体各成员的资料进行统一汇总后一并提交给招标人;联合体牵头人所提交的投标文件应认为已代表了联合体各成员的真实情况;
(7) 尽管委任了联合体牵头人,但联合体各成员在投标、签约与履行合同过程中,仍负有连带的和各自的法律责任。

1.4.3 投标人不得存在下列情形之一:
(1) 为招标人不具有独立法人资格的附属机构(单位);
(2) 为本标段前期准备提供设计或咨询服务的,但设计施工总承包的除外;
(3) 为本标段的监理人;
(4) 为本标段的代建人;
(5) 为本标段提供招标代理服务的;
(6) 与本标段的监理人或代建人或招标代理机构同为一个法定代表人的;
(7) 与本标段的监理人或代建人或招标代理机构相互控股或参股的;
(8) 与本标段的监理人或代建人或招标代理机构相互任职或工作的;
(9) 被责令停业的;
(10) 被暂停或取消投标资格的;
(11) 财产被接管或冻结的;
(12) 在最近三年内有骗取中标或严重违约或重大工程质量问题的;
(13) 涉及正在诉讼的案件,或涉及正在诉讼的案件但经审查委员会认定不会对承担本项目造成重大影响;
(14) 被省级及以上交通主管部门取消项目所在地的投标资格或禁止进入该区域公路建设市场且处于有效期内;
(15) 为投资参股本项目的法人单位。

1.5 费用承担

投标人准备和参加投标活动发生的费用自理。

1.6 保密

参与招标投标活动的各方应对招标文件和投标文件中的商业和技术等秘密保密,违者应对由此造成的后果承担法律责任。

1.7 语言文字

除专用术语外,与招标投标有关的语言均使用中文。必要时专用术语应附有中文注释。

1.8 计量单位

所有计量均采用中华人民共和国法定计量单位。

1.9 踏勘现场

1.9.1 投标人须知前附表规定组织踏勘现场的,招标人按投标人须知前附表规定的时间、地点组织投标人踏勘项目现场。

1.9.2 投标人踏勘现场发生的费用自理。

1.9.3 除招标人的原因外,投标人自行负责在踏勘现场中所发生的人员伤亡和财产损失。

1.9.4 招标人在踏勘现场中介绍的工程场地和相关的周边环境情况,供投标人在编制投标文件时参考,招标人不对投标人据此做出的判断和决策负责。

1.9.5 招标人提供的本合同工程的水文、地质、气象和料场分布、取土场、弃土场位置等参考资料,并不构成合同文件的组成部分,投标人应对自己对上述资料的解释、推论和应用负责,招标人不对投标人据此作出的判断和决策承担任何责任。

1.10 投标预备会

1.10.1 投标人须知前附表规定召开投标预备会的,招标人按投标人须知前附表规定的时间和地点召开投标预备会,澄清投标人提出的问题。

1.10.2 投标人应在投标人须知前附表规定的时间前,以书面形式将提出的问题送达招标人,以便招标人在会议期间澄清。

1.10.3 投标预备会后,招标人在投标人须知前附表规定的时间内,将对投标人所提问题的澄清,以书面方式通知所有购买招标文件的投标人。该澄清内容为招标文件的组成部分。

1.11 分包

本项目严禁转包和违规分包,且不得再次分包。投标人拟在中标后将中标项目的部分非主体、非关键性工作进行分包的,应符合以下规定:

分包内容要求:允许分包的工程范围仅限于非关键性工程或者适合专业化队伍施工的专业工程;

分包金额要求:专业工程分包的工程量累计不得超过总工程量的30%;

接受分包的第三人资质要求:分包人的资格能力应与其分包工程的标准和规模相适应,具备相应的专业承包资质或劳务分包资质;

其他要求:投标人如有分包计划,应按第八章"投标文件格式"的要求填写"拟分包项目调查表",且投标人中标后的分包应满足合同条款第4.3款的相关要求。

1.12 偏离

投标人须知前附表允许投标文件偏离招标文件某些要求的,偏离应当符合招标文件规定的偏离范围和幅度。

偏离即偏差,偏差分为重大偏差和细微偏差。[①]

1.12.1 投标文件不符合第三章"评标办法"第2.1款所列的初步评审标准以及按照第三章"评标办法"第3.1.3项和第3.1.4项的规定对投标价进行算术性错误修正及其他错误修正后,最终投标报价超过投标控制价上限(如有)的,属于重大偏差,视为对招标文件未

---

① 如由投标人按照招标人提供的工程量固化清单电子文件填写工程量清单,无须按照第三章"评标办法"第3.1.3项和第3.1.4项的规定对投标报价进行修正,则本款与之相关内容不适用。

做出实质性响应，按废标处理。

1.12.2 投标文件中的下列偏差为细微偏差：

(1) 在按照第三章"评标办法"第 3.1.3 项和第 3.1.4 项的规定对投标价进行算术性错误修正及其他错误修正后，最终投标报价未超过投标控制价上限(如有)的情况下，出现第三章"评标办法"第 3.1.3 项所列的投标报价的算术性错误和第三章"评标办法"第 3.1.4 项所列的投标报价的其他错误；

(2) 施工组织设计(含关键工程技术方案)和项目管理机构不够完善。

1.12.3 评标委员会对投标文件中的细微偏差按如下规定处理：

(1) 对于本章第 1.12.2 项(1) 目所述的细微偏差，按照第三章"评标办法"第 3.1.3 项和第 3.1.4 项的规定予以修正并要求投标人进行澄清；

(2) 对于本章第 1.12.2 项(2) 目所述的细微偏差，如果采用合理低价法或经评审的最低投标价法评标，应要求投标人对细微偏差进行澄清，只有投标人的澄清文件被评标委员会接受，投标人才能参加评标价的最终评比。如果采用综合评估法评标，评标委员会可在相关评分因素的评分中酌情扣分，但最多不得超过各评分因素权重分值的 40%。

2．招标文件

2.1 招标文件的组成

本招标文件包括：

(1) 招标公告(或投标邀请书)；
(2) 投标人须知；
(3) 评标办法；
(4) 合同条款及格式；
(5) 工程量清单；
(6) 图纸；
(7) 技术规范；
(8) 投标文件格式；
(9) 投标人须知前附表规定的其他材料。

根据本章第 1.10 款、第 2.2 款和第 2.3 款对招标文件所作的澄清、修改，构成招标文件的组成部分。

当招标文件、招标文件的澄清或修改等在同一内容的表述上不一致时，以最后发出的书面文件为准。

2.2 招标文件的澄清

2.2.1 投标人应仔细阅读和检查招标文件的全部内容。如发现缺页或附件不全，应及时向招标人提出，以便补齐。如有疑问，应在投标人须知前附表规定的时间前以书面形式(包括信函、电报、传真等可以有形地表现所载内容的形式，下同)，要求招标人对招标文件予以澄清。

2.2.2 招标文件的澄清将在投标人须知前附表规定的投标截止时间 15 天前以书面形式发给所有购买招标文件的投标人，但不指明澄清问题的来源。如果澄清发出的时间距投标截止时间不足15天，相应延长投标截止时间。投标人有责任保证所有购买招标文件的投标人收到招标文件的澄清。

2.2.3 投标人在收到澄清后，应在投标人须知前附表规定的时间内以书面形式通知招标人，确认已收到该澄清。

2.3 招标文件的修改

2.3.1 在投标截止时间15天前，招标人可以书面形式修改招标文件，并通知所有已购买招标文件的投标人。如果修改招标文件的时间距投标截止时间不足15天，相应延长投标截止时间。招标人有责任保证所有购买招标文件的投标人收到招标文件的修改。

2.3.2 投标人收到修改内容后，应在投标人须知前附表规定的时间内以书面形式通知招标人，确认已收到该修改。

3. 投标文件

3.1 投标文件的组成

3.1.1 投标文件应包括下列内容：
(1) 投标函及投标函附录；
(2) 法定代表人身份证明或附有法定代表人身份证明的授权委托书；
(3) 联合体协议书；
(4) 投标保证金；
(5) 已标价工程量清单；
(6) 施工组织设计；
(7) 项目管理机构；
(8) 拟分包项目情况表；
(9) 资格审查资料；
(10) 承诺函；
(11) 调价函及调价后的工程量清单(如有)；
(12) 投标人须知前附表规定的其他材料。

若采用双信封形式，第3.1.1项采用以下条款：

3.1.1 投标文件应包括下列内容：

第一个信封(商务及技术文件)：
(1) 投标函[①]及投标函附录；
(2) 法定代表人身份证明或附有法定代表人身份证明的授权委托书；
(3) 联合体协议书；
(4) 投标保证金；

---

① 若采用双信封形式，招标人应修改第八章"投标文件格式"中相关内容，并要求投标人在投标文件第一个信封(商务及技术文件)中提交不包含投标报价的投标函、在投标文件第二个信封(投标报价和工程量清单)中提交填写投标报价的投标函。

(5) 施工组织设计;[①]

(6) 项目管理机构;

(7) 拟分包项目情况表;

(8) 资格审查资料;

(9) 承诺函;

(10) 投标人须知前附表规定的其他材料。

第二个信封(投标报价和工程量清单)

(1) 投标函;

(2) 已标价工程量清单;

(3) 调价函及调价后的工程量清单(如有)。

3.1.2 投标人须知前附表规定不接受联合体投标的,或投标人没有组成联合体的,投标文件不包括本章第 3.1.1(3) 目所指的联合体协议书。

3.2 投标报价

3.2.1 投标人应按第五章"工程量清单"的要求填写相应表格。

工程量清单的填写分为下列两种方式。投标人应按投标人须知前附表规定的方式填写工程量清单。

(1) 本项目招标采用工程量固化清单[②],招标人在出售招标文件的同时向投标人提供工程量固化清单电子文件(光盘或 U 盘)。投标人填写工程量清单中的单价及总额价,即可完成投标工程量清单的编制,确定投标报价,并打印出投标工程量清单,编入投标文件。投标人未在工程量清单中填入单价或总额价的工程子目,将被认为其已包含在工程量清单其他子目的单价和总额价中,招标人将不予支付。

投标人必须严格遵循工程量固化清单电子文件中的数据、格式及运算定义,并将已填写完毕的投标工程量清单电子文件单独拷入招标人提供的光盘(或 U 盘)中,密封在投标文件正本内一并交回。严禁投标人修改工程量固化清单电子文件中的数据、格式及运算定义。

投标人根据招标人提供的工程量固化清单电子文件填报完成并打印的投标文件工程量清单中的投标报价和投标函大写金额报价应一致,如果报价金额出现差异时,则以投标函大写金额报价为准。

(2) 本项目招标由招标人提供书面工程量清单,由投标人按照招标人提供的工程量清单填写本合同各工程子目的单价、合价和总额价。评标委员会将按照第三章"评标办法"第 3.1.3 项和第 3.1.4 项的规定对投标价进行算术性错误修正及其他错误修正。

3.2.2 投标人在投标截止时间前修改投标函中的投标总报价,应同时修改第五章"工程量清单"中的相应报价。此修改须符合本章第 4.3 款的有关要求。

3.2.3 投标人如果发现工程量清单中的数量与图纸中数量不一致时,应立即通知招标人核查,除非招标人以书面方式予以更正,否则,应以工程量清单中列出的数量为准。

[①] 若采用双信封形式,招标人可将第八章}"投标文件格式"第六项施工组织设计附表九"合同用款估算表"放入第二个信封(投标报价和工程量清单)。

[②] 为减少评标阶段对投标报价进行修正的工程量,建议招标人在出售招标文件时,同时提供"工程量固化清单",清单的数据、格式及运算定义应保证投标人无法修改。投标人只需填写各子目单价或总额价,即可自动生成投标报价。

3.2.4 投标人应根据《公路水运工程安全生产监督管理办法》，在投标总价中计入安全生产费用，安全生产费用应符合合同条款第 9.2.5 项的固定。工程量清单 100 章内列有上述安全生产费的支付子目，由投标人按招标文件的规定填写总额价。

3.2.5 除投标人须知前附表另有规定外，招标人不接受调价函。若招标人接受调价函，则应在招标文件中给出调价函的格式。投标人若有调价函则应遵循如下规定：

(1) 调价函必须采用招标文件规定的格式；调价函应说明调价后的最终报价，并以最终报价为准，而且投标人只能有一次调价的机会。

(2) 工程量清单中招标人指定的报价不允许调价。

(3) 调价函必须附有调价后的工程量清单；调价函必须粘贴或机械装订在投标文件正本首页，与投标文件一起密封提交。

若投标人未提交调价后的工程量清单，或调价函未装在投标文件正本首页，调价函均视为无效，仍以原报价作为最终报价，若投标人提交的调价函多于一个，或对不允许调价的内容进行了调价，或调价函有附加条件，投标文件作为废标处理。

(4) 若招标人接受调价函，投标人调价后的工程量清单和有效调价函的大写金额报价应保持一致，如果报价金额出现差异时，则以有效调价函的大写金额报价为准。

3.2.6 在合同实施期间，投标人填写的单价、合价和总额价是否由于物价波动进行价格调整按照合同条款第 16.1 款的规定处理。如果按照合同条款第 16.1.1 项的规定采用价格调整公式进行价格调整，由招标人根据项目实际情况测算确定价格调整公式中的变值权重范围，并在投标函附录价格指数和权重表中约定范围；投标人在此范围内填写各可调因子的权重，合同实施期间将按此权重进行调价。

3.3 投标有效期

3.3.1 在投标人须知前附表规定的投标有效期内，投标人不得要求撤销或修改其投标文件。

3.3.2 出现特殊情况需要延长投标有效期的，招标人以书面形式通知所有投标人延长投标有效期。投标人同意延长的，应相应延长其投标保证金的有效期，但不得要求或被允许修改或撤销其投标文件；投标人拒绝延长的，其投标失效，但投标人有权收回其投标保证金。

3.4 投标保证金

3.4.1 投标人在递交投标文件的同时，应按投标人须知前附表规定的金额①、担保形式和第八章"投标文件格式"规定的投标保证金格式递交投标保证金，并作为其投标文件的组成部分。联合体投标的，其投标保证金由牵头人递交，并应符合投标人须知前附表的规定。

投标保证金必须选择下列任一种形式：电汇、银行保函或招标人规定的其他形式。

(1) 若采用电汇，投标人应在投标人须知前附表规定的投标保证金递交截止时间之前，将投标保证金由投标人的基本账户一次性汇入招标人指定账户，否则视为投标保证金无效。招标人的开户银行及账号见投标人须知前附表。

(2) 若采用银行保函，则应由投标人开立基本账户的银行开具。银行保函应采用招标文件提供的格式，且应在投标有效期满后 30 天内保持有效，招标人如果按本章第 3.3.2 项

---

① 投标保证金一般为投标总价的 1%～2%，招标人应据此测算出具体金额。投标保证金的金额应符合国家有关规定。

的规定延长了投标有效期，则投标保证金的有效期也相应延长。银行保函原件应装订在投标文件的正本之中。

3.4.2 投标人不按本章第 3.4.1 项要求提交投标保证金的，其投标文件作废标处理。

3.4.3 招标人与中标人签订合同后 5 个工作日内，向未中标的投标人和中标人退还投标保证金。

3.4.4 有下列情形之一的，投标保证金将不予退还：

(1) 投标人在规定的投标有效期内撤销或修改其投标文件；

(2) 中标人在收到中标通知书后，无正当理由拒签合同协议书或未按招标文件规定提交履约担保；

(3) 投标人不接受依据评标办法的规定对其投标文件中细微偏差进行澄清和补正；

(4) 投标人提交了虚假资料。

3.5 资格审查资料（适用于已进行资格预审的）

3.5.1 投标人在编制投标文件时，应按新情况更新或补充其在申请资格预审时提供的资料，以证实其各项资格条件仍能继续满足资格预审文件的要求，具备承担本标段施工的资质条件、能力和信誉。投标人至少应更新以下资料(如有)：

(1) 财务状况方面的变化，新近取得银行信贷额度(如有必要)的证明/或获得其他资金来源的证据；以及现已接受(中标或签约)的新合同工程对财务状况的影响；

(2) 资格预审之后新承包的工程名称、规模、进展程度和工程质量；

(3) 资格预审后新交工的工程及评定的质量等级；

(4) 最近的仲裁或诉讼介入情况；

(5) 投标人名称的变人及有关批件。

3.5.2 如果投标人在送交投标文件时，其财务状况发生变化，或发生重大安全或质量事故，或发生法人合法变更或重组，或由于其他任何情况，导致投标人不能满足资格预审的各项条件时，投标人必须在其投标文件中对上述情况进行如实说明，否则，招标人一经查实，将视为投标人弄虚作假，其投标文件按废标处理。

3.5.3 招标人将进一步核查投标人在资格预审申请文件中提供的材料，若在评标期间发现投标人提供了虚假资料，招标人有权对投标人的投标文件作废标处理，并没收其投标担保；若在评标结果公示期间发现作为中标候选人的投标人提供了虚假资料，招标人有权取消其中标资格并没收其投标担保；若在合同实施期间发现投标人提供了投标人提供了虚假资料，招标人有权从工程支付款或履约保证金中扣除不超过合同总价10%的金额作为违约金。同时招标人将投标人上述弄虚作假行为上报省级交通运输主管部门，作为不良记录纳入公路建设市场信用信息管理系统。

3.5 资格审查资料（适用于未进行资格预审的）

3.5.1 "投标人基本情况表"应附企业法人营业执照副本(全本)的复印件(并加盖单位章)、施工资质证书副本(全本)的复印件(并加盖单位章)、安全生产许可证副本(全本)的复印件(并加盖单位章)、基本账户开户许可证的复印件(并加盖单位章)。

"拟委任的项目经理和项目总工资历表"应附项目经理(以及备选人)和项目总工(以及备选人)的身份证、职称资格证书以及资格审查条件所要求的其他相关证书(如建造师注册证书、安全生产考核合格证书等)的复印件,并应提供其担任类似项目的项目经理和项目总工的相关业绩证明材料复印件,并应附投标人所属社保机构出具的拟委任的项目经理和项目总工参加社保的有效证明材料(并加盖社保机构单位章)。①

3.5.2 "近年财务状况表"应附经会计师事务所或审计机构审计的财务会计报表,包括资产负债表、现金流量表、利润表和财务情况说明书的复印件,具体年份要求见投标人须知前附表。

3.5.3 "近年完成的类似项目情况表"应附中标通知书和(或)合同协议书、工程接收证书(工程竣工验收证书)的复印件,具体年份要求见投标人须知前附表。每张表格只填写一个项目,并标明序号。

工程接受证书(工程竣工验收证书)可以是发包人出具的公路工程(标段)交工验收证书或竣工验收委员会出具的公路工程竣工验收鉴定书或质量监督机构对各参建单位签发的工作综合评价等级证书。

3.5.4 "正在施工和新承接的项目情况表"应附中标通知书和(或)合同协议书复印件。每张表格只填写一个项目,并标明序号。

3.5.5 "近年发生的诉讼及仲裁情况"应说明相关情况,并附法院或仲裁机构做出的判决、裁决等有关法律文书复印件,具体年份要求见投标人须知前附表。

3.5.6 投标人须知前附表规定接受联合体投标的,本章第3.5.1项至第3.5.5项规定的表格和资料应包括联合体各方相关情况。

3.5.7 投标人在投标文件中填报的项目经理(以及备选人)和项目总工(以及备选人)不允许更换。

3.5.8 招标人将进一步核查投标人在投标文件中提供的材料,若在评标期间发现投标人提供了虚假资料,招标人有权对投标人的投标文件作废标处理,并没收其投标担保;若在评标结果公示期间发现作为中标候选人的投标人提供了虚假资料,招标人有权取消其中标资格并没收其投标担保;若在合同实施期间发现投标人提供了虚假资料,招标人有权从工程支付款或履约保证金中扣除不超过10%签约合同价的金额作为违约金。同时招标人将投标人以上弄虚作假行为上报省级交通运输主管部门,作为不良记录纳入公路建设市场信用信息管理系统。

3.6 备选投标方案

除投标人须知前附表另有规定外,投标人不得递交备选投标方案。允许投标人递交备选投标方案的,只有中标人所递交的备选投标方案方可予以考虑。评标委员会认为中标人的备选投标方案优于其按照招标文件要求编制的投标方案的,招标人可以接受该备选投标方案。

3.7 投标文件的编制

3.7.1 投标文件应按第八章"投标文件格式"进行编写,如有必要,可以增加附页,

---

① 对于采用综合评估法评标的技术特别复杂的特大桥梁和长大隧道工程,还应要求投标人按照"资格审查资料"中表(八)~表(十一)的格式和要求填写相关表格并提交相关证明材料。

作为投标文件的组成部分。其中，投标函附录在满足招标文件实质性要求的基础上，可以提出比招标文件要求更有利于招标人的承诺。

3.7.2 投标文件应当对招标文件有关工期、投标有效期、质量要求、技术标准和要求、招标范围等实质性内容做出响应。

3.7.3 投标文件应用不褪色的材料书写或打印，投标函及投标函附录、承诺函、已标价工程量清单(包括工程量清单说明、投标报价说明、计日工说明、其他说明及工程量清单各项表格<工程量清单表 5.1～表 5.5>)、调价函及调价后的工程量清单(如有)的内容应由投标人的法定代表人或其委托代理人逐页签署姓名(本页正文内容已由投标人的法定代表人或其委托代理人签署姓名的可不签署)并逐页加盖投标人单位章(本页正文内容已加盖单位章的除外)。

如果投标文件由委托代理人签署，则投标人需提交附有法定代表人身份证明的授权委托书，授权委托书应按规定的书面方式出具，并由法定代表人和委托代理人亲笔签名，不得使用印章、签名章或其他电子制版签名。经公证机关对授权委托书中投标人法定代表人的签名、委托代理人的签名、投标人的单位章的真实性做出有效公证后，原件应装订在投标文件的正本之中。投标人无须再对法定代表人身份证明进行公证。公证书出具的日期应与授权委托书出具的日期同日或在其之后。

如果由投标人的法定代表人亲自签署投标文件，则不需提交授权委托书，但应经公证机关对法定代表人身份证明中法定代表人的签名、投标人的单位章的真实性做出有效公证后，将原件装订在投标文件的正本之中。公证书出具的日期应与法定代表人身份证明出具的日期同日或在其之后。

以联合体形式参与投标的，投标文件由联合体牵头人的法定代表人或其委托代理人按上述规定出具并公证。

投标文件应尽量避免涂改、行间插字或删除。如果出现上述情况，改动之处应加盖单位章或由投标人的法定代表人或其授权的代理人签字确认。

签字或盖章的其他要求见投标人须知前附表。

3.7.4 投标文件正本一份，副本份数见投标人须知前附表。正本和副本的封面上应清楚地标记"正本"或"副本"的字样。当副本和正本不一致时，以正本为准。

3.7.5 投标文件的正本与副本应分别装订成册(A4 纸幅)，并编制目录、且逐页标注连续页码。投标文件不得采用活页夹装订，否则，招标人对由于投标文件装订松散而造成的丢失或其他后果不承担任何责任。装订的其他要求见投标人须知前附表。

4．投标

4.1 投标文件的密封和标记

4.1.1 投标文件的正本与副本应分别包装在内层封套里，投标文件电子文件(如需要)以及填写完毕的工程量固化清单电子文件(若采用工程量固化清单形式)应与正本包在同一个内层封套里，然后统一密封在一个外层封套中。内层和外层封套均应加贴封条，内层封套的封口处应加盖投标人单位章。外层封套中不应 3 任何投标人的识别标志。

4.1.2 投标文件的封套上应清楚地标记"正本"或"副本"字样，内、外层封套上应写明的其他内容见投标人须知前附表。

若采用双信封形式，第4.1.1项和4.1.2项采用以下条款：

4.1.1 本次招标采用双信封形式，投标文件第一个信封(商务及技术文件)以及第二个信封(投标报价和工程量清单)应单独密封包装。第一个信封(商务及技术文件)的正本与副本应分别包装在相应的内层封套里，然后统一密封在一个外层封套中。第二个信封(投标报价和工程量清单)的正本与副本应分别包装在相应的内层封套里，投标文件电子文件(如需要)以及填写完毕的工程量固化清单电子文件(若采用工程量固化清单形式)应与第二个信封(投标报价和工程量清单)正本包在同一个内层封套里，然后统一密封在一个外层封套中。内层和外层封套应加贴封条，内层封套的封口处应加盖投标人单位章。外层封套上不应有任何投标人的识别标志。

4.1.2 投标文件的封套上应清楚地标记"正本"或"副本"字样，投标文件第一个信封(商务及技术文件)以及第二个信封(投标报价和工程量清单)封套上应写明的其他内容见投标人须知前附表。

4.1.3 未按本章第4.1.1项或第4.1.2项要求密封和加写标记的投标文件，招标人不予受理。

4.2 投标文件的递交

4.2.1 投标人应在本章第2.2.2项规定的投标截止时间前递交投标文件。

4.2.2 投标人递交投标文件的地点：见投标人须知前附表。

4.2.3 除投标人须知前附表另有规定外，投标人所递交的投标文件不予退还。

4.2.4 招标人收到投标文件后，向投标人出具签收凭证。

4.2.5 逾期送达的或者未送达指定地点的投标文件，招标人不予受理。

4.2.6 在特殊情况下，招标人如果决定延后递交投标截止时间，应在投标人须知前附表规定的时间前，以书面形式通知送达所有投标人延后投标截止时间。在此情况下，招标人和投标人的权利和义务相应延后至新的投标截止时间。

4.3 投标文件的修改与撤回

4.3.1 在本章第2.2.2项规定的投标截止时间前，投标人可以修改或撤回已递交的投标文件，但应以书面形式通知招标人。

4.3.2 投标人修改或撤回已递交投标文件的书面通知应按照本章第3.7.3项的要求签字或盖章。招标人收到书面通知后，向投标人出具签收凭证。

4.3.3 修改的内容为投标文件的组成部分。修改的投标文件应按照本章第3条、第4条规定进行编制、密封、标记和递交，并标明"修改"字样。

5．开标

5.1 开标时间和地点

招标人在本章第2.2.2项规定的投标截止时间(开标时间)和投标人须知前附表规定的地点公开开标，并邀请所有投标人的法定代表人或其委托代理人准时参加。

投标人若未派法定代表人或委托代理人出席开标活动，视为该投标人默认开标结果。

若采用双信封形式，第5.1款采用以下条款：

5.1 开标时间和地点

招标人在本章第 2.2.2 项规定的投标截止时间(开标时间)和投标人须知前附表规定的地点对收到的投标文件第一个信封(商务及技术文件)公开开标,并邀请所有投标人的法定代表人或其委托代理人准时参加。

招标人在投标人须知前附表规定的时间和地点对投标文件第二个信封(投标报价和工程量清单)进行开标,并邀请所有投标人的法定代表人或其委托代理人准时参加。

投标人若未派法定代表人或委托代理人出席开标活动,视为该投标人默认开标结果。

5.2 开标程序

5.2.1 主持人按下列程序进行开标:

(1) 宣布开标纪律;

(2) 公布在投标截止时间前递交投标文件的投标人名称,并点名确认投标人是否派人到场;

(3) 宣布开标人、唱标人、记录人、监标人[①]等有关人员姓名;

(4) 按照投标人须知前附表规定检查投标文件的密封情况;

(5) 按照投标人须知前附表的规定确定并宣布投标文件开标顺序;

(6) 设有标底的,公布标底;

(7) 按照宣布的开标顺序当众开标,公布投标人名称、标段名称、投标保证金的递交情况、投标报价[②]、质量目标、工期及其他内容,并记录在案;

(8) 投标人代表、招标人代表、监标人、记录人等有关人员在开标记录上签字确认;

(9) 开标会议结束。

5.2.2 开标过程中,若招标人发现投标文件出现以下任一情况,经监标人确认后当场宣布为废标:

(1) 未在投标函上填写投标总价;

(2) 投标报价或调整函中的报价超出招标人公布的投标控制价上限[③](如有)。

5.2.3 若招标人宣读的内容与投标文件不符时,投标人有权在开标现场提出异议,经监标人当场核查确认之后,可重新宣读其投标文件。若投标人现场未提出异议,则认为投标人已确认招标人宣读的内容。

若采用双信封形式,第 5.2 款采用以下条款:

5.2 开标程序

5.2.1 主持人按下列程序对投标文件第一个信封(商务及技术文件)进行开标:

(1) 宣布开标纪律;

(2) 公布在投标截止时间前递交投标文件的投标人名称,并点名确认投标人是否派人到场;

---

① 监标人可由监督部门或公证机构的人员组成。

② 若投标函的投标价大小写金额不一致时,应以大写金额为准。

③ 若招标人设有投标控制价上限,应在招标文件中提前公布投标控制价上限。

(3) 宣布开标人、唱标人、记录人、监标人等有关人员姓名；
(4) 按照投标人须知前附表规定检查投标文件的密封情况；
(5) 按照投标人须知前附表的规定确定并宣布投标文件开标顺序；
(6) 按照宣布的开标顺序当众开标，公布投标人名称、标段名称、投标保证金的递交情况、质量目标、工期及其他内容，并记录在案；
(7) 投标人代表、招标人代表、监标人、记录人等有关人员在开标记录上签字确认；
(8) 开标会议结束。

5.2.2 若招标人宣读的内容与投标文件不符时，投标人有权在开标现场提出异议，经监标人当场核查确认之后，可重新宣读其投标文件。若投标人现场未提出异议，则认为投标人已确认招标人宣读的内容。

5.2.3 投标文件第二个信封(投标报价和工程量清单)不予开封，并交监标人密封保存。

5.2.4 招标人将按照本章第 5.1 款规定的时间和地点对投标文件第二个信封(投标报价和工程量清单)进行开标。主持人按下列程序进行开标：

(1) 宣布开标纪律；
(2) 当中拆开投标文件第一个信封(商务及技术文件)评审结果的密封袋，宣布通过投标文件第一个信封(商务及技术文件)评审的投标人名单，并点名确认投标人是否派人到场；
(3) 宣布开标人、唱标人、记录人、监标人等有关人员姓名；
(4) 按照投标人须知前附表规定检查投标文件情况；
(5) 按照投标人须知前附表的规定确定并宣布投标文件开标顺序；
(6) 设有标底的，公布标底；
(7) 按照宣布的开标顺序当众开标，开标人在拆封投标文件第二个信封(投标报价和工程量清单)外层封套后，按照内层封套上写明的投标人名称公布通过投标文件第一个信封(商务及技术文件)评审的投标文件第二个信封(投标报价和工程量清单)的投标人名称、标段名称及其他内容[①]，并记录在案，将未通过投标文件第一个信封(商务及技术文件)评审的投标文件第二个信封(投标报价和工程量清单)退还给投标人；
(8) 投标人代表、招标人代表、监标人、记录人等有关人员在开标记录上签字确认；
(9) 开标会议结束。

5.2.5 第二个信封(投标报价和工程量清单)开标过程中，若招标人发现投标文件出现以下任一情况，经监标人确认并当场宣布为废标：

(1) 未在投标函上填写投标总价；
(2) 投标报价或调价函中的报价超出招标人公布的投标控制价上限(如有)。

5.2.6 若招标人宣读的内容与投标文件不符时，投标人有权在开标现场提出异议，经监标人当场核查确认之后，可重新宣读其投标文件。若投标人现场未提出异议，则认为投标人已确认招标人宣读的内容。

---

① 若投标函中的投标价大小写金额不一致，应以大写金额为准。

6. 评标

6.1 评标委员会

6.1.1 评标由招标人依法组建的评标委员会负责。评标委员会由招标人或其委托的招标代理机构熟悉相关业务的代表,以及有关技术、经济等方面的专家组成。评标委员会成员人数以及技术、经济等方面专家的确定方式见投标人须知前附表。

6.1.2 评标委员会成员有下列情形之一的,应当回避:
(1) 招标人或投标人的主要负责人的近亲属;
(2) 项目主管部门或者行政监督部门的人员;
(3) 与投标人有经济利益关系,可能影响对投标公正评审的;
(4) 曾因在招标、评标以及其他与招标投标有关活动中从事违法行为而受过行政处罚或刑事处罚的。

6.2 评标原则

评标活动遵循公平、公正、科学和择优的原则。

6.3 评标

评标委员会按照第三章"评标办法"规定的方法、评审因素、标准和程序对投标文件进行评审。第三章"评标办法"没有规定的方法、评审因素和标准,不作为评标依据。

7. 合同授予

7.1 定标方式

除投标人须知前附表规定评标委员会直接确定中标人外,招标人依据评标委员会推荐的中标候选人确定中标人,评标委员会推荐中标候选人的人数见投标人须知前附表。

7.2 中标通知

在本章第 3.3 款规定的投标有效期内,招标人以书面形式向中标人发出中标通知书,同时将中标结果通知未中标的投标人。

7.3 履约担保

7.3.1 在签订合同前,中标人应按投标人须知前附表规定的金额、担保形式和招标文件第四章"合同条款及格式"规定的履约担保格式向招标人提交履约担保。联合体中标的,其履约担保由牵头人递交,并应符合投标人须知前附表规定的金额、担保形式和招标文件第四章"合同条款及格式"规定的履约担保格式要求。

(1) 采用银行保函时,出具银行保函的银行级别在投标人须知前附表中说明,所需的费用由中标人承担,中标人应保证银行保函有效。

(2) 若采用经评审的最低投标价法评标,当$(A-B)/A > 15\%$时,履约担保为10%签约合同价的银行保函加5%签约合同价的现金(电汇或银行汇票形式)。

其中:A 为招标人标底或所有投标人评标价的平均值(除按本章第 5.2.2 项规定在开标现场被宣布为废标的投标报价之外);B 为中标候选人的评标价。

7.3.2 中标人不能按本章第 7.3.1 项要求提交履约担保的，视为放弃中标，其投标保证金不予退还，给招标人造成的损失超过投标保证金数额的，中标人还应当对超过部分予以赔偿。

7.4 签订合同

7.4.1 招标人和中标人应当自中标通知书发出之日起 30 天内，根据招标文件和中标人的投标文件订立书面合同。中标人无正当理由拒签合同的，招标人取消其中标资格，其投标保证金不予退还；给招标人造成的损失超过投标保证金数额的，中标人还应当对超过部分予以赔偿。

7.4.2 发出中标通知书后，招标人无正当理由拒签合同的，招标人向中标人退还投标保证金；给中标人造成损失的，还应当赔偿损失。

7.4.3 签约合同价的确定原则如下：[①]

(1) 按照评标办法规定对投标报价进行修正后，若修整后的最终投标报价小于开标时的投标函文字报价，则签订合同时以修正后的最终投标为准；

(2) 按照评标办法规定对投标报价进行修正后，若修正后的最终投标报价大于开标时的投标函文字报价，则签订合同时以开标时的投标函文字报价为准，同时按比例修正相应子目的单价或合价。

7.4.4 合同协议书经双方法定代表人或其授权的代理人签署并加盖单位章后生效。若为联合体投标，则联合体各成员的法定代表人或其授权的代理人都应在合同协议书上签署并加盖单位章。发包人和中标人在签订合同协议书的同时需按照本招标文件规定的格式和要求签订廉政合同及安全生产合同，明确双方在廉政建设安全生产方面的权利和义务以及应承担的违约责任。

7.4.5 如果根据本章第 3.5.3 项(适用于已进行资格预审的)、第 3.5.8 项(适用于未进行资格预审的)、第 7.3.2 项或第 7.4.1 项规定，招标人取消了中标人的中标资格，在此情况下，招标人可将合同授予下一个中标候选人，或者按规定重新组织招标。

8．重新招标和不再招标

8.1 重新招标

有下列情形之一的，招标人将重新招标：
(1) 投标截止时间止，投标人少于 3 个的；
(2) 经评标委员会评审后否决所有投标的；
(3) 中标候选人均未与招标人签订合同的；
(4) 法律规定的其他情形。

[①] 如由投标人按照招标人提供的工程量固化清单电子文件填写工程量清单，无须按照第三章"评标办法"第 3.1.3 项和第 3.1.4 项的规定对投标报价进行修正，则本项不适用。

8.2 不再招标

重新招标后投标人仍少于 3 个或者所有投标被否决的，属于必须审批或核准的工程建设项目，经原审批或核准部门批准后不再进行招标。

9．纪律和监督

9.1 对招标人的纪律要求

招标人不得泄漏招标投标活动中应当保密的情况和资料，不得与投标人串通损害国家利益、社会公共利益或者他人合法权益。

9.2 对投标人的纪律要求

投标人不得相互串通投标或者与招标人串通投标，不得向招标人或者评标委员会成员行贿谋取中标，不得以他人名义投标或者以其他方式弄虚作假骗取中标；投标人不得以任何方式干扰、影响评标工作。

9.3 对评标委员会成员的纪律要求

评标委员会成员不得收受他人的财物或者其他好处，不得向他人透漏对投标文件的评审和比较、中标候选人的推荐情况以及评标有关的其他情况。在评标活动中，评标委员会成员不得擅离职守，影响评标程序正常进行，不得使用第三章"评标办法"没有规定的评审因素和标准进行评标。

9.4 对与评标活动有关的工作人员的纪律要求

与评标活动有关的工作人员不得收受他人的财物或者其他好处，不得向他人透漏对投标文件的评审和比较、中标候选人的推荐情况以及评标有关的其他情况。在评标活动中，与评标活动有关的工作人员不得擅离职守，影响评标程序正常进行。

9.5 投诉

投标人和其他利害关系人认为本次招标活动违反法律、法规和规章规定的，有权向有关行政监督部门投诉。

监督部门的联系方式见投标人须知前附表。

10．需要补充的其他内容

10.1 自购买招标文件之日起，投标人应保证其提供的联系方式(电话、传真、电子邮件)一直有效，以保证往来函件(招标文件的澄清、修改等)能及时通知投标人，并能及时反馈信息，否则招标人不承担由此引起的一切后果。

需要补充的其他内容：见投标人须知前附表。

参 考 文 献

[1] 宋春岩. 建设工程招投标与合同管理. 2版. 北京：北京大学出版社，2012.
[2] 周中意. 公路工程招投标与合同管理. 重庆：重庆大学出版社，2006.
[3] 高玉兰. 建设工程法规. 北京：北京大学出版社，2010.
[4] 宁金成. 公路工程案例分析. 2版. 北京：人民交通出版社，2009.
[5] 全国一级建造师执业资格考试用书编写委员会. 建设工程法规及相关知识. 2版. 北京：中国建筑工业出版社，2010.
[6] 李洪军. 工程项目招投标与合同管理. 北京：北京大学出版社，2009.
[7] 李继业，等. 公路工程招标与投标. 北京：化学工业出版社，2011.
[8] 苏建林. 公路建设招标与投标. 北京：人民交通出版社，2009.
[9] 文德云. 公路工程建设招标与投标. 北京：人民交通出版社，2007.
[10] 杨庆丰. 工程项目招投标与合同管理. 北京：北京大学出版社，2010.
[11] 刘勇. 建筑工程任务承揽与分析. 北京：高等教育出版社，2010.
[12] 中华人民共和国交通运输部. 公路工程标准施工招标文件：2009年版. 北京：人民交通出版社，2009.
[13] 中华人民共和国交通运输部. 公路工程标准勘察设计招标文件：2011年版. 北京：人民交通出版社，2011.
[14] 中华人民共和国交通运输部. 公路工程施工监理招标文件范本. 北京：人民交通出版社，2008.

北京大学出版社高职高专土建系列规划教材

序号	书名	书号	编著者	定价	出版时间	印次	配套情况	
		基础课程						
1	工程建设法律与制度	978-7-301-14158-8	唐茂华	26.00	2012.7	6	ppt/pdf	
2	建设工程法规	978-7-301-16731-1	高玉兰	30.00	2012.8	10	ppt/pdf/答案	★
3	建筑工程法规实务	978-7-301-19321-1	杨陈慧等	43.00	2012.1	2	ppt/pdf	★
4	建筑法规	978-7-301-19371-6	董伟等	39.00	2012.4	2	ppt/pdf	
5	AutoCAD 建筑制图教程(第2版)	978-7-301-21095-6	郭 慧	35.00	2013.1	1	ppt/pdf/素材	★
6	AutoCAD 建筑绘图教程	978-7-301-19234-4	唐英敏等	41.00	2011.7	2	ppt/pdf	★
7	建筑CAD项目教程(2010版)	978-7-301-20079-0	郭 慧	37.00	2012.8	1	pdf/素材	
8	建筑工程专业英语	978-7-301-15376-5	吴承霞	20.00	2012.4	6	ppt/pdf	★
9	建筑工程制图与识图	978-7-301-15443-4	白丽红	25.00	2012.8	8	ppt/pdf/答案	★
10	建筑制图习题集	978-7-301-15404-5	白丽红	25.00	2012.4	6	pdf	
11	建筑制图(第2版)	978-7-301-21146-5	高丽荣	29.00	2012.9	1	ppt/pdf	★
12	建筑制图习题集	978-7-301-15586-8	高丽荣	21.00	2012.4	5	pdf	
13	建筑工程制图(第2版)(含习题集)	978-7-301-21120-5	肖明和	48.00	2012.9	1	ppt/pdf	
14	建筑制图与识图	978-7-301-18806-4	曹雪梅等	24.00	2012.2	4	ppt/pdf	★
15	建筑制图与识图习题册	978-7-301-18652-7	曹雪梅等	30.00	2012.4	3	pdf	
16	建筑构造与识图	978-7-301-14465-7	郑贵超等	45.00	2012.9	11	ppt/pdf	★
17	建筑制图与识图	978-7-301-20070-4	李元玲	28.00	2012.8	2	ppt/pdf	
18	建筑制图与识图习题集	978-7-301-20425-2	李元玲	24.00	2012.3	2	pdf	
19	建筑工程应用文写作	978-7-301-18962-7	赵立等	40.00	2012.6	2	ppt/pdf	
20	建筑工程专业英语	978-7-301-20003-2	韩薇等	24.00	2012.1	1	ppt/ pdf	★
21	建设工程法规	978-7-301-20912-7	王先恕	32.00	2012.7	1	ppt/ pdf	
22	新编建筑工程制图	978-7-301-21140-3	方筱松	30.00	2012.8	1	ppt/ pdf	★
23	新编建筑工程制图习题集	978-7-301-16834-9	方筱松	22.00	2012.9	1	pdf	
		施工类						
24	建筑工程测量	978-7-301-16727-4	赵景利	30.00	2012.8	7	ppt/pdf/答案	★
25	建筑工程测量	978-7-301-15542-4	张敬伟	30.00	2012.4	8	ppt/pdf/答案	★
26	建筑工程测量	978-7-301-19992-3	潘益民	38.00	2012.2	1	ppt/ pdf	★
27	建筑工程测量实验与实习指导	978-7-301-15548-6	张敬伟	20.00	2012.4	7	pdf/答案	
28	建筑工程测量	978-7-301-13578-5	王金玲等	26.00	2011.8	3	pdf	
29	建筑工程测量实训	978-7-301-19329-7	杨凤华	27.00	2012.6	2	ppt/pdf	★
30	建筑工程测量(含实验指导手册)	978-7-301-19364-8	石 东等	43.00	2012.6	2	ppt/pdf	★
31	建筑施工技术	978-7-301-12336-2	朱永祥等	38.00	2012.4		ppt/pdf	
32	建筑施工技术	978-7-301-16726-7	叶 雯等	44.00	2012.7	4	ppt/pdf/素材	★
33	建筑施工技术	978-7-301-19499-7	董伟等	42.00	2011.9	2	ppt/pdf	
34	建筑施工技术	978-7-301-19997-8	苏小梅	38.00	2012.1	1	ppt/pdf	
35	建筑工程施工技术(第2版)	978-7-301-21093-2	钟汉华等	48.00	2013.1	7	ppt/pdf	
36	基础工程施工	978-7-301-20917-2	董伟等	35.00	2012.7	1	ppt/pdf	
37	建筑施工技术实训	978-7-301-14477-0	周晓龙	21.00	2012.4	5	pdf	★
38	房屋建筑构造	978-7-301-19883-4	李少红	26.00	2012.1		ppt/pdf	★
39	建筑力学	978-7-301-13584-6	石立安	35.00	2012.6	6	ppt/pdf	★
40	土木工程实用力学	978-7-301-15598-1	马景善	30.00	2012.1	3	pdf/ppt	★
41	土木工程力学	978-7-301-16864-6	吴明军	38.00	2011.11	2	ppt/pdf	
42	PKPM软件的应用	978-7-301-15215-7	王 娜	27.00	2012.4	4	pdf	
43	工程地质与土力学	978-7-301-20723-9	杨仲元	40.00	2012.6	1	ppt/pdf	★
44	建筑结构	978-7-301-17086-1	徐锡权	62.00	2011.8	2	ppt/pdf/答案	★
45	建筑结构	978-7-301-19171-2	唐春平等	41.00	2012.6	2	ppt/pdf	
46	建筑力学与结构	978-7-301-15658-2	吴承霞	40.00	2012.4	9	ppt/pdf	
47	建筑力学与结构	978-7-301-20988-2	陈水广	32.00	2012.8	1	pdf/ppt	
48	建筑材料	978-7-301-13576-1	林祖宏	35.00	2012.6	9	ppt/pdf	★
49	建筑结构基础	978-7-301-21125-0	王中发	36.00	2012.8	1	ppt/pdf	★
50	建筑结构原理及应用	978-7-301-12732-6	史美东	45.00	2012.8	1	ppt/pdf	★
51	建筑材料与检测	978-7-301-16728-1	梅 杨等	26.00	2012.4	7	ppt/pdf	★
52	建筑材料检测试验指导	978-7-301-16729-8	王美芬等	18.00	2012.4	4	pdf	
53	建筑材料与检测	978-7-301-19261-0	王 辉	35.00	2012.6	2	ppt/pdf	★
54	建筑材料与检测试验指导	978-7-301-20045-8	王 辉	20.00	2012.1	1	ppt/pdf	★
55	建设工程监理概论(第2版)	978-7-301-20854-0	徐锡权等	43.00	2012.7	1	ppt/pdf /答案	

序号	书名	书号	编著者	定价	出版时间	印次	配套情况	
56	建设工程监理	978-7-301-15017-7	斯 庆	26.00	2012.7	5	ppt/pdf/答案	★
57	建设工程监理概论	978-7-301-15518-9	曾庆军等	24.00	2012.1	4	ppt/pdf	
58	工程建设监理案例分析教程	978-7-301-18984-9	刘志麟等	38.00	2011.7	1	ppt/pdf	★
59	地基与基础	978-7-301-14471-8	肖明和	39.00	2012.4	7	ppt/pdf	★
60	地基与基础	978-7-301-16130-2	孙平平等	26.00	2012.1	2	ppt/pdf	
61	建筑工程质量事故分析	978-7-301-16905-6	郑文新	25.00	2012.1	3	ppt/pdf	★
62	建筑工程施工组织设计	978-7-301-18512-4	李源清	26.00	2012.9	4	ppt/pdf	★
63	建筑工程施工组织实训	978-7-301-18961-0	李源清	40.00	2012.1	2	pdf	★
64	建筑施工组织项目式教程	978-7-301-19901-5	杨红玉	44.00	2012.1	1	ppt/pdf	
65	生态建筑材料	978-7-301-19588-2	陈剑峰等	38.00	2011.10	1	ppt/pdf	
66	钢筋混凝土工程施工与组织	978-7-301-19587-1	高 雁	32.00	2012.5	1	ppt/pdf	
67	数字测图技术应用教程	978-7-301-20334-7	刘宗波	36.00	2012.8	1	ppt	
68	钢筋混凝土工程施工与组织实训指导（学生工作页）	978-7-301-21208-0	高 雁	20.00	2012.9	1	ppt	
工 程 管 理 类								
69	建筑工程经济	978-7-301-15449-6	杨庆丰等	24.00	2012.7	10	ppt/pdf	★
70	建筑工程经济	978-7-301-20855-7	赵小娥等	32.00	2012.8	1	ppt/pdf	
71	施工企业会计	978-7-301-15614-8	辛艳红等	26.00	2012.2	4	ppt/pdf	★
72	建筑工程项目管理	978-7-301-12335-5	范红岩等	30.00	2012.4	9	ppt/pdf	★
73	建筑工程项目管理	978-7-301-16730-4	王 辉	32.00	2012.4	3	ppt/pdf	★
74	建设工程项目管理	978-7-301-19335-8	冯松山等	38.00	2012.8	2	pdf/ppt	
75	建设工程招投标与合同管理(第2版)	978-7-301-21002-4	宋春岩	38.00	2012.8	1	ppt/pdf/答案/试题/教案	★
76	工程项目招投标与合同管理	978-7-301-15549-3	李洪军等	30.00	2012.2	5	ppt	★
77	建筑工程招投标与合同管理	978-7-301-16802-8	程超胜	30.00	2012.9	1	pdf/ppt	
78	工程项目招投标与合同管理	978-7-301-16732-8	杨庆丰	28.00	2012.4	5	ppt	★
79	建筑工程商务标编制实训	978-7-301-20804-5	钟振宇	35.00	2012.7	1	ppt	★
80	工程招投标与合同管理实务	978-7-301-19035-7	杨甲奇等	48.00	2011.8	2	pdf	★
81	工程招投标与合同管理实务	978-7-301-19290-0	郑文新等	43.00	2012.4	2	pdf	★
82	建筑工程招投标与合同管理实务	978-7-301-20404-7	杨云会等	42.00	2012.4	1	ppt/pdf	
83	工程招投标与合同管理	978-7-301-17455-5	文新平	37.00	2012.9	1	ppt/pdf	★
84	建筑施工组织与管理	978-7-301-15359-8	翟丽旻等	32.00	2012.7	8	ppt/pdf	★
85	建筑工程安全管理	978-7-301-19455-3	宋 健等	36.00	2011.9	1	ppt/pdf	
86	建筑工程质量与安全管理	978-7-301-16070-1	周连起	35.00	2012.1	3	pdf	
87	工程造价控制	978-7-301-14466-4	斯 庆	26.00	2012.4	7	ppt/pdf	★
88	工程造价管理	978-7-301-20655-3	徐锡权等	33.00	2012.7	1	ppt/pdf	
89	工程造价控制与管理	978-7-301-19366-2	胡新萍等	30.00	2012.1	1	ppt/pdf	★
90	建筑工程造价管理	978-7-301-20360-6	柴 琦等	27.00	2012.3	1	ppt/pdf	
91	建筑工程造价管理	978-7-301-15517-2	李茂英等	24.00	2012.1	4	pdf	
92	建筑工程计量与计价	978-7-301-15406-9	肖明和等	39.00	2012.8	10	ppt/pdf	★
93	建筑工程计量与计价实训	978-7-301-15516-5	肖明和等	20.00	2012.2	5	pdf	
94	建筑工程计量与计价——透过案例学造价	978-7-301-16071-8	张 强	50.00	2012.7	4	ppt/pdf	★
95	安装工程计量与计价	978-7-301-15652-0	冯 钢等	38.00	2012.9	8	ppt/pdf	★
96	安装工程计量与计价实训	978-7-301-19336-5	景巧玲等	36.00	2012.7	2	pdf/素材	★
97	建筑与饰装修工程工程量清单	978-7-301-17331-2	翟丽旻等	25.00	2012.8	3	pdf/ppt	
98	建筑工程清单编制	978-7-301-19387-7	叶晓容	24.00	2011.8	1	ppt/pdf	★
99	建设项目评估	978-7-301-20068-1	高志云等	32.00	2012.1	1	ppt/pdf	★
100	钢筋工程清单编制	978-7-301-20114-5	贾莲英	36.00	2012.2	1	ppt/pdf	
101	混凝土工程清单编制	978-7-301-20384-2	顾 娟	28.00	2012.5	1	ppt/pdf	
102	建筑装饰工程预算	978-7-301-20567-9	范菊雨	38.00	2012.5	1	pdf/ppt	★
103	建设工程安全监理	978-7-301-20802-1	沈万岳	28.00	2012.7	1	pdf/ppt	★
104	建筑工程安全技术与管理实务	978-7-301-21187-8	沈万岳	48.00	2012.9	1	pdf/ppt	★
105	建筑工程资料管理	978-7-301-17456-2	孙 刚等	36.00	2012.9	1	pdf/ppt	
建 筑 装 饰 类								
106	中外建筑史	978-7-301-15606-3	袁新华	30.00	2012.2	6	ppt/pdf	★

序号	书名	书号	编著者	定价	出版时间	印次	配套情况	
107	建筑室内空间历程	978-7-301-19338-9	张伟孝	53.00	2011.8	1	pdf	★
108	室内设计基础	978-7-301-15613-1	李书青	32.00	2011.1	2	pdf	
109	建筑装饰构造	978-7-301-15687-2	赵志文等	27.00	2012.4	4	ppt/pdf	★
110	建筑装饰材料	978-7-301-15136-5	高军林	25.00	2012.4	3	ppt/pdf	
111	建筑装饰施工技术	978-7-301-15439-7	王 军等	30.00	2012.1	4	ppt/pdf	★
112	装饰材料与施工	978-7-301-15677-3	宋志春等	30.00	2010.8	2	ppt/pdf	★
113	设计构成	978-7-301-15504-2	戴碧锋	30.00	2009.7	1	pdf	
114	基础色彩	978-7-301-16072-5	张 军	42.00	2011.9	2	pdf	★
115	建筑素描表现与创意	978-7-301-15541-7	于修国	25.00	2011.1	2	pdf	★
116	3ds Max 室内设计表现方法	978-7-301-17762-4	徐海军	32.00	2010.9	1	pdf	
117	3ds Max2011 室内设计案例教程(第 2 版)	978-7-301-15693-3	伍福军等	39.00	2011.9	1	ppt/pdf	
118	Photoshop 效果图后期制作	978-7-301-16073-2	脱忠伟等	52.00	2011.1	1	素材/pdf	★
119	建筑表现技法	978-7-301-19216-0	张 峰	32.00	2011.7	1	ppt/pdf	
120	建筑速写	978-7-301-20441-2	张 峰	30.00	2012.4	1	pdf	★
121	建筑装饰设计	978-7-301-20022-3	杨丽君	36.00	2012.2	1	ppt	
122	装饰施工读图与识图	978-7-301-19991-6	杨丽君	33.00	2012.5	1	ppt	
123	建筑装饰 CAD 项目教程	978-7-301-20950-9	郭 慧	32.00	2012.8	1	ppt/素材	
124	居住区景观设计	978-7-301-20587-7	张群成	47.00	2012.5	1	ppt	★
125	居住区规划设计	978-7-301-21013-4	张 燕	48.00	2012.8	1	ppt	
	房 地 产 与 物 业 类							
126	房地产开发与经营	978-7-301-14467-1	张建中等	30.00	2012.7	5	ppt/pdf	★
127	房地产估价	978-7-301-15817-3	黄 晔等	30.00	2011.8	3	ppt/pdf	★
128	房地产估价理论与实务	978-7-301-19327-3	褚菁晶	35.00	2011.8	1	ppt/pdf	
129	物业管理理论与实务	978-7-301-19354-9	裴艳慧	52.00	2011.9	1	pdf	★
130	房地产营销与策划	978-7-301-18731-9	应佐萍	42.00	2012.8	1	ppt/pdf	★
	市 政 路 桥 类							
131	市政工程计量与计价(第 2 版)	978-7-301-20564-8	郭良娟等	42.00	2012.7	1	pdf/ppt	
132	市政桥梁工程	978-7-301-16688-8	刘 江等	42.00	2010.7	1	ppt/pdf	
133	路基路面工程	978-7-301-19299-3	偶昌宝等	34.00	2011.8	1	ppt/pdf/素材	
134	道路工程技术	978-7-301-19363-1	刘 雨等	33.00	2011.12	1	ppt/pdf	
135	建筑给水排水工程	978-7-301-20047-6	叶巧云	38.00	2012.2	1	ppt/pdf	
136	市政工程测量(含技能训练手册)	978-7-301-20474-0	刘宗波等	41.00	2012.5	1	ppt/pdf	
137	公路工程任务承揽与合同管理	978-7-301-21133-5	邱 兰等	30.00	2012.9	1	ppt/pdf	
138	道桥工程材料	978-7-301-21170-0	刘水林等	43.00	2012.9	1	ppt/pdf	
	建 筑 设 备 类							
139	建筑设备基础知识与识图	978-7-301-16716-8	靳慧征	34.00	2012.4	7	ppt/pdf	★
140	建筑设备识图与施工工艺	978-7-301-19377-8	周业梅	38.00	2011.8	2	ppt/pdf	★
141	建筑施工机械	978-7-301-19365-5	吴志强	30.00	2011.10	1	pdf/ppt	★
142	智能建筑环境设备自动化	978-7-301-21090-1	余志强	40.00	2012.8	1	pdf/ppt	★

请登录 www.pup6.cn 免费下载本系列教材的电子书(PDF 版)、电子课件和相关教学资源。
欢迎免费索取样书,并欢迎到北京大学出版社来出版您的大作,可在 www.pup6.cn 在线申请样书和进行选题登记,也可下载相关表格填写后发到我们的邮箱,我们将及时与您取得联系并做好全方位的服务。
联系方式:010-62750667,yangxinglu@126.com,linzhangbo@126.com,欢迎来电来信咨询。